古典文獻研究輯刊

十三編

潘美月・杜潔祥 主編

第 12 冊

劉秉忠《藏春樂府》研究（上）

林妙玲 著

國家圖書館出版品預行編目資料

劉秉忠《藏春樂府》研究（上）／林妙玲 著 ─ 初版 ─ 新北市：
花木蘭文化出版社，2011〔民100〕
目 4+202 面；19×26 公分
（古典文獻研究輯刊 十三編：第 12 冊）
ISBN：978-986-254-633-8（精裝）
1.（元）劉秉忠　2.學術思想　3.詞論
011.08　　　　　　　　　　　　　　　　　100015559

古典文獻研究輯刊
十三編　第十二冊　　　　　　　　ISBN：978-986-254-633-8

劉秉忠《藏春樂府》研究（上）

作　　者　林妙玲
主　　編　潘美月　杜潔祥
總　編　輯　杜潔祥
企劃出版　北京大學文化資源研究中心
出　　版　花木蘭文化出版社
發　行　所　花木蘭文化出版社
發　行　人　高小娟
聯絡地址　新北市永和區中正路五九五號七樓
　　　　　電話：02-2923-1455／傳眞：02-2923-1452
網　　址　http://www.huamulan.tw 信箱 sut81518@gmail.com
印　　刷　普羅文化出版廣告事業
初　　版　2011 年 9 月
定　　價　十三編 20 冊（精裝）新台幣 31,000 元

劉秉忠《藏春樂府》研究（上）

林妙玲　著

作者簡介

林妙玲，一九七七年生，台灣高雄市人，高雄師範大學國文系學士、成功大學中文所碩士。著有〈稼軒詞中梅花與牡丹意象之探析〉、《劉秉忠藏春樂府研究》。現任教於高雄市立茄萣國中。

提　　要

　　劉秉忠（1216～1274）是元代的開國名臣，其詞作——《藏春樂府》不僅真實記錄其心態情感，更透露出當時的詞壇氛圍，在金元之際的詞史上具有代表意義，是研究中國詞史發展不可或缺的一環。然而，其《藏春樂府》卻一直未有較全面性的觀照。因此，本論文分別從版本校訂、生平交遊、內容風格、形式特色、山谷詩論之承繼五個方面著手，期能為劉秉忠《藏春樂府》作一更深入的呈現。

　　在版本校訂方面：因為劉秉忠生前著述很多，然其詩、詞、文之實際卷數，各家說法駁雜。故本論文首先便根據現有之文史記錄，查考其作品流傳刻印之情形與版本之異同，並釐清現存《藏春樂府》的版本，校對補遺，以求其詞內容之全貌。

　　在生平交遊方面：由於作品風格往往和作者之個性想法、行事作風息息相關，而人之思想習慣通常會因為家世背景、社會環境以及周遭人事的影響而有所不同。所以，在正式論析《藏春樂府》內容之前，先著手探討劉秉忠之身家背景、生平際遇、交遊狀況，歸納其個性與行事作風，如此才能對《藏春樂府》之內容有更深入的了解。

　　在內容風格方面：由詞作的內容，可看出一位詞人的寫作傾向及生命情調，所以想要瞭解劉秉忠詞作的風格，深入瞭解其詞作內容是必要的。《藏春樂府》之內容可分為詠物、詠史、酬贈、詠懷等四種，我們不僅可以從中得知劉秉忠之心理轉折，更能見其不薄詞為小道，致力為詞之用心。另一方面，由《藏春樂府》之內容鋪陳，可以發現劉秉忠詞作多陶寫情性，以不希名譽、不滯於物的蕭散閑淡為主要風格，其造句用語多含蓄蘊藉，更善於援引史書、方志、稗官野史、民間傳說等，以簡鍊的文字，委婉曲折地道出情性心志，無怪乎元好問力讚劉秉忠：「天資高，內學富，其筆勢縱橫，固已出時人畦畛之外。」

　　在形式特色方面：詞到了元代，已漸行衰微，並非文學的主流，北方文人從事詞學創作者稀。但身處金元之際的劉秉忠，卻是當時少數詞作超過八十闋的文人。劉秉忠在詞調選用上，不僅注意詞調聲情相合，更致力填寫小令，欲復唐五代、北宋之盛況；詞律安排部份，除了沿用前人舊譜外，也能變舊調而作新聲，足見其對音律之精熟；其擇韻也相當謹慎，務求聲與情相符合，然其用韻並非依韻書逐字推敲，乃因物起興、隨情歌詠。由此足見劉秉忠無論在擇調、詞律、用韻相當謹慎，雖然未能在當時的詞壇中造成深刻的影響，但他所作的努力是值得肯定的。

　　在山谷詩論之承繼方面：劉秉忠於詩詞中，不只一次透露出對「山谷家風」的傾慕，其詩詞理論更是承繼「山谷家風」，即黃庭堅之詩論而來。《藏春樂府》內容以抒發個人情志為主，更以舊為新，好化用前人詩句，援引典例故實，亦常以口語方言入詞，足見劉秉忠為詞以黃氏詩論為宗，其《藏春樂府》更是金元之際延續江西詩風的重要著作。

目 次

第一章 緒 論

第一節 研究動機

王國維曾在《宋元戲曲史·自序》提及：「凡一代有一代之文學：楚之騷，漢之賦，六代之駢語，唐之詩，宋之詞，元之曲，皆所謂一代之文學，而後世莫能繼焉者也。」﹝註1﹞的確，相較於元曲之輝煌，元詞顯得黯淡。吳衡照《蓮子居詞話》云：「金元工於小令套數而詞亡。」﹝註2﹞說明了元代文人致力於散曲的小令套數，更甚於填詞。又元詞實際數量不僅遠遠不及宋詞，更比不上當代新興的散曲，故詞至元始衰，成了學術界的定論。﹝註3﹞由於當代詞作少，加上評價不高，致海峽兩岸從事元詞研究者，相對於宋詞來得少。﹝註4﹞基於

﹝註 1﹞ 王國維《宋元戲曲史·自序》，北京：東方出版社，1996年，頁1。

﹝註 2﹞ 吳衡照《蓮子居詞話》，收錄於唐圭璋《詞話叢編》，北京：中華書局，1986年，頁2461。

﹝註 3﹞ 元曲分散曲、劇曲，單就散曲而言，作者兩百七十八位，小令則有四千零七十五首，套數四百九十八種，殘曲四十五首（徐征、張月中編《全元曲》，石家莊：河北教育出版社，1998年）；而元詞作者兩百一十二位，詞作三千七百二十一闋（據唐圭璋編《全金元詞》中所錄）。上與約兩萬闋的宋詞數量難以比較，近與同時代的散曲相比，數量更有些許落差。可知詞至元，有逐漸衰弱之象。

﹝註 4﹞ 國內研究元詞之博碩士論文有6篇：張子良《金元詞人評述》，台灣師範大學1970年國文碩士論文。李金恂《白樸天籟集研究》，台灣師範大學1990年國文碩士論文。陳宏銘《金元全真道士詞研究》，高雄師範大學1996年國文博士論文。黃文怡《宋元漁父詞曲研究》，彰化師範大學2003年國文碩士論文。卓惠婷《白樸及其天籟集研究》，成功大學2003年中文碩士論文。陳郁娟《張翥蛻巖詞研究》，成功大學2004年中文碩士論文。大陸研究元詞之博碩士論

以上原因，加上筆者本身偏好，故選定身爲漢人卻又深得忽必烈信任之名臣——劉秉忠及其詞爲研究對象。

　　劉秉忠爲元初名臣，研究其生平、作品之論述也很多，合計有專書二本，碩士論文兩篇，期刊論文十五篇，羅列如下：

	作　者	書　名	出版社	出版年
專書	袁冀	元太保藏春散人劉秉忠評述	台北：台灣商務印書館	1974 年
	李昕太、張家華、張濤	藏春集點注	石家庄：花山文藝出版社	1993 年

	作　者	篇　名	指導教授	備註
碩士論文	尹紅霞	論劉秉忠的學術與文學	李延年	河北師範大學 2003 年碩士論文
	李向軍	劉秉忠《藏春詞》研究	趙維江	暨南大學 2005 年碩士論文

	作　者	篇　名	期刊名	出版年／卷期
期刊論文	白鋼	建一代成憲的太保劉秉忠	文史知識	1985 年／03 期
	王崗	元大都的設計者——劉秉忠	文史知識	1988 年／05 期
	范玉琪	元初名臣劉秉忠書丹《國朝重修鵲山神應王廟之碑》考釋	文物春秋	1994 年／04 期
	趙永源	關于劉秉忠《藏春集》及其佚詩	文教資料	1996 年／03 期
	雷煥芹、胡考尚	元初名臣劉秉忠家族墓冢考	邢臺師範高專學報	1996 年／04 期
	劉景毛	劉秉忠的征雲南詩	雲南教育學院學報	1996 年／06 期

文有 8 篇：丁放《金元詞學研究》，河北大學 2001 年博士論文。高鋒《以詞話爲中心的宋元詞論研究》，南京師範大學 2002 年博士論文。彭潔瑩《論仇遠無弦琴譜的遺民心態及其意象呈現》，華南師範大學 2003 年碩士論文。馬琳娜《論白樸和他的天籟集》，南京師範大學 2004 年碩士論文。張沫《二妙詞研究》，暨南大學 2004 年碩士論文。易淑瓊《劉敏中詞研究》，暨南大學 2004 年碩士論文。牛海蓉《元初宋金遺民詞人研究》，陝西師範大學 2004 年博士論文。李向軍《劉秉忠藏春詞研究》，暨南大學 2005 年碩士論文。海峽兩岸合計 14 篇。

謝眞元、聶心蓉	論劉秉忠及其散曲	重慶廣播電視大學學報	2002 年／04 期
謝眞元、聶心蓉	劉秉忠散曲的價值呈現	忻州師範學院學報	2002 年／04 期
鍾振振	元詞中的一篇歸去來兮辭——元人劉秉忠《洞仙歌》(倉陳五斗) 詞賞析	名作欣賞	2003 年／02 期
趙君秋、黃赤	功名利祿清淡如水——元代劉秉忠的權力觀	繼續教育與人事	2003 年／08 期
尹紅霞	劉秉忠詩歌藝術論	邢臺學院學報	2005 年／01 期
李向軍	《全金元詞·劉秉忠》校正補遺	古籍整理研究學刊	2005 年／01 期
查洪德	劉秉忠文學文獻留存情況之考查	文獻	2005 年／04 期
陳水根	宋末元初江西詞派的第一人——劉秉忠及其詞	江西科技師範學院學報	2006 年／01 期
楊子才	終生清廉的元代元勛劉秉忠	中國監察	2006 年／06 期

　　袁冀《元太保藏春散人劉秉忠評述》，蒐羅現存文本對於劉秉忠之記錄，並爲之作行事編年，論其政治貢獻，考其生平交遊，爲近來研究劉秉忠行跡最詳盡的著作。雖於時間標示上偶有錯誤，〔註5〕但瑕不掩瑜，該書對於劉秉忠生平思想的研究仍然頗具參考價值。

　　李昕太、張家華、張濤《藏春集點注》，分別點注其詩三百九十首，其詞七十九闋，底本根據明天順舊鈔本，應是近世最早、收錄也較完整的詩詞注本。然而，此書詩詞註解之篇幅卻不成比例，相對於藏春詩注之詳細，其詞注內容則略顯薄弱。

　　尹紅霞《論劉秉忠的學術與文學》，內容分爲四個部分：其人其著考補、學術、詩論、文學創作，對劉秉忠之學術、詩論、文學作廣泛的介紹。其人

〔註 5〕　如：第三十四頁「元太宗二年、宋理宗紹定二年、……歲庚寅。」其中「宋理宗紹定二年」當爲「三年」才是；第三十七頁「元太宗六年、……、西元1233 年、歲癸己，十七歲」其中「西元 1233 年、歲癸己，十七」當爲「西元 1234 年、歲甲午，十九歲」等。

其著考補部分：制訂劉秉忠年譜，將作者生平行事一一條列，並蒐羅《藏春集》版本之記載，略述《藏春集》版本流傳之情形。學術部分：說明劉秉忠之學術上承邵雍「不沿愛惡，不立固必，不希名譽」之思想，與程朱之學相異。詩論部分：舉劉秉忠之絕句、律詩內容，歸納其創作理論。文學創作部分：分別討論詩、詞、曲之風格。

李向軍《劉秉忠藏春詞研究》是一篇專論藏春詞作的碩士論文。內容分為四個部分：創作傳承、藝術個性、意蘊探微、詞調詞律。創作傳承部分：首先探討劉秉忠詞學背景，推論其對北宗詞的效法和推崇，說明藏春詞中「清」、「雄」的北宗特質。藝術個性部分：首先說明劉秉忠之詞學觀念及其對「騷」、「雅」的承繼，其次歸納出「清雄」、「含蓄蘊藉」為藏春詞的風格特色，最末則從社會文化始因及劉秉忠本身個性著手，釐清藏春詞風產生的緣由。意蘊探微部分：從詞中挖掘劉秉忠之用世情節、散人心態、生命意識、宗教思想。詞調詞律部分：羅列藏春詞所使用的詞調、詞律。於其後更附錄藏春詞分期繫年考、藏春詞箋注。

至於期刊論文方面，共有十五篇探討劉秉忠的相關論文。有五篇專論其人：白鋼〈建一代成憲的太保劉秉忠〉、王崗〈元大都的設計者——劉秉忠〉、雷煥芹和胡考尙〈元初名臣劉秉忠家族墓冢考〉、趙君秋和黃赤〈功名利祿清淡如水——元代劉秉忠的權力觀〉、楊子才〈終生清廉的元代元勛劉秉忠〉，除了〈墓冢考〉一文專論其家族陵墓播遷之情形，其餘四篇皆著眼於劉秉忠對元朝之偉大貢獻及其個人之品格操守，略論其生平事跡。三篇言其詩：趙永源〈關于劉秉忠《藏春集》及其佚詩〉、劉景毛〈劉秉忠的征雲南詩〉、尹紅霞〈劉秉忠詩歌藝術論〉，乃就劉秉忠所作之詩歌加以探討。三篇言其詞：鍾振振〈元詞中的一篇歸去兮辭——元人劉秉忠《洞仙歌》（倉陳五斗）詞賞析〉、李向軍〈《全金元詞‧劉秉忠》校正補遺〉，針對秉忠所作詞作部分之探討與校正，而陳水根〈宋末元初江西詞派的第一人——劉秉忠及其詞〉，點出劉秉忠詞風與江西詩派之關聯，但內容只單就其詞作解讀，似乎可以更進一步討論劉秉忠詞作與江西詩派的關聯。二篇言其曲：謝眞元和聶心蓉〈論劉秉忠及其散曲〉、〈劉秉忠散曲的價值呈現〉，則評論劉秉忠之散曲及其文學價值。其餘篇章有：查洪德〈劉秉忠文學文獻留存情況之考查〉述說其文學文獻留存情況，范玉琪〈元初名臣劉秉忠書丹《國朝重修鵲山神應王廟之碑》考釋〉，大部分闡釋此碑之歷史價值，對於劉秉忠之敘述，仍停留在政治貢獻

上。除了上述之期刊論文外，於其他專書中亦有一、二篇較爲完整的論文：鄭騫《景午叢編》上編所收錄的〈劉秉忠的藏春樂府〉，從劉秉忠之身世經歷入手，認爲「藏春詞佳處在性情深厚、襟抱磊落、悲天憫人之胸懷，深沉之思想尤爲歷代詞家所無」，更以「飄逸、清新、灑落」來概括藏春詞之風格，其論述頗具見地，惜篇幅所限，未能展開詳論；陳得芝《蒙元史研究叢稿》所收錄的〈耶律楚材、劉秉忠、李孟合論〉，則從歷史政治的角度來評析劉秉忠。

　　從上述可知，劉秉忠之相關論文雖多，但所探討的內容大多鎖定其歷史定位及政治貢獻，其中專論《藏春樂府》者相當稀少，仍有進一步探討深究的空間。有鑑於此，筆者冀望能以自己微薄的識力，以前人之論述爲基礎，將《藏春樂府》歷代版本之存廢與考訂、劉秉忠家世際遇對之影響、詞作之內容與風格、詞牌格律之形式與特色、其詞對於山谷詩論之繼承與實踐等方面，進一步分析研究，期能爲劉秉忠《藏春樂府》作更深入的呈現。

第二節　研究方法

　　確定研究主題爲劉秉忠《藏春樂府》後，參考前輩學者之研究方法，分別以下列之步驟，依序著手進行。

一、蒐集整理相關資料

　　利用圖書館、工具書、網際網路等，盡可能將有關之資料完整蒐集。相關資料之範圍包含史傳、方志、詩文集、選集、歷史圖表、前人論述、近人研究等，並予以整理分類，細讀分析，期能有效運用。

二、明確釐定研究範圍

　　劉秉忠現存的作品有《藏春集》六卷、《全元文》卷一百一十五所收〈陳治要〉、〈郝文忠公傳〉、〈常氏孝感碑〉三篇。本論文研究範圍以《藏春集》卷五之《藏春樂府》爲主，由於各版本所錄之詞有異，因此首先試著考錄校訂各版本所錄之詞，接著探討劉秉忠之家世生平對其詞風之影響，了解其詞作內容、風格，分析其詞牌、格律、用韻之使用狀況與特色，進一步確定其詞作之文學價值。

三、詳細箋注《藏春樂府》

　　《藏春樂府》所存之詞作數量頗爲豐富，但其詞只有零星幾闋爲後人所箋注，分別收錄在各詞選集中；而現存唯一較爲完整的箋注本是李昕太、張家華、張濤《藏春集點注》，共注詞七十九闋，但相對於詩之注解，詞之「簡注」、「提示」內容稍嫌粗略，往往只有寥寥數語。因此，筆者根據現有的文獻資料，重新考訂其詞作八十二闋，並逐字校勘，仔細查詢每個詞語之出處及原意，力求每闋詞箋注之精確與詳盡。

四、規劃論文撰寫流程

　　本論文自確定題目，擬定大綱後，首先蒐集《藏春樂府》現存的版本，加以校訂，接著細讀詞作，完成箋注。其次，就現有之專書、期刊、論文資料，加以探討，釐清寫作此篇論文的動機。接著著手考究劉秉忠之家世、生平、交遊，了解其行事作風，並藉此分析其詞之內容、特色。緊接著整理其詞之詞牌、格律、用韻，歸納使用狀況及頻率，從中找出特點來。之後，詳細分析其詞具有哪些文學價值，並比較劉秉忠之詞與當代重要詞人之詞有何異同。最後，則根據前述之探討，作出結論。又爲了避免註解過於繁雜，難以審閱，故各章重新標註，力求編排之簡約。

五、章節劃分及其概要

　　本論文共分七章，文後附錄《藏春樂府》箋注。各章內容簡述如下：
　　第一章〈緒論〉：陳述研究動機、研究現況、研究目的及研究方法。
　　第二章〈《藏春樂府》之版本與校訂〉：整理文獻記載中有關《藏春樂府》的版本，並就現存可見之版本，加以校訂補遺，形成較爲完整精確的版本。
　　第三章〈劉秉忠之生平與交遊〉：蒐集有關劉秉忠之生平資料，考述其家族背景、生平際遇、政治貢獻、交遊情形等，做爲探析其詞的依據。
　　第四章〈《藏春樂府》之內容與其風格〉：先從劉秉忠詠物、詠史、酬贈、詠懷等四類詞作內容著手，逐一進行評析討論，藉之了解劉秉忠對詞體的態度，再就八十二闋詞之內容鋪陳，分析其表現手法，歸納其主要藝術風格。
　　第五章〈《藏春樂府》之形式與其特色〉：在選調、格律、用韻、用字方面，運用歸納分析、統計量化等方法，探討《藏春樂府》形式方面的特色。

　　第六章〈《藏春樂府》與山谷家風〉：劉秉忠於詩詞中，不只一次透露出對「山谷家風」的欣賞之情。因此，本章試著將劉秉忠之詞作及其詩詞理論，與山谷之詩詞理論作對照，釐清他們之間的承繼關係，並從中確定《藏春樂府》之文學價值。

　　第七章〈結論〉：歸納本論文的研究結果，闡述筆者對《藏春樂府》的想法與瞻望。

　　附錄一〈《藏春樂府》箋注〉：以第二章校訂後之八十二闋詞爲底本，並參考諸家選注，考究各詞句之典故、來源、意涵，完成較爲精確完整之箋注。

第二章　《藏春樂府》之版本與校訂

　　劉秉忠著述頗豐，其詩、詞、文實際卷數，各家說法駁雜。以下據現有文史記錄，查考其作品流傳刻印情形與版本異同，並釐清現存《藏春樂府》的版本，校對補遺，以求其詞內容之完整。

第一節　版　本

　　劉秉忠《藏春樂府》多隨其詩作合刻，成一詩詞集——《藏春集》。欲探討《藏春樂府》版本，當從《藏春集》著手。檢視元朝以來之文字記載，《藏春集》的版本大致分刻本、鈔本兩種。以下便就刻本、鈔本，分別說明之，並討論《藏春集》、《藏春樂府》現存之情形。

一、刻　本

　　近代學者潘柏澄曾在《劉太傅藏春集》之敘錄中提到：

> 秉忠遺集於至元二十四年由商挺編集、閻復撰序，卷數不詳，未刊。
> 至明天順五年處州知府馬偉始刻梓以行，凡六卷。〔註1〕

明確指出秉忠之詩詞集於至元年間未付梓刊印，直到明天順年間始刻。即沒有元刻本的存在。然而，細審閻復所作序文，內容卻透露至元年間曾刊刻行世之端倪：

〔註 1〕潘柏澄在《劉太傅藏春集》所作之敘錄，見新文豐出版公司編輯部編《元人文集珍本叢刊一》，臺北：新文豐出版公司，1985 年，頁 57。

至於裁雲鏤月之章，陽春白雪之曲，在公乃為餘事，公歿後十有四年，
是集始行於世。夫人竇氏暨其子璋介翰林待制王之綱求為敘引，晚生
愚陋，誠不足知公萬一，姑以時論所同然者，附諸編末云。〔註2〕

由此序可知，劉秉忠之妻竇氏及其子劉璋，在劉秉忠死後十四年，得王之綱
相助請閻復為書作序，其中一句「是集始行於世」，不僅說明當時該集已編輯
完成，更指出其於至元二十四年（西元 1287 年）〔註3〕便「行於世」。〔註4〕
至於所刻之內容、卷數皆不詳，只能根據閻氏所言，此集乃「裁雲鏤月之章，
陽春白雪之曲」，為劉秉忠「餘事」之作，推斷此集應為自娛之詩詞文集，而
非章奏政論之屬。又張德瀛《詞徵》云：「藏春詞一卷，元劉秉忠撰。元刻本。」
〔註5〕明確指出其所見之藏春詞，乃元代刊刻之版本，更說明了劉秉忠詞於元
代已單獨付梓刻印。

　　傅增湘《藏園群書經眼錄》記載，明代刊刻的《藏春集》有：

　　藏春詩集六卷　元劉秉忠撰　存卷一至三，計三卷　明天順馬偉刊
　　本，九行二十三字，黑口，左右雙闌。有至元丁亥閻復序，天順五
　　年馬偉序。題「中書參知政事魯國文定公左山商挺孟卿類稿」，「中
　　順大夫浙江處州知府瀛海馬偉廷彥校正」。（李木齋遺書，癸未閱。）

　　藏春詩集六卷　元劉秉忠撰　明天順五年馬偉刊本，九行二十三
　　字，黑口，左右雙闌。（沈曾植氏藏書。）

　　藏春集六卷　元劉秉忠撰　明弘治元年順德府刊本，九行十九字，白
　　口，單闌。題「中書參知政事魯國文定公左山商挺孟卿類稿」，「中順
　　大夫浙江處州知府瀛海馬偉廷彥校正」。前有至元丁亥翰林學士閻復
　　序，次弘治元年判順德府事商山孔鑑序，天順五年辛巳河南南陽府沁
　　陽縣吏臨川黎近久大後序。卷一至三七律，卷四七絕，卷五樂府，卷

〔註2〕閻復所作之序，見《藏春詩集》，收錄於《北京圖書館古籍珍本叢刊》，北京：
　　　書目文獻出版社，1988 年，頁 171。

〔註3〕閻復在《藏春詩集》序言中提到：「至於裁雲鏤月之章，陽春白雪之曲，在公
　　　乃為餘事，公歿後十有四年，是集始行於世。……至元丁亥四月初吉，翰林
　　　學士太中大夫知制誥同修國史閻復序。」可知《藏春集》於至元丁亥，即至
　　　元二十四年（西元 1287 年）行於世。

〔註4〕查洪德〈劉秉忠文學文獻留存情況之考查〉、李向君《劉秉忠藏春詞研究》也
　　　認同元刻本之存在。

〔註5〕與見張德瀛《詞徵・卷四》，收錄於唐圭璋編《詞話叢編》，北京：中華書局，
　　　1986 年，頁 4142。

六附錄誌傳狀碑銘祭文。

　　鈐有「蕉林藏書」、「觀其大略」、「大中丞印」等印。（余藏。）〔註6〕

根據傅增湘對於印刷形式的描述，李木齋遺書的《藏春詩集六卷》與沈曾植氏所藏的《藏春詩集六卷》，應同屬於明天順五年（西元 1641 年）馬偉刊本；而傅增湘自己所藏的《藏春集六卷》，應是明弘治元年（西元 1488 年）重刊本。又弘治本孔鑑序云：

> 藏春詩集迺元太傅文貞公所作也。……浙之處州郡守瀛海馬君偉欲
> 廣傳之，故自敍以壽諸梓，厥後歸諸南和黃門馬君秉衡，君不私其
> 有，仍付諸順德府，時太守寶雞林君子敬尤珍重之，語諸寅友汶上、
> 束君文傑輩曰：「太傅劉公，本茲郡人，余忝郡正，嘗慕其人品甚高，
> 欲求遺集以傳今，偶獲此梓，寔天假其緣，良酬某之素願也，其可
> 忽乎？」遂命工印行之。〔註7〕

從序中可知，《藏春詩集》於明代一開始是由馬偉付梓刻印，後版本輾轉流到馬秉衡手中，馬秉衡不私其集，獻該集予順德府太守林子敬，林子敬甚珍之，遂命工重新刻版印行。因此天順、弘治兩版本之內容應是雷同，只是弘治本書前多了弘治元年判順德府事商山孔鑑序，以及內容排版稍作調整罷了。雖然明刻本內容大致相同，但二者內容與元刻本已有差異，丁丙《善本書室藏書志》：「藏春集四卷，舊鈔本。……元史載有集十卷，明天順五年處州守馬偉釐爲五卷，末一卷爲誥命、神道、碑銘諸文，自爲一序，臨川黎近作後序。然詩僅七言律詩，七言絕句及詩餘，而無古詩及五言律絕，又無雜文，乃未全之本。此又併五卷而爲四卷耳。」〔註8〕繆荃孫亦云：「此本爲明天順間馬偉挺彥所釐定，前五卷爲詩，後一卷爲誥命、神道碑銘諸文，已非元本之舊式矣。」〔註9〕明人黎近於所作之序也指出：

> 處州馬侯生近公鄉，慨公功名事業播傳已久，而詩文之美，世或未
> 聞，乃彙而輯之，刻梓廣傳，俾敍諸元翰林學士閻公復後盛心也。
>
> 〔註10〕

〔註 6〕傅增湘《藏園群書經眼錄》，北京：中華書局出版，1983 年，頁 1296～1297。

〔註 7〕孔鑑〈藏春詩集序〉，見《藏春詩集》，同註 2，頁 171。

〔註 8〕丁丙《善本書室藏書志》卷三十三，收錄於錢泰吉《續修四庫全書》第九二七冊，〈史部・目錄類〉，上海：上海古籍出版社，2002 年，頁 546～547。

〔註 9〕繆荃孫《嘉業堂藏書志》，上海：復旦大學出版社，1997 年，頁 600。

〔註 10〕黎近所作之後序，見《藏春詩集》，同註 2，頁 237。

可見，到了天順年間，劉秉忠完整的作品集已因歷時久遠，天災人禍，或多散佚，致「世或未聞」，因此，明刻本之《藏春集》只是將散落於世之作品「彙而輯之」，而非完全之本。除了天順、弘治年間有《藏春集》六卷之刻本外，正德年間也有刻印。王鵬運曾云：

> 藏春散人詞世罕傳，夔笙舍人叚繆大史雲自在龕抄本錄副見貽，詞併詩爲六卷，明正德刻。〔註11〕

不僅指出劉秉忠之詞世間罕見，更提到況周頤借繆荃孫雲自在龕抄本之副本給自己，而此抄本乃明正德刊刻「詞併詩爲六卷」之版本。此本卷數爲六卷，與天順、弘治本相同，但因繆荃孫之抄本現時並未留存，故無法對照正德本之內容與天順、弘治本有何異同。

清代刻本則多根據明刻本重新刻印。如乾隆年間修撰《四庫全書》時，即據浙江鮑廷博（士恭）家藏之天順馬偉本，將《藏春集》收入〈集部・別集〉，共六卷，卷一至卷三七言律詩，卷四七言絕句，卷五樂府，卷六誥命碑銘等文，其卷次內容與明刻本大致相同。康熙三十三年（1694年），長洲顧嗣立秀野草堂刊《藏春集》一卷，收入《元詩選》，清光緒十四年（1888年），南沙席世臣掃葉山房重印，此集只收劉秉忠之詩作，詩之內容多與明刻本相同，但卻未錄其詞作。清光緒十九年（1893年），臨桂四印齋王鵬運據況周頤所借之「繆大史雲自在龕抄本錄副」之藏春散人詞，補上元代廬陵鳳林書院輯《名儒草堂詩餘》中收錄之劉秉忠詞〈木蘭花慢・混一後賦〉和〈朝中措・書懷〉兩闋，〔註12〕刻《藏春樂府》一卷，是一部單純的詞集。汪日楨也將《藏春詞》一卷，收錄於《又次齋詞編》中。〔註13〕

二、鈔　本

整理歷來藏書目錄的記載，〔註14〕《藏春集》的鈔本有以下幾種：

〔註11〕此語見《藏春樂府》後，爲王鵬運於癸巳歲三月二十三日記，收錄於王鵬運輯《四印齋所刻詞》，上海：上海古籍出版社，1989年，頁856。

〔註12〕廬陵鳳林書院輯《名儒草堂詩餘》卷上首兩闋，收錄於王雲五《叢書集成簡編》，臺北：臺灣商務印書館，1966年，頁1～2。

〔註13〕見施廷鏞編《中國叢書綜錄》第二冊，上海：上海古籍出版社，1986年，頁1611。

〔註14〕記載劉秉忠《藏春集》鈔本之藏書目錄有：王聞遠《笑慈堂書目》、朱學勤《結一廬書目》、周星詒《傅忠堂書目》、丁丙《善本書室藏書志》、傅增湘《藏園群書經眼錄》、國家圖書館特藏組編《國家圖書館善本書志初稿》、翁連溪編

書名	卷數	鈔本	備 註
藏春集	六卷	鈔本	一冊／鈔百十二番
藏春集	六卷	清抄本	一冊
藏春集	六卷	舊寫本	十行二十一字／前有至元丁亥翰林學士閣復序。序後有二行:「參知政事左山商挺孟卿集」「處州知府瀛海馬偉廷彥校。」
藏春集	六卷	清乾隆間寫文淵閣四庫全書本	三冊
藏春詩集	六卷	鈔本	一冊／汪啓淑藏
藏春詩集	六卷	清初抄本	清佚名校／八行十七字
藏春詩集	六卷	清抄本	清王聞遠校并跋
藏春詩集	六卷	清初曹氏倦圃抄本	存三卷／四至六
藏春詩集	六卷	清初曹氏倦圃抄本	清胡重校并跋／清黃丕烈跋／八行十七字白口四周單邊
藏春詩集	六卷	清彭氏知聖道齋抄本	一冊／十行二十四字無直格白口四周雙邊
劉太傅藏春集	六卷	清抄本	一冊／全幅高 27.7 公分，寬 17.2 公分。無邊匡界闌，每半葉十一行，行二十一字。中縫中央題「藏春集卷幾」，下方則記葉次。
劉太傅藏春集	六卷	清抄本	清宋賓王校／二冊／十一行二十一字無格
劉太傅藏春集	六卷	清文瑞樓抄本	十一行白口左右雙邊
劉太傅藏春集	六卷	清孔氏微波榭抄本	繆荃孫校并跋／十一行二十一字無格
藏春集	四卷	清抄本	傅增湘校并跋／四冊／九行二十一字無格
藏春集	四卷	清抄本	清丁丙跋
藏春集	四卷	舊寫本	九行二十一字／每卷題銜與天順馬偉本同。有至元丁亥閣復序。以天順六卷本核之，其卷一二當天順本之一二三，卷三當天順本卷四，卷四當天順本卷五，其天順本卷六附錄鈔本無之。

校《中國古籍善本總目》、中國古籍善本書目編輯委員會《中國古籍善本書目》、上海圖書館編《中國叢書綜錄》、國立中央圖書館特藏組編輯《國立中央圖書館善本書目》、國立故宮博物院編輯《國立故宮博物院善本舊籍總目》、北京圖書館編《北京圖書館古籍善本書目》等。筆者據之整理表列。

藏春詞	一卷	抄本	收錄於汪日楨又次齋詞輯《宋元十家詞》
劉文貞公全集	三十二卷	清抄本	十一行二十字無格
劉文貞公全集	三十二卷	舊寫本	十一行二十字。卷一至十二詩，十三卷以後皆文。前有同邑雲龍山人李治序。

由上表歸納，鈔本分六卷本、四卷本，多爲清人所鈔。六卷本內容乃據明本而來，四卷本則是併明本前五卷爲四卷。明高儒《百川書志》便有「藏春集四卷附錄一卷」之記錄，〔註15〕故可以確定四卷本於明朝即出現，至於在明代是鈔本或刻本，礙於資料所限，如今無從得知。另還有《劉文貞公全集》三十二卷之鈔本，此鈔本之記錄分別載於傅增湘《藏園群書經眼錄》及翁連溪編校《中國古籍善本總目》：

> 劉文貞公全集三十二卷　元劉秉忠撰　舊寫本，十一行二十字。卷一至十二詩，十三卷以後皆文。前有同邑雲龍山人李治序。（古書流通處送閱。壬戌）〔註16〕
>
> 劉文貞公全集三十二卷　元劉秉忠撰　清抄本　十一行二十字無格。〔註17〕

因傅增湘之記載遠早於翁連溪，相較二人之記錄，只差「無格」二字，再加上 2005 年出版之《中國古籍善本總目》所記之《劉文貞公全集》若爲翁連溪親見，目前應該可以找到該全集，但目前該全集卻下落不明，因此可知《中國古籍善本總目》關於《劉文貞公全集》之記載，乃根據《藏園群書經眼錄》而來，而非翁連溪親見。又由於明、清藏書目錄皆未見此書之記載，故此集應是後人據劉秉忠當時留存之作品所編，流傳不廣，至於其詩詞之收錄是否比《藏春詩集》六卷本更爲齊全，卷一至十二之詩有無包含詞，就無從得知。

三、現存之情形

劉秉忠遺集於至元二十四年由商挺彙編，閻復作序，卷數不詳，惜不復傳世。傅增湘雖曾見明天順馬偉刊本，但那也是民國初年之事，目前兩岸國

〔註15〕高儒《百川書志》卷十五，元詩・集，收錄於《叢書集成續編》第三冊，台北：新文豐出版公司，頁 563。
〔註16〕傅增湘《藏園群書經眼錄》，北京：中華書局出版，1983 年，頁 1296～1297。
〔註17〕翁連溪編校《中國古籍善本總目》第四冊，〈集部・元別集〉，北京：線裝書局，2005 年，頁 1328。

家圖書館及博物院中皆未收藏。現存錄有劉秉忠《藏春樂府》之善本只剩：《藏春詩集》六卷（明弘治元年順德府刊本）、《藏春集》六卷（四庫全書本）、《藏春樂府》一卷（清光緒十九年臨桂王氏家塾四印齋刊本）、《劉太傅藏春集》六卷（清鈔本）、《藏春集》六卷（清乾隆間寫文淵閣四庫全書本）、《藏春詩集》六卷（清初曹氏倦圃抄本）、《藏春詩集》六卷（清彭氏知聖道齋抄本）、《藏春集》四卷（清抄本）、《藏春詞》一卷（又次齋詞編）等。

近人唐圭璋則據丁丙所藏四庫抄本，校補臨桂四印齋王鵬運所刻之《藏春樂府》，將劉秉忠詞作八十一闋收錄於《全金元詞》中。

第二節　校　訂

劉秉忠之詞集現存較完整的刻本有：明弘治元年順德府刊本、王氏家塾四印齋刊本、四庫全書本。而鈔本乃根據明天順、弘治兩個版本抄錄。因天順本已不知去向，故以天順鈔本——《劉太傅藏春集》六卷（清鈔本）〔註18〕與弘治刻本相對照，參酌唐圭璋《全金元詞》所收錄之詞，補《析津志輯佚》中所錄〈秦樓月〉一闋，共得詞八十二闋。

王磐曾於〈神道碑銘〉中提及：「公諱秉忠，字仲晦，……自好學，至老不衰。通曉音律，精算數，善推步。」〔註19〕且劉秉忠亦曾自度〈乾荷葉〉等曲，可知劉秉忠的確精通音律的，但此說只限於當時仍傳唱的樂譜而言。元代是中國詞學的轉變期，詞樂的亡佚，致使詞完全脫離了音樂而成為案頭文學。文人對詞的音樂性的要求，也由合樂可歌轉向了按譜協律。〔註20〕當然劉秉忠也不例外。我們從其填詞之情形可知，劉秉忠對於詞牌之格式、聲調相當注意。〔註21〕又其詞風上承黃庭堅點鐵成金、奪胎換骨一派，對前人詩詞多有化用。〔註22〕因此，筆者在校對時，會從詞譜、唐宋文人詩詞、文

〔註18〕該鈔本目前收藏在台灣國家圖書館，卷一至三七律，卷四七絕，卷五樂府，卷六附錄誌傳狀碑銘祭文，集前有閻復序與黎近序，卻未見孔鑑序。由於其抄錄相當詳盡，連四庫本未收之黎近序也在其中，若所抄之版本為弘治本，應不致漏抄孔鑑序，故劉太傅藏春集六卷鈔本當是抄自天順本。

〔註19〕此語收錄於《藏春詩集・卷六》，〈神道碑銘〉，同註2，頁229～231。

〔註20〕參見陳伯海，蔣哲倫主編；蔣哲倫，傅蓉蓉著《中國詩學史・詞學卷》第四章〈元明詞學〉，廈門：鷺江出版社，2002年，頁149。

〔註21〕劉秉忠對於詞律的態度，在本文第五章將有更深入的探討。

〔註22〕劉秉忠詞作化用前人文句之情形，於本文第六章將有更進一步討論。

意銜接著手，根據劉秉忠塡該詞牌之習性，以弘治刻本爲底本，校對考訂，期能掌握劉秉忠樂府之全貌。

　　由於校訂篇幅較長，內容也較繁瑣破碎，逐將之併入箋注之中。

第三章　劉秉忠之生平與交遊

　　作品風格往往和其人之個性想法、行事作風息息相關，而人之思想習慣通常會因爲家世背景、社會環境以及周遭人事的影響而有所不同。所以，探討文學作品之前，當先釐清作者之生長環境，了解作者之作風想法，如此一來，才能對其作品內容作更確切的分析。因此，本章擬從其身家背景、生平際遇、交遊狀況，探討劉秉忠之生平際遇，歸納其個性與行事作風，期能對《藏春樂府》內容探析有所助益。

第一節　家族考述

　　劉秉忠，字仲晦，初名侃，自號藏春。因從釋氏，名子聰，故又名釋子聰、僧子聰，時人皆稱之爲聰書記。中統五年（西元 1264 年），拜官後始更今名。〔註1〕

　　由文字記錄可知，其先世原居瑞州劉李村：

　　　　其先仕遼，爲當時大族。世居瑞州之劉李村，一門之內居顯列者甚眾。〔註2〕

〔註 1〕宋濂《元史・卷一百五十七・劉秉忠列傳》：「字仲晦，初名侃，因從釋氏，又名子聰，拜官後始更今名。」（宋濂《元史》，臺北：臺灣商務印書館，1988年，頁 1800。）又《藏春詩集・卷六》之收錄亦有提及其號與更名之緣由，如張文謙〈故光祿大夫太保贈太傅儀同三司謚文眞劉公行狀〉云：「公諱侃，更名秉忠，字仲晦，自號曰藏春。」徒單公履〈故光祿大夫太保劉公墓誌銘〉：「五年八月改中統爲至元，詔公以光祿大夫，進位太保，參領中書省事，更今名。」（見《藏春詩集・卷六》，收錄於《北京圖書館古籍珍本叢刊》，北京：書目文獻出版社，1988 年，頁 226、232。）

〔註 2〕見《藏春詩集・卷六》收錄之張文謙〈故光祿大夫太保贈太傅儀同三司謚文

世居瑞州之劉李村，其先仕遼，多貴顯，經亂，譜諜散亡不能考。

〔註3〕公諱秉忠，字仲晦，瑞州劉李村人，先世仕遼多顯貴。〔註4〕

世仕遼，爲當世大族，然其譜牒因亂散亡，致無法考據其世系。今只能由張文謙〈行狀〉及徒單公履〈墓誌銘〉得知，劉秉忠之曾祖父仕金，爲邢州節度副使，秩滿之後，因慕當地之風土，留居邢州。後其曾祖父爲奔母喪，遂還瑞州，留其子劉澤於邢。故自劉澤之後，遂爲邢人。〔註5〕

而《元史·地理志》中，關於瑞州的記載有二，一於遼陽大寧路：

> 大寧路，本奚部，唐初其地屬營州，貞觀中奚酋可度內附，乃置饒樂郡。遼爲中京大定府。金因之。元初爲北京路總管府，領興中府及義、瑞、興、高、錦、利、惠、川、建、和十州。〔註6〕

一於江西瑞州路：

> 瑞州路，唐改建成縣曰高安，即其地置靖州，又改筠州。宋爲高安郡，又改瑞州。元至元十四年，升瑞州路，……元貞元年，升新昌縣爲州。〔註7〕

又明黎近久於《藏春詩集》之後序中云：

> 公雖世顯於邢，實吾瑞劉李村人。……河南南陽府沁陽縣吏臨川黎近久大書。〔註8〕

黎氏爲江西臨川人，言劉秉忠「實吾瑞劉李村人」，似乎直指劉氏其先籍應屬江西之瑞州。但反觀《宋史》所述：

> 瑞州，上，本筠州，軍事。紹興十三年，改高安郡。寶慶元年，避理宗諱，改今名。〔註9〕

眞劉公行狀〉，同註1，頁226。以下簡稱〈行狀〉。

〔註3〕見《藏春詩集·卷六》收錄之徒單公履〈故光祿大夫太保劉公墓誌銘〉，同註1，頁232。以下簡稱〈墓誌銘〉。

〔註4〕見釋念常《佛祖歷代通載·卷二十一》，北京：書目文獻出版社，1988年，頁422。

〔註5〕參見《藏春詩集·卷六》收錄之張文謙〈行狀〉及徒單公履〈墓誌銘〉，同註1，頁226、232。釋念常《佛祖歷代通載·卷二十一》，同註4，頁422。

〔註6〕見宋濂《元史·卷五十九·地理志·遼陽等處行中書省·大寧路》，同註1，頁710～711。

〔註7〕見宋濂《元史·卷六十二·地理志·江西等處行中書省·瑞州路》，同註1，頁762。

〔註8〕見《藏春詩集·卷六》黎近久序，同註1，頁237。

〔註9〕見脫脫《宋史·卷八十八·地理志·江南西路》，臺北：臺灣商務，1988年，

可知江西筠州有瑞州之稱，當於寶慶元年（西元 1225 年），因避理宗趙昀之名諱，始更名爲瑞州。因此，直到理宗時，江西瑞州仍爲南宋領土。而劉秉忠之先世仕遼，其曾祖父仕金，又當時江西爲南宋領地，應無南宋子民赴遼金爲官，且能累世顯達之理，故筆者認爲劉氏其先世應原居遼陽瑞州（今遼寧省）劉李村。

劉澤，即劉秉忠之祖父。爲人偶儻，有志節，深爲鄉里所畏重。與其妻張氏，生一子名潤，即劉秉忠之父也。〔註10〕

父劉潤，通熟音律，寬厚慈祥，居家接物之際，終日無忤色。元太祖十五年（西元 1220 年），木華黎率蒙古兵南下取邢州，邢舉郡降，〔註11〕遂立都元帥府管理之。眾因劉潤寬仁，故推之爲副都統，隨即陞爲都統，以爲鎮守。事稍定，改署本郡錄事，其子劉秉忠因此爲質於元帥府。其爲政寬簡，不立威嚴，凡民興訟，必以理諭之，罪犯既已伏首，則必以善言教戒。時值草昧之際，州長時常更易，各州縣之長爲了鞏固一己之勢力，無不各樹親黨，劉潤獨不爲之所忌，累任鉅鹿、內丘提領，更可見其處事圓融。有二子，長子即秉忠，次子名秉恕。〔註12〕六十歲時，辭官家居。〔註13〕

母馬氏，治家有法，凡起居飲食，必責子以正理，不爲姑息之愛。庶母張氏，勤儉持家，內助謹嚴，視劉秉忠猶如親生。〔註14〕

同父異母弟劉秉恕，字長卿，爲庶母張氏所出。好讀書，年值弱冠，從威州劉肅〔註15〕學易，遂明理學。世祖嘗賜其兄秉忠白金千兩，秉忠推辭不

頁 1045。

〔註10〕 參見《藏春詩集・卷六》，同註1，頁 226、232。

〔註11〕 參見宋濂《元史・卷一百一十九・木華黎》：「庚辰，復由燕徇趙，至漢城・武仙舉眞定來降。……兵至滏陽，金邢州節度使武貴迎降，進攻天平寨，破之。」同註1，頁 1423。

〔註12〕 參見《藏春詩集・卷六》，同註1，頁 226、227、232。

〔註13〕 據《元史》記載，劉秉忠「十七，爲邢臺節度使府令史，以養其親」，可知其父其十七歲，即元太宗四年（西元1232年）之前，已告老辭官。又張文謙〈行狀〉：「年十三，以父爲錄事，爲質於元帥府。」時爲元睿宗監國之際（西元1228年），其父應不致於剛爲錄事，便於當年或是隔年立即告老歸家。故大致可以推知，劉潤應於元太宗二年至三年（西元 1230～1231 年）辭官家居。

〔註14〕 參見《藏春詩集・卷六》收錄之張文謙〈行狀〉及徒單公履〈墓誌銘〉，同註1，頁 226、228、232、234。

〔註15〕 宋濂《元史・卷一百六十・劉肅列傳》：「劉肅字才卿，威州洺水人。金興定二年詞賦進士。嘗爲尚書省令史。……金亡，依東平嚴實，辟行尚書省左司員外郎，又改行軍萬戶府經歷。……壬子，世祖居潛邸，以肅爲邢州安撫使，

果，故受而散之，以二百兩與秉恕，然秉恕曰：「兄勤勞有年，宜蒙茲賞，秉恕無功，可冒恩乎？」終不受，由此可見秉恕不居功之眞性情。中統元年（西元 1260 年），擢禮部侍郎、邢州安撫副使，皆著能聲。二年（西元 1261 年），遷吏部侍郎。三年（西元 1262 年），升邢爲順德府，爲順德安撫使。至元元年（西元 1335 年），改嘉議大夫，歷彰德、懷孟、淄萊、順天、太原五路總管。淄萊府有死囚六人，判決已經確定，秉恕疑之，詳讞得其實，六人賴以不死。後召除禮部尚書，出爲淮西宣慰使，會省宣慰司，歷湖州、平陽兩路總管。平陽歲荒，百姓艱食，秉恕輒開倉以賑之，所到之處，皆有惠政。年六十，卒于官。〔註 16〕

劉秉忠之夫人竇氏，乃翰林侍講學士竇默〔註 17〕之次女。〔註 18〕元世祖至元七年（西元 1270 年），詔遣禮部侍郎趙秉溫選聘，爲劉竇婚配。夫人賢而且文，御僕妾有恩，內外宜之。〔註 19〕有一女，後奉世祖之詔適張九思〔註 20〕；

肅興鐵冶，及行楮幣，公私賴焉。中統元年，擢眞定宣撫使。時中統新鈔行，罷銀鈔不用。眞定以銀鈔交通于外者，凡八千餘貫，公私囂然，莫知所措。肅建三策：一曰仍用舊鈔，二曰新舊兼用，三曰官以新鈔如數易舊鈔。中書從其第三策，遂降鈔五十萬貫。二年，授左三部尚書，官曹典憲，多所議定。……四年，卒，年七十六。肅性舒緩，有執守。嘗集諸家易說，曰讀易備忘。後累贈推忠贊治功臣、榮祿大夫、上柱國、大司徒、邢國公，謚文獻。」（同註1，頁 1840～1841。）

〔註 16〕見宋濂《元史・卷一百五十七・劉秉忠列傳》，同註 1，頁 1803～1804。

〔註 17〕竇默生平可參見本文第三節秉忠之交遊情形。

〔註 18〕王磐〈大學士竇公神道碑〉：「公諱傑，字漢卿，世爲廣平府肥鄉縣人。……女三人，長適中順大夫淮西道宣慰副使劉執中，次適金紫光祿大夫太保參領中書省事劉秉忠，其季適承直郎大名路總管府判官劉珪。」（黃彭年《畿輔通志・卷一百四十八》，臺北：華文書局，1968 年，頁 4911～4912。）

〔註 19〕參見《藏春詩集・卷六》收錄之張文謙〈行狀〉、徒單公履〈墓誌銘〉，同註 1，頁 228、234。

〔註 20〕參見虞集《道園學古錄・卷十七・徽政院使張忠獻公神道碑》：「公諱九思，字子有，姓張氏，其先大都宛平縣邑鄉人。……公娶唐氏，翰林學士承旨托音之女弟；世祖又賜以趙國文貞劉公秉忠之女。今皆封魯國太夫人。」（收錄於紀昀編《文津閣四庫全書》第四〇三冊，〈集部・別集類〉，北京：商務印書館，2005 年，頁 355。）宋濂《元史・卷一百六十九・張九思列傳》：「張九思，字子有，燕宛平人。父滋，薊州節度使。至元二年，九思入備宿衛，裕皇居東宮，一見奇之，以父蔭當補外，特留不遣。江南既平，宋庫藏金帛輸內府，而分授東宮者多，置都總管府以主之，九思以工部尚書兼府事。……三十年，進拜中書左丞，兼詹事丞・明年，世祖崩，成宗嗣位，改詹事院爲徽政，以九思爲副使；十一月，進資德大夫、中書右丞。會修世祖、裕宗實錄，命九思兼領史事。大德二年，拜榮祿大夫、中書平章政事。五年，加大

又因無子，故以弟劉秉恕之子蘭璋爲嗣。〔註21〕

第二節 生平際遇

劉秉忠之生平際遇，約可分爲：年少潛修、和林幕僚、從征滇鄂、立典輔弼四個時期。〔註22〕

一、年少潛修時期（西元 1216～1239 年）

劉秉忠於元太祖十一年（西元 1216 年），〔註23〕生於邢（今河北邢臺），當時北方正値蒙軍破潼關，金人宮室南遷，時亂歲饑之際。〔註24〕

司徒。六年，進階光祿大夫，薨，年六十一。」（同註 1，頁 1947～1948。）

〔註21〕 參見宋濂《元史・卷一百五十七・劉秉忠列傳》：「無子，以弟秉恕子蘭璋後。」（同註 1，頁 1803。）

〔註22〕 劉氏之生平際遇，多參考以下書籍內容編纂而成：宋濂《元史・卷一百五十七・劉秉忠列傳》，臺北：臺灣商務，1988 年，頁 1800～1804。劉秉忠《藏春詩集・卷六》之徒單公履〈墓誌銘〉、張文謙〈行狀〉、王磐〈神道碑銘〉、姚樞〈祭文〉、徐世隆〈祭文〉。釋念常《佛祖歷代通載・卷二十一》，北京：書目文獻，1988 年，頁 422～424。蘇天爵《元朝名臣事略・卷七》，北京：中華書局，1985 年，頁 87～89。屠寄《蒙兀兒史記・卷八十三》，臺北：鼎文書局，1977 年，頁 2099～2108。嵇璜、曹仁虎《續通志・卷四百六十二》，杭州：浙江古籍，2000 年，頁 5969～5970。黃彭年等《畿輔通志・卷二百一十四》，同註 18，頁 6787～6791。朱軾《史傳三編・卷四十一》，收錄於紀昀編《文津閣四庫全書》第一五七冊，〈史部・傳記類〉，北京：商務印書館，2005 年，頁 76～77。袁冀《元太保藏春散人劉秉忠評述》，台北：台灣商務印書館，1974 年。爲了避免引註之繁複瑣碎，凡以下行文參考以上之書籍內容者不再標註。若另有闡釋，或引述非以上書籍之內容者，則會另加註標明。

〔註23〕 宋濂《元史・卷一百五十七・劉秉忠列傳》：「十一年，……秋八月，秉忠無疾端坐而卒，年五十九。」至元十一年（西元 1274 年），秉忠年五十九。因之上推，可知秉忠生於元太祖十一年（西元 1216 年），即金宣宗貞祐四年。

〔註24〕 《金史・卷八十五・世宗諸子列傳》：「貞祐四年，潼關破，徙永中子孫于南京。」《金史・卷一百・完顏伯嘉列傳》：「貞祐四年十月，詔以兵部尚書、簽樞密院事蒲察阿里不孫爲右副元帥，備禦潼關、陝州。次澠池土濠村，兵不戰而潰。」（脫脫《金史》，臺北：臺灣商務，1988 年，頁 794、934。）據史實所記，當時蒙古大軍取潼關，迫使金宣宗遷都汴京（今河南開封），金之境內紛亂不堪，時人行文中亦有記錄，魏初〈重修北嶽露臺記〉：「有金南渡，河北群雄如牛毛，弱之肉，強之食，鄉人惴惴焉。……丙子，石海亂，歲且饑，民瀕於沙河者，夜採魚藕草糧以餬口，晝穴窖，不敢出。」（見魏初《青崖集・卷三》，收錄於紀昀編《文津閣四庫全書》第四○○冊，〈集部・別集類〉，北京：商務印書館，2005 年，頁 549。）

　　秉忠幼時秀異，於嬉戲中，常被推舉為領導，其所驅策指使，無不奔走服事，無有違者。八歲入小學，日頌數百言。十三歲時，因其父為錄事，故為質子於元帥府。元帥一見之，即謂同僚曰：「此兒甚貴，他日不可量也。」遂命僚佐教以文藝，不使隸質子班。自是，秉忠遂致力於學，道藝文章，與日俱進，同輩莫能及。十七歲，因家貧，故為邢臺節度使府令史，以養其親。好賢樂善，幹敏條潔，諸老吏咸服其能。二十一歲，其母馬氏卒，毀瘠骨立，疏食水飲，哀思無窮，恆衣一綿裘，晝夜不解帶者三年，見之者無不感其孝思之深也。一日因案牘事，鬱鬱不樂，故投筆嘆曰：「吾家累世衣冠，乃汨沒為刀筆吏乎？丈夫不遇於世，當隱居以求志耳。」遂遯居於武安清化山中，時年二十三。至於武安的地理位置，史書載云：

> 磁州，中，刺史。……縣三、鎮八：滏陽有滏山、磁山、漳水、滏
> 水。武安有錫山、武安山。……鎮三大趙、北陽、邑城・士民須知
> 惟有邯山鎮。〔註25〕至元二年，以真定之涉縣及成安縣併入滏陽，
> 武安縣併入邯鄲，止以滏陽、邯鄲二縣及錄事司來屬。〔註26〕

由以上《金史》、《元史》之記載可知，武安在金時屬磁州，直到元世祖時，始併入邯鄲縣。因此在劉秉忠避居之時，仍屬磁州，其區域規劃應近於《金史》所載。又嘉靖年間磁州之《武安縣志》提到：

> 紫金山，在縣東北二十里，紫泉出焉，泉色玄黑，有王喬洞，有劉
> 太保隱室。太保名秉忠，元世祖定策臣，其節清以貞，其學明於術
> 數。山返照則赤，生九節蒲既烏石。

> 東鄉四里：在坊里、青化里、紫泉里、靳故里。〔註27〕

由東鄉之里名中有紫泉推知，此四里應近紫金山。而青化、清化，形音相類，應指同一地。其臨近之紫金山上又有劉秉忠隱室，故可推估劉秉忠隱居之處應為磁州武安縣（今河北武安縣）清化里之紫金山中。

　　劉秉忠隱於武安同時，天寧寺虛照禪師〔註28〕聞其才，愛不能捨，故遣

〔註25〕見脫脫《金史・卷二十五・地理志・河北西路》，同註24，頁267。
〔註26〕見宋濂《元史・卷五十八・地理志・中書省廣平路》，同註1，頁697。
〔註27〕見陳瑋《嘉靖武安縣志》卷一〈山川・紫金山〉、卷二〈坊鄉・東鄉四里〉，
　　　　收錄在《天一閣藏明代方志選刊續編》，上海：上海書店，1990年，頁18、
　　　　35。
〔註28〕陳廷實〈虛照禪師塔記〉：「師諱弘明，旅申氏，世居遼州榆社縣高家里，……
　　　　歲戊戌，邢臺帥府諸公聞師名，介天寧寺，洪泰疏請傳持，應命赴之，緇素

弟子輩詣清化招致之。自是，劉秉忠披剃爲僧，因其能文詞，故掌天寧寺書記。秋七月，邢有蝗害，當地乏食者十有八九，虛照禪師應其妹婿之請，至雲中避禍，劉秉忠亦隨之同往。隔年秋，虛照禪師自雲中還，劉秉忠留在當地南堂寺，〔註29〕從可庵朗研習天文陰陽三式〔註30〕諸書。會海雲大師〔註31〕至，一見奇其才。時忽必烈在潛邸，遣使召海雲北上，海雲遂偕劉秉忠俱行。〔註32〕

悦服。」見《畿輔通志・卷一百八十二・寺觀・邢臺》，同註18，頁5911。

〔註29〕見《山西通志・卷一百六十九・寺觀・大同府・大同縣》：「南堂寺，在城東南，後魏天安元年建，名永寧寺。……有金玉像高一丈八尺，外有九級浮圖高九十餘丈，上刹復高十丈，鈴鐸聲聞十里。後改今名。元重修，劉秉忠遊雲中，留居於此，今廢。」（王軒等纂修《山西通志》，收錄於紀昀編《文津閣四庫全書》第一八四冊，〈史部・地理類〉，北京：商務印書館，2005年，頁155。）又《大明一統志・卷二十一・大同府・大同縣》：「戰國趙置雲中縣；漢爲鴈門郡平城縣地，東漢末廢，曹魏復置，屬新興郡；晉屬鴈門郡；後魏屬代尹；北齊置雲中縣；隋初改爲雲內縣，屬朔州，後屬馬邑郡；唐初廢，貞觀中置定襄縣，尋廢，開元中復置，改縣曰雲中，爲雲州治；遼析雲中置大同縣，金元仍舊，本朝因之。」（李賢《大明一統志》，臺北：文海出版社，1965年，頁1354。）故雲中南堂寺，應在今之山西大同。

〔註30〕三式有二説，王應麟《困學紀聞・周禮》：「三式曰：雷公、太一、六壬，其局以楓木爲天，棗心爲地。」（收錄於紀昀編《文津閣四庫全書》第二八二冊，〈子部・雜家類〉，北京：商務印書館，2005年，頁417。）黃宗羲《易學象數論・卷六・遁甲》：「遁甲、太一、六壬三書，世謂之三式，皆主九宮以參詳人事。」（收錄於紀昀編《文津閣四庫全書》第十三冊，〈經部・易類〉，北京：商務印書館，2005年，頁201。）二者説法雖異，但以三式爲數術占卜之學的看法卻無不同。

〔註31〕見〈海雲簡和尚塔碑〉：「達摩以禪宗倡南海上，……十六傳而爲佛日圓明海雲大宗師。……謹按師名印簡，宋姓，嵐谷寧遠人。七歲授孝經，開卷問：開者何宗？明者何義？父母奇之，俾從浮屠顔公祝髮。……居嵐州廣惠寺，日乞食以養，餘即爲粥以食餓者，金宣宗聞之，賜號通玄廣惠大師。……師由山西來燕，夜宿松鋪岩下，因擊火，大悟。……時相夏里之徒，方事嚴刻，師勸以平政息役，以弭災蝗。……世祖在潛邸，數延問佛法之要。……有語錄曰『雜毒海』行于世。」（見程文海《雪樓集・卷六・玉堂類藁・敕賜碑》，收錄於紀昀編《文津閣四庫全書》第四〇一冊，〈集部・別集類〉，北京：商務印書館，2005年，頁555。）

〔註32〕〈臨濟正宗之碑奉勅撰〉：「璋傳海雲大宗師簡公，海雲性與道合，……佛法蓋至此而中興焉。……師之大弟子二人，曰可菴朗、賾菴儇，朗公度華菴滿及太傅劉文貞，儇公度西雲大宗師安公。師以文貞公機智弘達，使事世祖皇帝。」（見趙孟頫《松雪齋集・卷九》，台北：學生書局，1970年，頁394～395。）可知秉忠先從海雲大師之弟子可菴朗，後同海雲大師北上，事世祖於潛邸。海雲大師，乃秉忠之師祖，劉侗《帝京景物略・卷四》所記：「今寺尚

二、和林幕僚時期（西元 1239～1252 年）

　　劉秉忠於書無所不讀，尤邃於易及邵氏經世書，至於天文、地理、律歷、三式、六壬、遁甲之屬，無不精通，論天下事如指諸掌，應對稱旨，忽必烈大爲讚賞。因此，海雲大師南還時，劉秉忠被忽必烈留於和林〔註33〕。時年約二十四歲。〔註34〕

　　自劉秉忠留和林潛邸，其顧問之際，遂闢用人之路；閒暇之時，則讀書窮易講明聖人之學。定宗元年（西元 1246 年）冬，其父劉潤辭世，故乞歸邢州奔喪。隔年春，忽必烈許之，並贈以黃金百兩，遣使送還。六月，抵邢，依通禮、服斬衰，不以出世故而虧世法也。冬十月，葬祖父母及父母於邢臺之賈村。有詩〈寄中山乾明寺主〉〔註35〕、〈丁未始還邢臺三首〉等記之。當

有海雲、可菴二像，衣皆團龍魚袋，海雲像，其弟子劉秉忠作贊。」（劉侗《帝京景物略》，北京：北京古籍出版社，1983 年，頁 158～159）。

〔註33〕　《欽定大清一統志·卷四百十一》：「元太祖十五年，定諸部建都於此，名和林。初立元昌路，後改轉運和林使司，前後五朝都焉。世祖遷都大興，於和林置都元帥府。」（見和珅《欽定大清一統志》，收錄於紀昀編《文津閣四庫全書》第一六四冊，〈史部·地理類〉，北京：商務印書館，2005 年，頁 1012。）

〔註34〕　袁冀《元太保藏春散人劉秉忠評述·行事編年》：「二十四歲，北觀和林。」其據〈行狀〉：「己亥，秋虛照老還邢，公因留住南堂，講習天文陰陽三式諸書。會海雲大士至，一見奇其才，時上在藩邸，遣使召海雲老北上，因攜公偕行。」推估出秉忠於二十四歲至和林：並舉劉秉忠〈寄中山乾明寺主〉：「十年朔漠走風塵，今日乾明伴水雲。」〈丁未始還邢臺〉：「十年朔漠到鄉城，里巷傳聞喜復驚。」言秉忠自己亥（西元 1239 年）北觀至丁未（西元 1247 年）還鄉，計歷時九年，故曰十年朔漠。（袁冀《元太保藏春散人劉秉忠評述》，臺北：臺灣商務印書館，1974 年，頁 44、47、55。）秉忠己亥年，即二十四歲時北觀之推論甚是，然十年朔漠之說法筆者卻有不同的看法。虛照己亥秋還邢，故秉忠隨海雲北觀應在己亥秋後，而其丁未六月至邢，歷時九年（實際不到八年），以古人約略之計算模式，記之十年，亦多有之，故袁冀提出「計歷時九年，故曰十年朔漠」的說法，也說得通。但筆者以爲十年朔漠，應是太宗十年（西元 1238 年），秉忠離開邢臺天寧寺至雲中，至定宗二年（西元 1247 年）回邢奔喪，前後十年。因雲中即今日之大同，近漠北之地，自古便爲邊陲關塞，言朔漠，可也；且詩中所言之「鄉城」應爲邢臺，作者斷不會將雲中歸爲鄉城。所以，十年朔漠應是指秉忠北到雲中至回邢奔喪，前後十年期間才是。

〔註35〕　劉秉忠另有一首〈宿中山乾明寺〉，但非作於此時。《欽定大清一統志·卷三十四》：「中山府屬河北西路，金天會中復曰定州，尋復爲中山府，元屬眞定路。」（同註33，收錄於紀昀編《文津閣四庫全書》第一六二冊，〈史部·地理類〉，北京：商務印書館，2005 年，頁 279。）中山爲和林南下邢臺必經之地，但秉忠〈宿中山乾明寺〉卻非與〈寄中山乾明寺主〉同作於返邢奔喪之際。〈宿中山乾明寺〉：「客散關門厭事譁，爐香滿屋臥煙霞。人辭故里凡三載，

時，劉秉忠雖居喪在邢，忽必烈亦從其返邢前所薦，召張文謙〔註36〕、李德輝〔註37〕等人入潛邸。定宗三年（西元 1248 年）冬十二月，忽必烈即遣使召劉秉忠還和林。

　　隔年春，返潛邸，奏請建邢臺開元寺普門之塔。定宗后稱制二年（西元 1249 年）夏，上萬言策，陳時事所宜者數十條，凡萬餘言，皆尊主庇民之事，忽必烈皆嘉納之。又言：「邢州舊萬餘戶，兵興以來不滿數百，凋壞日甚，得良牧守如眞定張耕〔註38〕、洺水劉肅者治之，猶可完復。」朝廷納其言，即以張耕爲邢州安撫使，劉肅爲副使。從此，流民復業，升邢爲順德府。據此可見，劉秉忠有知人之能，而忽必烈對之亦相當信任。

三、從征滇鄂時期（西元 1252～1260 年）

　　憲宗即位，忽必烈奉命掌管漠南漢地之軍國庶事。憲宗二年（西元 1252 年），忽必烈爲方便管理漠南事務，遂南駐桓、撫間，劉秉忠隨之，其〈桓撫道中〉詩云：「老煙蒼色北風寒，驛馬趨程不敢閒。一寸丹心塵土裏。兩年塵迹撫桓間。曉看太白配殘月，暮送孤雲還故山。要趁新春賀正去，鬒頭能不愧朝班。」可知劉秉忠欲佐忽必烈創出一番事業的壯志。

　　同年，秋七月，劉秉忠隨忽必烈率師征滇，取道中山，〔註39〕經邢、

僧到伽藍自一家。夢破小窗浮月色，漏殘寒角奏梅花。天明又上濟陽道，駕水歸程漸有涯。」由此詩之內容推斷，所處之季節應是冬末。又〈丁未始還邢臺〉：「清明左側上歸鞍，急到邢臺六月間。」可知秉忠於清明三月自和林出發，六月至邢，期間不可能會有梅花發，故〈宿中山乾明寺〉與〈寄中山乾明寺主〉非同時作。按〈宿中山乾明寺〉應作於元憲宗二年（西元 1252 年）秋，秉忠隨軍征滇，取道中山，夜宿當地乾明寺時作，因此有「人辭故里凡三載」之說法。

〔註36〕　參見蘇天爵《元朝名臣事略・卷七・左丞張忠宣公》：「太保祝髮爲僧，侍世祖於潛邸，薦公才可用。歲丁未，驛召北上，入見，召對稱旨。」（蘇天爵《元朝名臣事略》，北京：中華書局，1985 年，頁 115。）

〔註37〕　參見蘇天爵《元朝名臣事略・卷十一・左丞李忠宣公》：「歲丁未，用故太保劉公薦徵，至潛藩，俾侍皇太子講讀。」（同註36，頁 175。）

〔註38〕　見王惲《秋澗集・卷八十二》：「邢州張安撫耕，字耘夫，眞定靈壽人。年二十用資入仕，以名臣子補俸職。大元癸丑授邢州安撫使，至是超拜以施治效。爲人長身白皙，氣貌沉厚，犯而不校。」（見王惲《秋澗集》，收錄於紀昀編《文津閣四庫全書》第四○一冊，〈集部・別集類〉，北京：商務印書館，2005 年，頁 339。）

〔註39〕　忽必烈率師征滇，取道中山一事，可從秉忠遇王恂之經過推敲可知。宋濂《元

磁州，西行。隔年（西元 1253 年），軍駐六盤山〔註 40〕，劉秉忠薦中山王恂入覲，忽必烈召命輔導其子眞金，爲太子伴讀。八月，大軍自六盤次臨洮〔註 41〕。十一月，師至白蠻打郭寨，攻拔殺之，不及其民。十二月，軍薄大理城，國主高祥拒命不降，並殺忽必烈所遣之信使，夜遁而去。世祖怒欲屠城，賴劉秉忠偕張文謙、姚樞進言：「殺使拒命者，其國主耳，非民之罪。」忽必烈始特詔免殺掠，所活者無數。劉秉忠隨征雲南，詩作頗多，如〈西蕃道中〉、〈烏蠻道中〉、〈烏蠻〉、〈過白蠻〉、〈南詔〉、〈下南詔〉、〈滅高國主〉、〈滿坦北邊〉、〈九日滿坦山〉、〈烏蠻江上〉、〈雲南北谷〉、〈鶴州南川〉、〈過鶴州〉等，此中雖有「新民日月再光輝」之志，但不時也透露「願戢干戈息征伐」之情。〔註 42〕

憲宗四年（西元 1254 年）夏，忽必烈從來時路北還。秋八月，回駐桓、撫間，復立撫州。是時，郝至溫因劉秉忠之薦舉，賜號「佛國普安大禪師」，總攝關西五路、河南南京等路、太原府路、邢、洛、磁、懷孟等州僧尼之事。〔註 43〕憲宗六年（西元 1256 年）春三月，忽必烈欲建開平城，劉秉忠奉命相

史・卷一百六十四・王恂列傳》：「王恂字敬甫，中山唐縣人。……歲己酉，太保劉秉忠北上，途經中山，見而奇之，及南還，從秉忠學於磁之紫金山。癸丑，秉忠薦之世祖，召見于六盤山，命輔導裕宗，爲太子伴讀。」（同註 1，頁 1880。）蘇天爵《元朝名臣事略・卷九・太史王文肅公》：「公名恂字敬甫，中山安喜人。……歲己酉，太保劉公自邢北上，取道中山，方求一時之俊。召公與語，賢其才，欲爲大就之，遂其南轅，載之來邢，復居磁之紫金山，勸爲性理之學。」（同註 36，頁 147。）由上述可知，秉忠自邢應詔北上途中，巧遇王恂，知其賢，故遂自己再次南下，便引之至磁州，教勸其學，後更上薦之。按秉忠除服北上後，直到隨軍征滇前，於相關文本中，皆未見其曾南還之記錄，故推測忽必烈征滇，取道中山，秉忠於此再見王恂，並偕之同行。

〔註 40〕 李迪編《甘肅通志・卷五・山川・隆德縣》：「在縣東二十五里，縣城鎮其西麓即隴山之支峰也。通志：山路險仄，古謂之絡盤道。」（李迪編《甘肅通志》，收錄於紀昀編《文津閣四庫全書》第一八七冊，〈史部・地理類〉，北京：商務印書館，2005 年，頁 61。）屠寄《蒙兀兒史記・卷三・成吉思汗》：「六盤山，在甘肅平涼府，隆德縣東二十里，固原州西南三十里。方輿記要云：曲折險峻，盤旋有六，故名。」（屠寄《蒙兀兒史記》，臺北：鼎文書局，1977 年，頁 160。）

〔註 41〕 宋濂《元史・卷六十・地理志・陝西等處行中書省・臨洮府》：「臨洮府，唐臨洮軍。宋爲鎮洮軍，又爲熙州。金爲臨洮府。元至元十三年，復以渭源堡升爲縣。領縣二：狄道、渭源。」（同註 1，頁 726。）今甘肅省蘭州一帶，因臨洮河，故曰臨洮。

〔註 42〕 以上詩作皆收錄於劉秉忠《藏春詩集・卷一》，同註 1，頁 178～180。

〔註 43〕 見虞集《道園學古錄・卷四十八・佛國普安大禪師塔銘》：「師諱至溫，字其

宅築城，卜以桓州東、灤水北之龍崗爲吉。忽必烈並擇開平南山之勝地，營建庵舍予劉秉忠居之，劉秉忠因名此山爲南屏山。〔註44〕

憲宗八年（西元1258年），開平府建畢。〔註45〕冬十一月，劉秉忠隨即從忽必烈南征鄂州。隔年，師將由楊羅渡濟漢江，劉秉忠建言：「古者軍賞不踰時，蓋急武功，作士氣也。今三軍暴露于外，又所至必捷，而未獲少酬其勞，可使近臣一人慰藉之。」忽必烈用其言，故人人踴躍，皆樂爲用。渡江後，復上勿掠殺之請，忽必烈亦從之。九月，圍鄂州，忽必烈見賈似道一夕便能以木柵環城，極欽慕其才能，〔註46〕故謂諸臣曰：「吾安得如似道者用之？」於是，劉秉忠同張易、廉希憲共薦山東王文統，〔註47〕爲忽必烈陣營增添有才的漢儒，但劉秉忠卻沒想到薦舉王文統這件事，在中統三年引發一連串的政治紛爭。

後憲宗晏駕於釣魚山，忽必烈急欲北歸，劉秉忠亦隨之北回。

玉，一號全一，邢州郝氏子也。幼聰敏異常，……時憲宗命海雲主釋教，詔天下作資戒，會師持旨宣布中外，而輔成之。世祖征雲南還，劉公請承制錫師號曰：『佛國普安大禪師』，總攝關西五路、河南南京等路、太原府路邢洛磁懷孟等州僧尼之事，刻印以賜。」（同註20，頁496～497。）

〔註44〕李賢《明一統志・卷五・萬全都指揮使司・山川》：「南屏山，在舊開平城南四十里。」（同註29，頁476。）

〔註45〕蘇天爵《元朝名臣事略・卷七・太保劉文正公》：「丙辰，上始建城市，而修宮室，乃命公相宅，公以桓州東灤水北之龍岡，卜云其吉厥，既得卜則經營，不三年而畢，務命曰開平，尋升爲上都。」據蘇天爵所記，開平不三年而畢，而開平於丙辰年，即憲宗六年（西元1256年）春始建，推估約在憲宗八年（西元1258年）完工。

〔註46〕脫脫《宋史・卷四百七十四・賈似道列傳》載：「賈似道字師憲，台州人，制置使涉之子也。少落魄，爲游博，不事操行。以父蔭補嘉興司倉。會其姊入宮，有寵於理宗，爲貴妃，遂詔赴廷對，……擢太常丞、軍器監。益恃寵不檢，日縱游諸妓家，至夜即燕游湖上不反。理宗嘗夜憑高，望西湖中燈火異常時，語左右曰：『此必似道也。』明日詢之果然，使京尹史嚴之戒敕之。嚴之曰：『似道雖有少年氣習，然其材可大用也。』尋出知澧州。……開慶初，憲宗皇帝自將征蜀，世祖皇帝時以皇弟攻鄂州，……以似道軍漢陽，援鄂，……似道乃密遣宋京詣軍中請稱臣，輸歲幣，不從。會憲宗皇帝晏駕于釣魚山，合州守王堅使阮思聰踔急流走報鄂，似道再遣京議歲幣，遂許之。」（同註9，頁622～623。）據宋史所述，賈似道奉命赴援，但他卻遣使與忽必烈講和，其舉實在難以讓忽必烈慕其爲人，因此忽必烈所欲羨者，其才能也，秉忠同其友張易共薦王文統，亦其才能也。

〔註47〕此事參見蘇天爵《元名臣事略・卷七・平章廉文正王》，同註36，頁106。宋濂《元史・卷一百二十六・廉希憲列傳》，同註1，頁1497。

四、立典輔弼時期（西元 1260～1274 年）

　　隔年春三月，忽必烈即位於開平，〔註48〕立即召見劉秉忠，命之擬定「天下之大經」、「養民之良法」，並議立中書省等事宜。劉秉忠即上採祖宗舊典，參以古制之宜於今者，條列以聞，又請建元中統，帝亦納之。是年，更薦舉程思廉事眞金於東宮。〔註49〕是時，劉秉忠居於南屏山精舍，但因忽必烈時刻召見，及其無法忘懷國事之性格，故與開平府往來仍然頻繁。王惲《秋澗集》中常見藏春與開平府中人往來的例子：

> 十七日戊寅，諸相復定擬大明西京北京賦稅戶口，未刻。藏春仲晦
> 來朝，諸相就見於李虞卿宅，略話而退。

> 十四日甲子，藏春來自南菴，午刻，會食史相行館。寥休以灑墨玉
> 盂犖贈公，及觀所作玉鏡，命諸公賦詩，西菴有：幸自得辭塗抹手，
> 照人毋用太分明之句，仲晦爲忻然也。

> 十九日己酉，辰刻，同雷彥正、游宣撫子明，赴南平山，辭藏春上
> 人，時入壇，不克見，游於菴門外大呼曰：「師父，顥等謹來拜辭。」
> 時丞相史公第四子杠侍上人於此，遂置酒相別平章政事。〔註50〕

從上述可知，劉秉忠雖居於南屏山，卻常往返精舍和開平，並與當時漢儒名

〔註48〕忽必烈即位之時間說法有三：一爲三月十七日，一爲三月二十四日，一爲
　　　四月一日。王惲《秋澗集・卷八十・中堂事記上》：「庚申年春三月十七日，
　　　世祖皇帝即位於開平府。」（同註38，頁326。）宋濂《元史・卷四・世祖
　　　本紀》：「中統元年春三月戊辰朔，車駕至開平。……辛卯，帝即皇帝位。」
　　　（同註1，頁50。）以中國曆法推算當年三月之戊辰日爲初一朔日，辛卯
　　　日是二十四日，《輟耕錄・列聖授受正統》：「世祖聖德神功文武皇帝，諱忽
　　　必烈，國語曰薛禪，宋景定元年，庚申四月一日戊辰，即位於開平。」（陶
　　　宗儀《南村輟耕錄》，北京：中華書局，1997年，頁9。）經中國曆法推算
　　　庚申年四月一日是戊戌日，並非戊辰，離四月最近的戊辰日是三月一日和
　　　五月一日，可知宋景定元年四月無戊辰日，故四月一日應爲誤植。又由記
　　　載無法斷定三月十七日、三月二十四日何者爲眞，因此記之春三月。開平
　　　府則於中統四年改稱上都。
〔註49〕王思廉〈河東廉訪使程公神道碑銘〉：「公諱思廉，字介甫，姓程氏，上世洛
　　　陽人。……中統建元，用太保劉文貞公薦，事裕皇於春宮。」（蘇天爵《元文
　　　類・卷六十七・神道碑》，收錄於紀昀編《文津閣四庫全書》第四五七冊，〈集
　　　部・別集類〉，北京：商務印書館，2005年，頁451。）
〔註50〕見王惲《秋澗集》中卷八十一〈中堂事記中〉、卷八十二〈中堂事記下〉，同
　　　註38，頁333、336、339。其所記，分別爲中統二年五月十七日、六月十四
　　　日、八月十九日之事。

臣交往密切，無論飲酒賦詩、研商政事、抒發懷抱，劉秉忠皆樂於其中。中統三年（西元 1962 年）春，李璮政變，王文統疑與之謀，故伏誅。〔註51〕當時有多名朝臣或被疑爲同黨，或爲上所譴責。〔註52〕在此場政治風暴中，唯一不受衝擊的是披剃爲僧的劉秉忠，忽必烈對之既無懷疑，亦未責之以徇情不言。忽必烈篤信之，由是可知。

中統五年（西元 1264 年）秋八月，改至元元年，時劉秉忠四十九歲，王鶚奏言劉秉忠效忠藩邸，積有歲年，宜與正其衣冠。帝欣然嘉納，即日詔復劉氏，賜名秉忠，授光祿大夫，位太保，參領中書省事。既入朝爲官，劉秉忠報國之心益切，事無巨細有關時政之得失者，其知無不言，縷陳無遺，帝寵任愈隆。議請定都於燕，帝從之。至元三年（西元 1266 年），薦京兆陳元凱事太子眞金，並奉命同趙秉溫擇吉土建新都，〔註53〕卜新都於中都大興府〔註54〕之東北。

至元六年（西元 1269 年）春正月，劉秉忠奏建朝儀，帝許之，故其奉旨，命趙秉溫等人訪前代知禮儀者，肄習朝儀，亦徵諸儒從亡金故老，稽查古典，斟酌損益，沿情定制。劉秉忠更認爲「無樂以相須，則禮不備」，搜訪舊教坊樂工，依律運譜，被諸樂歌。六月而成，音聲和諧，陳於萬壽山便殿，帝聽而善之。又奉命與許衡、張文謙等人議定官制，歷考古今設官分職

〔註51〕 參見宋濂《元史・卷二百六・王文統列傳》：「李璮反，以漣、海三城獻于宋。……及反書聞，人多言文統嘗遣子薳與璮通音耗。會璮遣人持文統三書自洺水至，以書示之，文統始錯愕駭汗。……文統乃伏誅。」（同註 1，頁 2254。）

〔註52〕 不僅許衡爲忽必烈問責，且廉希憲、張易、商挺等皆因之見疑，趙良弼更因此遭威刑。參見蘇天爵《元朝名臣事略》〈卷七・平章廉文正王〉、〈卷十一・樞密趙文正公〉，同註 36，頁 106、187。姚燧《牧庵集・卷十五・中書左丞姚文獻公神道碑》，收錄於紀昀編《文津閣四庫全書》第四○一冊，同註 38，頁 455～458。

〔註53〕 蘇天爵《滋溪文稿・卷二十二・故昭文館大學士中奉大夫知太史院侍儀事趙文昭公行狀》：「諱秉溫，字行直，資端重，不苟戲笑。……三年，詔擇吉土建兩都，命公與太保劉公同相宅。」（收錄於紀昀編《文津閣四庫全書》第四○五冊，〈集部・別集類〉，北京：商務印書館，2005 年，頁 588。）

〔註54〕 宋濂《元史・卷五十八・地理志・大都路》：「大都路，唐幽州范陽郡。遼改燕京。金遷都，爲大興府。元太祖十年，克燕，初爲燕京路，總管大興府。太宗七年，置版籍。世祖至元元年，中書省臣言：『開平府闕庭所在，加號上都，燕京分立省部，亦乞正名。』遂改中都，其大興府仍舊。四年，始於中都之東北置今城而遷都焉。九年，改大都。」（同註 1，頁 691。）

之本、沿革之由，因時制宜，凡省部臺院、監司郡縣，內外百司，悉圖爲定制。至元七年（西元 1270 年）春二月，朝儀成，禮文樂節，悉無遺失，帝臨觀之，大悅，遂爲定制。多十一月，劉秉忠請建官掌理朝儀，帝許之，詔與尙書省。〔註55〕是年，帝從群臣之請，選聘侍講學士竇默次女爲其夫人，賜第於奉先坊。至元八年（西元 1271 年），其取易經乾元之義，奏建國號曰大元，並改中都爲大都。隔年秋九月，許衡因疾歸，故劉秉忠同姚樞、王磐、竇默等，共薦王恂繼之主國學，又請增置生員，帝皆從之。至元十年（西元 1274 年），新都告成，百事既定，帝欲南伐宋，因與劉秉忠議伐宋之選，劉秉忠力薦伯顏，後伯顏果領軍取宋。然劉秉忠卻無緣見天下大統，是年八月十九日夜，於南屛山精舍無疾端坐而卒，年五十有九。

帝遣禮部侍郎趙秉溫護其喪還大都。多十月，葬大都西南二十里崇福鄉之原，棺歛營葬一切所須皆出內帑。十二年春正月，詔贈太傅儀同三司下太常議，封趙國公，諡文貞。成宗時，贈太師，諡文正。仁宗時，又進封常山王。

第三節　交遊情形

除了應制而作之詩詞外，文人常於作品中蘊藏肺腑之情。既然文人多藉詩詞表達情懷、思憶及傾慕，因此這些隱含作者深層情感之詩文，所贈予之對象多爲作者信任、熟稔者。所以，藉由文人詩詞之往來，多少可得知其交遊情形。根據《藏春集》所錄，劉秉忠於詩詞中所提及之交遊有十七人：〔註56〕

〔註55〕參見宋濂《元史》卷六十七〈禮樂志・制朝儀始末〉、卷八十五〈百官志〉、卷一百七十〈尚文列傳〉，同註 1，頁 826、1053、1950。蘇天爵《滋溪文稿・卷二十二・故昭文館大學士中奉大夫知太史院侍儀事趙文昭公行狀》，同註53。

〔註56〕劉秉忠酬贈、思憶之詩詞中未明確提及名號者，依卷次順序有：〈呈南庵友人〉、〈憶髯頭王先生〉、〈送鄉僧〉、〈寄友人四首〉、〈答友人留飲〉、〈爲友人解嘲〉、〈桓州寄鄉中友人〉、〈二月寄鄉友〉、〈寄友〉、〈答隄客〉、〈答鄉友〉、〈別友〉、〈寄友弟〉、〈思友人〉、〈寄中山乾明寺主〉、〈寄長安友人〉、〈憶友〉，其中從〈憶髯頭王先生〉內容提示可知作者所憶爲道士，加上題目指出髯頭之形象，與王棲雲相符，故筆者認爲王先生應是王棲雲；然因作者未明確指稱，形象再如何吻合亦只是推測，故不表列之。明確指出名號，但內容單純品評其作品者：〈宋漢臣墨梅〉、〈再觀木庵書〉、〈讀遺山詩十首〉，秉忠於詩文中只有品其畫技、書法、詩歌，並未提及是否親見其人，或與之有來往，故不錄之。

	人名	詩詞題	內　　容	備　　註
1	張易	別張平章仲一（卷一・詩）	四旬未老頭先白，可笑區區紙上名。張翰且休歸故里，謝安應不負蒼生。窮通此際難開口，離合中年易動情。恨殺溪流與山色。天南地北送人行。	送別友人，並表達自己想繼續報效朝廷的壯志。
		途中寄張平章仲一（卷二・詩）	觸熱從軍數載還，高家書記到何官。道存賢聖行藏裏，人在乾坤動靜間。為善不圖垂報遠，濟時寧長涉艱難。惟君胸次明如鏡，照我區區兩鬢班。	從征路途艱辛，唯有張易能明白自己為善濟時之心。
		因張平章就對東坡海棠詩二首遂賦一首（卷二・詩）	一種奇花號海棠，十分顏色豈須香。雨中有淚真傾國，月下無言更斷腸。不待金盤薦華屋，高燒銀燭照紅粧。少陵避諱將佳句，留與眉山蘇二郎。	詠物詩，讚海棠為奇花絕色。
		寄張平章仲一二首之一（卷三・詩）	主家殷重客寬懷，席面春風勝謝臺。絃管美聲消酒量，壺觴清興引詩才。翠簾重捲月新上，羯鼓不催花自開。帽側袖垂扶又倒，家人轟笑醉歸來。	至張家受到殷勤款待，開懷盡興，故作詩以記之。
		寄張平章仲一二首之二（卷三・詩）	南北春秋鴈往來，一年懷抱幾番開。風雲氣在元飄逸，錦繡詩成不剪裁。飲但飲人非飲酒，憐須憐德亦憐才。自因量窄常先醉，慚愧君家大盞臺。	因無法提薦更多有才德者入覲輔佐，而自覺慚愧。
		寄張平章仲一（卷三・詩）	春光滿眼酒盈樽，難得同觀易見分。秋氣著人涼似水，晚山和我淡如雲。清歌月影簷頭轉，殘夢鐘聲枕上聞。玄鳥欲歸黃鳥斷，詩哦伐木正思君。	春飲別後，轉瞬秋涼，思君心切，故以詩寄之。
		六盤會仲一飲（卷三・詩）	青雲自笑誤歸期，回首關山滿別離。禮樂詩書君負苦，東西南北我成癡。碧梧一葉秋風起，銀竹千林春雨垂。塞下相逢一杯酒，貴傾肝膽略無疑。	軍駐六盤，巧與久別之張易會晤，心喜兩人仍肝膽相照。
		朝中措贈平章仲一（卷五・詞）	衣冠零落暮春花。飄捲滿天涯。好把中原麟鳳，網來祥瑞皇家。　　白雲丹嶂，清泉綠樹，幾換年華。認取隨時達節，莫教繫定匏瓜。	表達以薦才為己任，不欲使人才不得重用。
2	崔夢臣	答崔夢臣（卷二・詩）	青春去卻再難尋，白髮還從鬢際侵。顧我百年成幾事，得人一語勝千金。佳賓久望孫弘閣，旱稼專祈傳說霖。此意朱弦但聊復，不能聲處有知音。	感嘆自己幾年來毫無建樹。幸得崔夢臣相勸，始能寬慰。

3	馮世昌	寄馮世昌三首之一（卷二‧詩）	大中為體用時巾，酌古宜今道可通。臨事若私先有礙，立心非正後無功。在天何問但存義，進我無疑當效忠。有所不行須自反，爭如桃李待春風。	期待馮世昌能酌古宜今，臨事無私，隨時自省。
		寄馮世昌三首之二（卷二‧詩）	心差利害一毫間，誰肯尋思擴四端。人事要於多裏煉，物情宜向靜中觀。止時休恨窠巢窄，行處須開路徑寬。天道好還多對夏，為仁由己意非難。	期待馮世昌能擴其四端，加以磨練，不計利害，仁義為先。
		寄馮世昌三首之三（卷二‧詩）	君子隨時出處同，廟堂籌畫馭英雄。文經武緯通今古，玉振金聲貫始終。諸葛岡頭千壨月，嚴陵波上一絲風。自從兩漢分三國，青史書誰第一功。	期待馮世昌能同諸葛，多謀善策，效忠至仁。
4	郝至溫	呈全一庵主（卷二‧詩）	百結千圍繫物繩，古根金種未忘情。莊周一夢花間蝶，圓澤三生石上僧。詩有仙風拋世網，酒藏奇計破愁城。放他少室山頭月，代祖流傳不盡燈。	希望全一庵主能使佛教流傳不絕。
5	寶默	憶寶侍講先生（卷二‧詩）	煖到沙陀雪已殘，春光猶惜照衣冠。旋酬世事心渾懶，不見幽人眼益寒。明月只於圓處缺，佳期常向易中難。相思一日三千里，欲學忘情自未安。	面對春日好景，久別之情更切。
		大理途中寄寶侍講先生二首之一（卷三‧詩）	昔聞名德仰高山，近識高賢未敢攀。富貴不求驚見擢，田園成趣喜歸閑。一心止水常平湛，萬事浮雲任往還。解把陽和涵養就，不言春色滿人間。	自言十分崇敬寶默閑雅之性情與高尚之涵養。
		大理途中寄寶侍講先生二首之二（卷三‧詩）	元氣勻將造化施，自然閑雅貴天資。只言世上無黃石，誰信人間有紫芝。一見頓忘名利志，劇談渾沒是非辭。別來萬里知安否，時復臨風有所思。	抒寫對寶默之思念。
		送寶先生因所借陶詩為贐（卷四‧詩）	養老須開十頃地，求鳳應長九苞兒。莫還兩冊淵明集，便當今朝送別詩。	以淵明集贈別也。
6	焦仲益	呈焦尚書仲益（卷二‧詩）	道義猶難輔友生，可將名字競時名。為人當有往還理，所事豈無憎愛情。棊上高低誰計較，鏡中妍醜自分明。泰山多少開堆阜，滄海漫漫一望平。	抒發自己對道義事理的看法，並認為凡事定有公論。
7	津長老	寄津長老（卷二‧詩）	雲溪側畔竹林邊，未塞平生未了緣。詩裏久懷方外士，酒前猶伴飲中仙。真經縱暇開金卷，難字還慵檢玉篇。槐火石泉烹雪藥，阿師此夢共誰圓。	描寫津長老隱居山林，悠閑自適。更表達自己對幽居之嚮往。

8	顏仲復	憶顏仲復（卷二‧詩）	滿座春風笑語生，客中長記在家情。赤心豈沒新朋友，白髮難忘舊弟兄。夜雨正令人百感，秋窗忽放月孤明。禪房花木通幽處，水遠山長夢不成。	雖長久客居在外，但仍未忘舊時弟兄。
		會顏仲復言懷（卷三‧詩）	參破希夷沒眼禪，閉門春靜日高眠。忘機漁父收綸後，寄物狙翁賦芧前。白髮只添人老境，青山未遂我閑緣。東風雪與梅俱盡，庭草生芳又一年。	自言人在魏闕，卻心在江湖。
		遣懷寄顏仲復二首之一（卷三‧詩）	名利場中名利兒，寸心徒用惡尋思。人才自有安排處，物理寧無否泰時。縱量傾殘一壺酒，暢情吟殺七言詩。詩成酒醉東風晚，月照梨花第一枝。	名利不需執著，凡事自有天定。何妨拋開俗事紛擾，暢飲吟詩。
		遣懷寄顏仲復二首之二（卷三‧詩）	朱顏白髮任流年，睥睨揶揄置兩邊。皆醉皆醒人豈爾，一鳴一息物當然。飛騰起處須從地，智力窮時便到天。惟有無生話無盡，何如緘口坐凝禪。	不在意人事起落，只想追求空靈之境。
9	宋義甫	因宋義甫宿香山寺（卷二‧詩）	摩空削出碧芙蓉，繚繞香山一帶峰。野樹去年曾繫馬，閒雲今日復從龍。玉鉤三寸月沈水，琴調數聲風入松。清徹夢魂眠不得，覺來那假曉樓鐘。	描述自己夜宿山寺，卻心懷國事，致夜不成眠。
		聞宋義甫對竹引（卷二‧詩）	高情遠韻無凝滯，發作聲音指下彈。玉調未曾終一曲，朱弦何故疊三歎。優游似道虛心易，感慨如筠立節難。昨夜綠筠亭上醉，正同風雨夢珊珊。	作者由曲調知曉宋義輔立節從道之心。
		宋義甫彈秋風（卷二‧詩）	穹廬悄悄夜漫漫，午醉醒來坐席寒。富貴有媒皆豹變，功名無分獨蜎蟠。子陵實愧三公爵，靖節非輕一縣官。高捲氈簾對明月，秋風一曲入琴彈。	指出宋義甫當下未遇知音，因此只能沉潛，以待時機。
		戲宋義甫（卷二‧詩）	香飄庭院牡丹妍，荷貼池塘小翠圓。生物不知春有老，照人還愛月無偏。黃塵道路嗟游子，紫陌煙光誤少年。欲著儒冠替僧帽，而今直得幾文錢。	功名利祿總誤人，勸之毋須過度執著。
		為宋義甫言書三首之一（卷四‧詩）	轉腕不圓焉解草，立毫未正漫為真。須因規矩忘規矩，才得縱橫似古人。	教宋義甫書寫草書的之方法。
		為宋義甫言書三首之二（卷四‧詩）	書法晉人多得妙，右軍筆陣獨縱橫。鵝頭轉處無凝滯，一段風流老更成。	教其臨摹王右軍書體之技巧。

		為宋義甫言書三首之三（卷四・詩）	張君筆法入神趣，顛草翻藏古篆。風枯樹晚鴉棲，未遍忽看雲海起群鴻。	對其解說張旭筆法的特色。
10	王鶚	慶王承旨愼獨八帙之壽（卷三・詩）	白玉碑中第一人，黃金殿下老朝臣。富公同享八旬壽，顏子不違三日仁。生值明昌建元歲位，符奎壁主文辰。當年浩氣堂堂在，更看凋零楚樹春。	慶賀王鶚八十大壽，並讚其功業、浩氣令人折服。
11	王棲雲	贈棲雲王眞人（卷三・詩）	壺內光風境界寬，骨青髓綠發朱顏。三生勘破人間夢，九轉燒成日裏丹。鶴馭不知天地闊，鳳書還許水雲閒。隨緣應世元無事，一片靈臺處處安。	描述王眞人隨遇而安，勘破紅塵，安心修行。
12	董文炳	贈藁城董萬戶（卷三・詩）	老帥曾酬報國心，遺君兄弟茂如林。荊花一院長生色，棠樹千年勿剪陰。私物應官於己薄，家童代役感民深。更能設藥除群病，四境誰非播德音。	稱讚董氏一族世代為國盡忠，為民謀福。
13	完顏誠甫	贈完顏伯誠甫（卷三・詩）	春風秋月透孤房，恨殺關雎窈窕娘。枯木岩前空積思，散花天上不聞香。生民世系來千古，相國人家只一郎。安可斷流同潦水，合隨江漢入汪洋。	感懷完顏仲德之忠烈，並憐憫其子誠甫之孤苦。
14	遂長老	有懷遂長老十一首之一（卷四・詩）	香火僧齋關靜緣，黃塵導路又三年。故人不似青山色，攙起頭來在眼前。	漂泊在外，思念故交。
		有懷遂長老十一首之二（卷四・詩）	小院桃花晝掩扉，東風頓頓日遲遲。兩鄉莫恨關山隔，自是人生有別離。	與人別離甚苦，但卻無可奈何。
		有懷遂長老十一首之三（卷四・詩）	東園花柳照青春，野客閒陪賞翫人。望見城南山色好，卻回騎馬入紅塵。	表達入世之無奈。
		有懷遂長老十一首之四（卷四・詩）	掃地焚香應接餘，翠雲盤結滿穹廬。閒人不解謀生事，翻過牀頭幾冊書。	不求富貴，悠閒逍遙乃己所欲也。
		有懷遂長老十一首之五（卷四・詩）	雨過幽庭長綠苔，東風時為掃塵埃。無人曾見春來處，門外桃花只自開。	默默為國效力，不願爭功。
		有懷遂長老十一首之六（卷四・詩）	河漢西流斗柄橫，爐烟飛動月華清。陽春不恨無人和，靜裏歌來只自聽。	雖然只能孤獨奏歌，仍不改其志。
		有懷遂長老十一首之七（卷四・詩）	山疊崔嵬水渺茫，故人萬里未相忘。飄零更借天邊鴈，獨駕秋風不入行。	到處飄零，不忘故人。

		有懷遂長老十一首之八（卷四・詩）	孤城寒角噎南樓，黃葉關山過鴈秋。憶起滹沱相別處，一窗風雨夢西州。	憶起與之別離之時，更覺憂悽。
		有懷遂長老十一首之九（卷四・詩）	軒外夭桃手自栽，臥看花落與花開。有人來問西來意，笑指蒼烟惹綠苔。	淡泊功名，卻放不下報國之心。
		有懷遂長老十一首之十（卷四・詩）	堂上笙歌醉耳紅，牡丹香散一簾風。謝家鸚鵡金籠裏，笑殺池邊綠鬂翁。	慨嘆自己被束縛，不得自由。
		有懷遂長老十一首之十一（卷四・詩）	半生鞍馬逐風塵，鏡裏流年白髮新。自是功名有歸處，等閒不肯逐閒人。	半生鞍馬，不得閒。
15	遂通長老	憶遂通長老三首之一（卷四・詩）	年來癡坐百無爲，絕體玄微卻自微。此意塞鴻傳不到，黃爐青縷漫南飛。	感慨心境意念無法藉書信傳達。
		憶遂通長老三首之二（卷四・詩）	去年抵枕過三冬，別後關河邈萬重。桃李多花易零落，青青羨殺歲寒松。	表達對長老的欽慕。
		憶遂通長老三首之三（卷四・詩）	一半佳山未見分，平生行止不堪云。又逢明月當三五，滿眼清光似對君。	明月夜，思之情更切。
16	海印居士	詠海印居士幽居四首之一（卷四・詩）	東西院映千竿竹，南北池開萬朶蓮。人在丹青圖畫上，不勞雲海覓神仙。	夏季清雅幽靜之景象。
		詠海印居士幽居四首之二（卷四・詩）	草枯不整登山屐，蓮盡空閒泛水舟。旋撥瓮頭新熟酒，淵明醉倒菊花秋。	秋季飲酒泛舟之閒適。
		詠海印居士幽居四首之三（卷四・詩）	嚴冬無色物歸根，凍柳枯荷各任眞。紅翠許多何處去，翁言今已屬藏春。	雖嚴冬，卻蘊藏無限生機。
		詠海印居士幽居四首之四（卷四・詩）	春日鶯啼綠楊樹，夏天人賞白蓮花。請君試自南頭數，城市山林第一家。	形容居士住所環境之美勝。
17	溫子玉	寄溫子玉（卷四・詩）	聰明天賦不能求，求得聰明一世愁。留得三分不曉事，禪房深處咽饅頭。	勸其不求聰明，淡泊一生。

劉秉忠於《藏春集》詩詞中曾提及之友人，有十七人，其生平分述如下：

張易（？～1282），字仲一，太原交城人。幼與劉秉忠同學於邢州紫金山，

後侍忽必烈於潛邸。中統元年（西元 1260 年），除參知政事，自是顯通，歷任中書右丞、同知制國用使司事、同平章尚書省事、中書平章政事、樞密副使，與劉秉忠酬唱最多。惜至元十九年（西元 1282 年），益都千戶王著，謀誅阿合馬，故遣使矯太子令，使易發兵誅之。時世祖聞變，討亂。易亦以從亂坐死。〔註57〕

崔夢臣（？），生平待考。只能從元好問〈送崔夢臣北上〉之內容和序中，推知其為并州（今山西太原）人，癸丑（西元 1254 年）二月，應詔北上。由劉秉忠〈答崔夢臣〉：「此意朱弦但聊復，不能聲處有知音。」可見兩人亦有深厚的交情。

馮世昌（？），生平待考。劉秉忠酬贈之詩文，語多規勸，期之自修待時，從語氣推估，應屬劉秉忠之後輩。

郝至溫（1217～1267），字其玉，號全一，邢州郝氏子，幼聰敏異常。年六歲，其母攜之至龐馬村淨土院，寂照和尚見喜之。會寂照避亂去隱遼西，至溫從之祝髮為僧。少劉秉忠一歲，少時相好。劉秉忠厭世故，思學道，郝至溫歡之為僧，並與之同參西京寶勝明公。既而劉秉忠為忽必烈知遇為謀臣，薦至溫於上。忽必烈召見之，與語大悅，故將授以官，卻之弗受，曰：「天下佛法流通，臣僧之願。富貴非所望也。」時憲宗命海雲主釋教，至溫持旨宣布中外而輔成之。世祖征雲南還，劉秉忠請承制，賜至溫號曰：佛國普安大禪師，總攝關西五路、河南南京等路、太原府路、邢洺磁懷孟等州僧尼之事。憲宗末年，僧道士聚訟於和林。此時，至溫從少林諸師辨之，道士義墮薙鬚髮者十七人，道宮之復為僧者以千百計，故中統建元釋教大盛，實乃為至溫之功。後其遂納印辭職，至元四年五月二十二日因疾終於桓州之天宮寺，年五十一。〔註58〕

竇默（1196～1280），字子聲，初名傑，字漢卿，廣平肥鄉人。幼知讀書，毅然有立志。族祖旺，為郡功曹，令習吏事，不肯就。元兵伐金，一度被浮，時被俘者三十人，惟默得脫歸其鄉。然家人輩皆已去，唯母氏存。驚怖之餘，母子俱得疾，母因此亡。時大兵復至，故默渡黃河南行，依母黨吳氏。醫者

〔註57〕參見袁冀〈試擬元史張易傳略〉《大陸雜誌》，第 25 卷，第七期，1962 年。唐長孺〈補元史張易傳〉收錄於《山居存稿》，北京：中華書局，1989 年，頁 582～594。
〔註58〕參見虞集《道園學古錄・卷四十八・佛國普安大禪師塔銘》，同註43。袁桷《清容居士集・卷二十五・華嚴寺碑》，臺北：新文豐出版社，1984 年，頁 446。

王翁妻以女，使從醫，以教讀爲業。久之，河南復被兵，故逃難至蔡州（今河南汝南），遇名醫李浩，授以銅人針法。金末，帝遷蔡，默恐元兵將至，又徙居德安之孝感縣。縣令謝憲子以伊洛性理之書授之，默自以爲昔未嘗學，而學自此始。元滅金後，北方稍定，默乃北歸至大名，與姚樞、許衡朝暮講習。後返鄉里，以經術教授邑人，病者來謁，無分貧富貴賤，視之如一。忽必烈聞其賢召之，命皇子眞金從默學。中統元年（西元 1260 年），忽必烈即位，授翰林侍講學士。時初建中書省，帝欲委任王文統，默以爲文統乃機謀權詭之士，不可大用，遂與王鶚、姚樞諫之：「此人學術不正，必將壞天下後世，不可久居相位。」帝不悅，後默以疾引還。隔年，文統因亂伏誅，帝追憶其言，故復召還。至元十七年（西元 1280 年），加昭文館大學士。同年卒，追贈太師，封魏國公，諡文正，年八十五。〔註59〕

　　焦仲益（？），生平待考。僅可從王惲〈中堂事記下〉得知，其中統二年六月四日，以太醫院官，擢爲右三部侍郎，後拜秘書監。〔註60〕

　　津長老（？），生平待考。

　　顏仲復（？），生平待考。僅知其爲天寧虛照禪師之弟子，太宗十年（西元 1238 年），奉虛照禪師之命，招致劉秉忠爲僧。〔註61〕即使劉秉忠顯貴，仍與之酬唱，久未忘懷，可見兩人交情之深。

　　宋義甫（？），生平待考。唯知其精通音樂，與劉秉忠過從甚密，酬唱頗多。

　　王鶚（1190～1273），字百一，號愼獨，開州東明人。幼穎悟，讀書日記千餘言，終身不忘，長工詞賦。會河朔亂，舉家南渡，流離頓挫，中身愈困而學愈力，故金正大元年（西元 1224 年），中進士第一甲第一人出身，授應奉翰林文字，累擢中書省右司員外郎。金亡，居保定。甲辰歲（西元 1244 年），忽必烈遣趙璧聘鶚。中統元年，拜翰林學士承旨，制誥典章，皆所裁定。後奏立翰林國史院，修遼、金二史，上甚重其言，詔從其請。又言學校久廢，無以作成人材，宜選博學洽聞之士，提學各路學校嚴加訓誨，以備他日選用，上可其奏，爲立十路提學舉校官。至元五年（西元 1268 年）春，

〔註59〕參見宋濂《元史·卷一百五十八·竇默列傳》，同註 1，頁 1823～1825。蘇天爵《元朝名臣事略·卷八·內翰竇文正公》，同註 36，頁 121～124。

〔註60〕參見王惲《秋澗集》〈卷八十二·中堂事記下〉、〈卷九十一·舉耶律張商焦四相事狀〉，同註 38，頁 335、376。

〔註61〕參見徒單公履〈墓誌銘〉，同註 1，頁 233。

屢有微恙，懇乞致仕，詔允其請，然有大事則遣中使就訪。十年八月卒，年八十四，諡曰文康。著論語集義一卷，汝南遺事二卷，詩文四十卷，曰應物集。〔註62〕

王棲雲（1178～1263），法號志謹，又稱棲雲真人，家世業農，富而好禮，籍東明之溫里，為元朝全真道士。自幼夙有道緣，及長至浙江寧海拜廣寧真人郝大通為師，口傳心受，道法大進。廣寧真人仙蛻後，隻影西來，壞衲破瓢，首蓬面垢，行不知所之，止不知所為。時值兵饑，盜賊蜂起，棲雲遭執縛，將殺而烹之，然其神色如常，言辭慷慨，略無懼容，群盜知其異而釋之。亂甫定，從長春真人北游燕薊，徜徉乎盤山西澗之石龕。又諸方學者多從之，更令其道價愈增。後長春仙去，遂遠出游方，所至之處，老少貴賤與方外之士皆羅拜於前，願為門弟子者動以千數。元定宗二年（西元1247年）春，棲雲領門眾百餘人，杖藜緩步，周覽終南澇谷之水，知其無疏導之功，故度其地勢，鑿渠引而致之。不三旬，當地歲時豐登，了無旱乾之患。中統四年（西元1263年）夏，盤桓枕肱，晏然而逝，年八十六。〔註63〕

董文炳（1217～1278），字彥明，真定稾城人。父歿時年始十六，率諸幼弟事母李夫人。乙未歲（西元1235年），以父任為稾城令，同列皆因其年少輕之。居半歲，明于聽斷，以恩濟威，同列里人俱服。時府索無厭，其不欲剝民求利，故棄官去。後入事潛邸。癸丑（西元1254年）秋，其從忽必烈南征，雖人馬道死殆盡，仍堅持前行。忽必烈壯其忠，閔其勞，由是日親貴用事。中統元年（西元1260年），上命文炳宣慰燕南諸道，次年，擢山東東路宣撫使，未幾，召為侍御親軍都指揮使。至元三年（西元1266年），山東守將李璮反據濟南，文炳會諸軍圍之。李璮伏誅，上授之以鄧州光州行軍萬戶河南統軍副使，造戰艦，習水戰，預謀取宋方略。七年，改山東路統軍副使，治沂州，守元宋邊境。九年，遷樞密院判官，行院事淮西，築城以攜宋。十年，拜參知政事，文炳領兵發正陽，會同伯顏大舉兵伐宋。宋亡，拜中書左丞，後至中書、樞密。十五年夏，文炳有疾奏令解機務，上不許，遂留任。未幾，文炳疾復作，敕諸御醫日診視，是年九月十三日，就枕卒，年六十二。

〔註62〕 參見宋濂《元史‧卷一百六十‧王鶚列傳》，同註1，頁1836～1837。蘇天爵《元朝名臣事略‧卷十二‧內翰王文康公》，同註36，頁195～198。

〔註63〕 參見中國道教協會編《道教大辭典》，北京：華夏出版發行，1994年，頁210。白雲觀長春真人編《道藏》第十九冊，臺北：新文豐，1977年，頁775。陳垣《道家金石略》，北京：文物出版社，1998年，頁621。

〔註64〕

　　完顏誠甫（？），生平待考，僅知爲仲德之子。仲德本名忽斜虎，金合懶路（今朝鮮咸興）人，少穎悟不群，讀書習策論，有文武才。天興元年（西元1232年）九月，拜工部尚書、參知政事，行尚書省事於陝州。時兀典新敗，陝州殘破，仲德復立山寨，安撫軍民。進拜尚書省右丞、兼樞密副使，軍次黃陵岡。次年，上至蔡，命有司修見山亭及同知衙，爲遊息之所，然仲德以爲人君遭難，必痛自刻苦，然後可以克復，故諫止，上遽命從之。天興三年，元兵攻蔡，仲德率精兵一千巷戰，及聞上自縊，謂將士曰：「吾君已崩，吾何以戰爲。吾不能死於亂兵之手，吾赴汝水，從吾君矣。諸君其善爲計。」言訖，赴水死。故劉秉忠於詩中寫道：「生民世系來千古，相國人家只一郎。安可斷流同潦水，合隨江漢入汪洋。」既憫其遺孤誠甫，又慨仲德以忠烈殉國。

〔註65〕

　　遂長老（？），生平待考。

　　遂通長老（？），生平待考。

　　海印居士（1246～1312），俗姓楊，名昭如，自號海印，世居臨江新淦（今江西新淦），元初臨濟宗僧。幼能言時，即隨母鄒氏作梵唄聲。七歲，於邑中之建興寺香室院學佛。十九歲，落髮爲僧。始學于沙門智寧，次拜雪巖祖欽。至元十七年（西元1280年），隨雪巖入覲，後歸住金陵證聖寺、瑞筠山慧力寺。元貞二年（西元1296年），賜號普照大禪師，其行跡西極雲南，東邁遼海，傳播佛學，不遺餘力。至大二年（西元1309年），住持東湖薦福寺。不久，以疾還慧力寺，雖疾仍爲眾說法。皇慶元年（西元1312年）六月，入寂，年六十七歲。爲僧期達四十八年，所說法語頌讚，數十萬言，有《海印昭如禪師語錄》傳世。〔註66〕

　　溫子玉（？），生平待考。劉秉忠所贈詩，語多規勸，其情誼應屬深厚。

　　根據以上概述，所酬贈者多半不可考，原因應是其所贈答者多隱居不仕，

〔註64〕　參見宋濂《元史·卷一百五十六·董文炳列傳》，同註1，頁1790～1794。蘇天爵《元朝名臣事略·卷十四·左丞董忠獻公》，同註36，頁223～231。王惲《秋澗集·卷六十三·左丞董公祭文》，同註38，頁268。姚燧〈僉書樞密院事董公神道碑〉，收錄於蘇天爵《元文類·卷六十一》，同註49，頁428～429。

〔註65〕　參見脫脫《金史·卷一百十九·完顏仲德列傳》，同註24，頁115～118。

〔註66〕　參見李佃、曾德裕所作之〈塔銘〉二篇，收錄於《大藏新纂卍續藏經·第七十冊·海印昭如禪師語錄》，臺北：白馬精舍印經會，1988年，頁654。

或為出世之人，再加上戰亂災禍、時代久遠，因此資料多散佚。就現存的資料顯示，與劉秉忠有詩歌酬酢往返者，以修道隱居者居多，如：郝至溫、王棲雲、顏仲復、津長老、遂長老、遂通長老、海印居士，內容多表達自己對於幽居生活之嚮往；在朝為官者甚稀，只有張易、竇默、焦仲益、王鶚、董文炳等五人。此五人之中，與張易、竇默之詩作較多，內容多抒其胸懷；而與焦仲益、王鶚、董文炳則各一首，其中除了在〈呈焦尚書仲益〉描述自己對於道義事理的看法外，其餘兩首多稱許頌揚，性質偏應制。由是可知作者對方外人士較能敞懷，在朝廷中，則與張易、竇默較有交情。

除了《藏春集》收錄之詩詞外，從其他人之作品內容中，亦可尋獲與劉秉忠有所來往之線索：

人名	篇目	書名／卷次	內容概要
元好問	答聰上人書	遺山集／卷三十九	回覆劉秉忠之來信，並言自諸賢彫喪，將謂無復真賞，今得方外三四友如聰上人，實令人稱幸。
許衡	與仲晦仲一	魯齋遺書／卷九	感謝張易之看重，以及劉秉忠特書慰勉，使其能寬而居，安而待。
王惲	上太保劉公詩	秋澗集／卷十六	中統二年作。稱誦劉秉忠之才德。

元好問（1190～1257），字裕之。七歲能詩，年十有四，從陵川郝晉卿學，六年而業成，為箕山、琴臺等詩，趙秉文見之，以為近代無此作也，於是名震京師。歷內鄉令、南陽令、尚書省掾、左司都事、尚書省左司員外郎等職。逮金亡，不仕。其文眾體皆備，其詩奇崛而絕雕劌，巧縟而謝綺麗，為當代詩文之宗師。因不欲一代之跡泯而不傳，采摭金源君臣遺言往行，有所得輒記錄之，今所傳者有中州集及壬辰雜編若干卷，後人纂修金史，多本其所著。年六十八卒。〔註67〕

許衡（1209～1281），字仲平，又稱魯齋先生，懷州河內（今河南沁陽）人，世為農。父通，避地河南，以泰和九年（西元 1209 年）九月生衡於新鄭縣。從柳城姚樞得伊洛程氏及新安朱氏書，後居蘇門，與樞及竇默相講習。凡經傳、子史、禮樂、名物、星曆、兵刑、食貨、水利之類，無所不講，並以道為己任。中統元年（西元 1260 年），元世祖忽必烈即位，召許衡北上。次年，官國子祭酒，不久辭職還鄉。中統三年，復入朝，但因病燕京，至元

〔註67〕參見脫脫《金史‧卷一百二十六‧元德明列傳》，同註24，頁 1173～1174。

元年（西元 1264 年）歸鄉。二年，忽必烈再召，許衡奉命即赴，四年，告病還，不久復召入。六年，奏定官制。七年，拜中書左丞，劾阿合馬專權，世祖不聽，於是又請求解職。八年，官集賢大學士兼國子祭酒，置國子學。十年，許衡辭職歸懷州。十三年，再召至大都，命與王恂、郭守敬等人商定曆法。十七年致仕還鄉，次年去世，年七十三，贈榮祿大夫、司徒，諡文正。至大二年，加正學垂憲佐運功臣、太傅、開府儀同三司，封魏國公。皇慶二年，詔從祀孔子廟廷。延祐初，又詔立書院京兆以祀衡，給田奉祠事，名魯齋書院。為元代重要的理學家、教育家。〔註 68〕

　　王恂（1227～1304），字仲謀，號秋澗，衛州汲縣（今河南汲縣）人。其少有材幹，好學善屬文，史天澤將兵過衛，一見接以賓禮。中統元年，左丞姚樞宣撫東平，辟為詳議官。未幾，被中書特授翰林修撰、同知制誥，兼修國史院編修官，尋兼中書省左右司都事，一時詔制辭命皆出其手。至元五年，拜監察御史，論列凡百五十餘章。九年，授承直郎、平陽路總管府判官。十三年，奉命考試河南五路儒士。尋除翰林待制，拜朝列大夫、河南北道提刑按察副使，後改山東東西道提刑按察副使。二十六年，授少中大夫、福建閩海道提刑按察使，黜貪惡者數十人。二十九年春，見帝於柳林行宮，遂上萬言書，極陳時政，授翰林學士、嘉議大夫。大德八年（西元 1304 年）六月卒，享年七十八，後贈翰林學士承旨、資善大夫，追封太原郡公，諡文定。〔註 69〕

　　從史料記錄亦可以了解劉秉忠交往之情形。以下試著比對當朝的文字記載，扣除前揭眾人，列舉與劉秉忠有明確互動者：

　　張文謙（1217～1283），字仲謙，邢州沙河人。幼聰敏，讀書善記誦，自入小學與劉秉忠同研席，年相若，志相得。其後劉秉忠侍忽必烈，薦之，遂於元定宗二年（西元 1247 年），召文謙入潛邸，掌王府書記。後邢州貪亂，其與劉秉忠言於忽必烈，薦人才至邢洗滌蠹敝，革去貪暴。憲宗即位，文謙與劉秉忠數以時務所當先者言於忽必烈，悉施行之。征滇鄂之時，其更與劉秉忠以「不嗜殺」諫上。可見其與劉秉忠不僅為同窗，在政治上也有共同的理念。忽必烈即位，命文謙為左丞，建立綱紀，講明利病，以安國便民為務。

〔註 68〕參見宋濂《元史・卷一百五十八・許衡列傳》，同註 1，頁 1815～1823。蘇天爵《元朝名臣事略・卷八・左丞許文正公》，同註 36，頁 132～145。
〔註 69〕參見宋濂《元史・卷一百六十七・王恂列傳》，同註 1，頁 1924～1925。劉昌《中州名賢文表・卷二十八・王公神道碑銘》，臺北：臺灣商務，1973 年，頁 18～27。

後累歷大司農卿、御史中丞、昭文館大學士、樞密副使。至元二十年（西元 1283 年）三月，以疾薨於位，年六十七。〔註70〕贈推誠同德佐運功臣、太師、開府儀同三司、上柱國，追封魏國公，諡忠宣。〔註71〕

姚樞（1203～1280），字公茂，營州柳城（今遼寧朝陽）人，後遷洛陽。太宗五年（西元 1233 年）隨楊惟中入覲太宗，時龍庭無漢人士夫，故帝深重之。後從二太子南征，遇名儒趙復，始得程朱二子性理之書。北還，詔為燕京行臺郎中，未幾，辭去。攜家至輝州，作家廟，別為室奉孔子及宋儒周惇頤等像，刊諸經，惠學者。歲庚戌（西元 1249 年），因竇默薦，召至潛邸。後從忽必烈征大理，與劉秉忠共陳止殺之議。忽必烈即位，更重用之，歷任東平宣撫使、大司農、中書左丞、昭文館大學士、翰林學士承旨。至元十七年（西元 1280 年），因疾卒，年七十八，諡曰文獻。其與劉秉忠共事三十餘年，共商禮儀典制，說上以仁明治國。後，劉秉忠卒，姚樞以友人之身分作祭文悼之，文辭頗哀悽，由是足見兩人之情誼。〔註72〕

王恂（1235～1281），字敬甫，中山安喜（今河北定縣東）人。幼即穎悟，六歲就外學，年十三，凡授性理數術輒造其極。歲己酉（1249 年），劉秉忠居喪畢，遂奉詔北上，取道中山，遇之，賢其才。及劉秉忠從征南還，恂更於紫金山從之學。由是可知，王恂與劉秉忠有師徒關係。憲宗三年（西元 1253

〔註70〕 宋濂《元史》：「十九年，拜樞密副使。歲餘，以疾薨于位，年六十八。」《元朝名臣事略》：「十九年，拜樞密副使，是歲薨，年六十七。」李謙〈神道碑〉：「薨于京師私第之正寢，實二十年三月壬申也，享年六十有七。」虞集〈張氏新塋記〉：「至元二十年二月壬申，公薨。」此四則記錄不論是卒年、享年、死亡之日皆有出入。然時人之文字記載必較後世來的準確，其中以成於明朝之《元史》最晚，故所記年六十八，應為誤植。又由蘇天爵《元朝名臣事略》註腳可知，該書對於張文謙之記錄乃根據〈神道碑〉、〈張氏新塋記〉，故十九年薨之文字，應為誤錄。因此可知張為謙卒於至元二十年，享年六十七。其它日又有二說，〈神道碑〉記三月壬申，〈張氏新塋記〉記二月壬申。但查考至元二十年之曆法，三月有壬申日，二月卻無，故以三月壬申，即三月十八日為是。

〔註71〕 參見宋濂《元史‧卷一百五十七‧張文謙列傳》，同註1，頁 1804～1805。蘇天爵《元朝名臣事略‧卷七‧左丞張忠宣公》，同註 36，頁 115～120。李謙〈中書左丞張公神道碑〉，收錄於蘇天爵《元文類‧卷五十八》；虞集〈張氏新塋記〉，收錄於蘇天爵《元文類‧卷三十》，同註49，頁 289。

〔註72〕 參見宋濂《元史‧卷一百五十八‧姚樞列傳》，同註1，頁 1813～1815。姚燧《牧庵集‧卷十五‧中書左丞姚文獻公神道碑》，收錄紀昀編《文津閣四庫全書》第四○一冊，同註38，頁 455～458。蘇天爵《元朝名臣事略‧卷八‧左丞姚文獻公》，同註 36，頁 124～132。

年），因劉秉忠薦，上召見之，命輔導太子眞金，爲太子伴讀，其間多以正道經術輔翊之。中統二年（西元 1261 年），擢太子贊善，眞金極信任之，敕令凡有啓稟者，必以王恂與聞。至元十年（西元 1273 年），許衡辭國子祭酒，王恂得劉秉忠與姚樞之薦，繼衡執掌國學。又因其精通算術，故奉詔修授時曆。至元十八年（西元 1281 年），居父喪，哀毀不已，未幾即卒，贈推忠守正功臣、光祿大夫、司徒、上柱國、定國公，諡文肅，年四十七。〔註73〕

　　王文統（？～1262），字以道，山東益都人。居李璮幕僚時，不僅教授李璮之子彥簡，亦以女妻之，凡軍旅之事皆二人共商。後入覲潛邸，深得忽必烈讚賞，及立中書省，便擢文統爲平章政事，委以更張庶務，元立國之規模法度，多出於文統之功。中統二年，上在開平，召行中書省事禡禡與文統，親率各路宣撫使俱赴闕。六月七日，王文統欲南返燕京，居南屏山之劉秉忠即遣僧逸以良馬二匹來餞。十二日，其行伍比至南屏，劉秉忠令左右迎候於道，對其待遇甚恭，極賓主之禮。十三日癸亥辰刻，始齋畢而去。二人交誼之契厚，由是可知。惜中統三年（西元 1262 年），李璮反，人多言文統與之互通音耗，雖文統辯言以書信遲其反期，並非與之謀，但仍遭坐伏誅。〔註74〕

　　史天澤（1202～1275），字潤甫，大都永清人。善騎射，勇力絕人，從其兄天倪帥眞定。後天倪爲武仙所害，故於乙酉歲（西元 1225 年），嗣其兄職爲都元帥，敗武仙，復眞定。太宗即位，議立三萬戶，分統漢兵，值天澤入覲，立即命之爲眞定、河間、大名、東平、濟南五路萬戶。忽必烈時在藩邸，極知漢地不治，河南尤甚，故請以天澤爲經略使，興利除害，境內大治。中統元年（西元 1260 年），授河南等路宣撫使，兼江淮諸翼軍馬經略使。二年夏五月，拜中書右丞相。是年六月十七日，劉秉忠自南屏入朝，午刻，即會食天澤之行館，會後天澤以灑墨玉盂等贈之，後又遣其第四子杠侍劉秉忠於南屏，二人交往相當頻繁。至元三年（西元 1266 年），拜中書左丞相兼樞密副使。八年，加開府儀同三司平章軍國重事。十一年，與丞相伯顏總兵伐宋，至郢以疾還。十二年薨，贈太尉，諡忠武，後累贈太師，進封鎭陽王，年七

〔註73〕參見宋濂《元史‧卷一百六十四‧王恂列傳》，同註1，頁1880～1881。蘇天爵《元朝名臣事略‧卷九‧太史王文肅公》，同註36，頁147～149。虞集《道園學古錄‧卷十一‧跋王贊善遺事後》，同註20，頁331。

〔註74〕參見宋濂《元史‧卷二百六‧王文統列傳》，同註1，頁2253～2255。王惲《秋澗集‧卷八十二‧中堂事記下》，同註38，頁336。

十四。〔註75〕

　　郭榮（？），生平待考。僅能從齊履謙〈知太史院事郭公行狀〉得知，其
爲順德邢臺人，號鴛水翁。通五經，精於算數、水利。嘗與劉秉忠、張文謙、
張易同學於邢西之紫金山。由於其與劉秉忠爲同志友，故使其孫郭守敬就學
之。後其孫因張文謙之薦，始得世祖重用。〔註76〕

小　結

　　劉秉忠自號爲藏春散人，藏，懷、蓄也，《易・繫辭下》：「君子藏器於身，
待時而動。」春，天地開辟之端，法象所出也，《公羊傳・隱公元年》：「春者
何？歲之始也。」取其生機之意。故所謂藏春，乃蘊其生氣，待時而發。積
極方面乃期許自己能修身潛伏，待時而起，如諸葛待蜀昭烈之三顧；消極方
面則以自我修持爲重，不欲顯其鋒芒，如方外之人隱居避世，以求逍遙自適。
此種矛盾的心態，與其家世背景、人生經歷不無關係。

　　劉秉忠出自書香門第，先祖出任官職者多，爲當代大族。後世雖有未任
官者，卻無時不以修持心性、涵養品德自期。據載，其祖爲人偶儻，有志節，
深爲鄉里所重；其父於未得志之時，以寬仁敦厚著稱，不與人爭，知遇出仕
後，竭心爲國，不以私利爲念，如此言行對於劉秉忠頗有影響。劉秉忠自幼
時致力於學，道藝文章無所不通，然而卻因家貧淪爲刀筆吏，非己所願，父
執輩用行舍藏，不強求之處世態度，令之捨棄名位，遯居山林，以待知音。
果然，隨即便遇明主欣賞，劉秉忠從此長留忽必烈身側，出謀獻策，期盼能
爲民盡心。劉秉忠的「小心愼密，不避艱險，言無隱情」，是忽必烈凡事都與
之商議的原因。表面上看來，君臣間彼此契合，劉秉忠應有得君行道、經世
濟民的機會；但實際上，忽必烈所看重的一直是他卜筮數術的才能，敬重的
是他方外僧人的身分。於是，等待時機便成了劉秉忠在朝中唯一可做之事。
無法一展所長，又長期身處在政爭之間，不禁想念起隱居山林、和諧寧靜之
生活，而這些情緒於其詩詞中更是常見。所幸，至元元年，得王鶚奏言，劉
秉忠終可正冠還俗，入朝爲官，實現其澤民的理想。然而，劉秉忠終究還是

〔註75〕參見宋濂《元史・卷一百五十五・史天澤列傳》，同註1，頁1785～1789。王
　　　　磐〈中書右丞相史公神道碑〉，收錄於蘇天爵《元文類・卷五十八》，同註49，
　　　　頁413～415。蘇天爵《元朝名臣事略・卷七・丞相史忠武王》，同註36，頁
　　　　90～98。
〔註76〕齊履謙〈知太史院事郭公行狀〉《元文類・卷五十》，同註49，頁377～380。

無緣得見天下之大統，就在至元十年八月十九日夜，於南屏山精舍無疾端坐而卒。

　　劉秉忠隨侍忽必烈三十餘年，初居幕僚，後位極太保，參領中書省事，凡所奏議，如：薦人才、定都邑、建國號、擬朝儀、修禮樂等，忽必烈莫不從之。雖隱於南屏山，然因其名氣之隆盛與君主之信任，諸臣輒往詢問政事，其交遊理應以官場中人居多；但仔細審查其書信、詩詞，其內容涉及懷抱、理念者，除了與自己較親近、欣賞的少數人外，贈酬對象多以鄉友、世外之人爲主。足見朝廷之交際應酬非劉秉忠所願，遁世隱居、修身逍遙方是本性，但修身齊家治國平天下根深柢固的儒士理念，卻使得集儒、釋、道於一身的劉秉忠踟躕，一方面欲待時機而起，一方面又想隱居避世，而這些矛盾於其詞中隨處可見。

第四章　《藏春樂府》之內容與其風格

　　由詞作的內容，可看出一位詞人的寫作傾向及生命情調。因此，想要瞭解劉秉忠詞作的風格，深入瞭解其詞作內容是必要的。《藏春樂府》經校補後，得詞八十二闋。以下便從劉秉忠八十二闋詞之內容鋪陳，逐一進行評析討論，釐清劉秉忠的心理轉折及其對詞體的態度，進而歸納《藏春樂府》之主要藝術風格。

第一節　內　容

　　爲了便於分析，筆者依據內容歸類，得劉秉忠之詞有詠物、詠史、酬贈、詠懷等四種，其劃分標準如下。

　　劃分爲詠物詞者：題序明言爲詠花、酒、雪、月等物象，或半闋以上篇幅明顯吟詠同一物象者，便將它劃歸爲詠物詞。〔註1〕

　　劃分爲詠史詞者：題序明確點出爲吟詠歷史事件、人物而作，或詞中提及史事、遺跡，且因之起興者，便將它劃歸爲詠史詞。若單純引用典故作爲比喻，未因之興發者，則不論。

〔註 1〕 張清徽〈南宋詞家詠物論述〉將詠物分爲十類：節令類第一，山川風雲類第二，草木花果類第三，蟲魚鳥獸類第四，人物類第五，名都勝跡類第六，樓臺池館類第七，雜物類第八，雜事類第九，題詠類第十。然人物、名都勝跡、樓臺池館、題詠等類別，內容常因古人前事、歷史遺跡，懷古詠史，非單純描繪其形貌，而是藉之歌其情志，秉忠詞尤其如此，故筆者將之歸爲詠史詞。（張清徽〈南宋詞家詠物論述〉收錄於《東吳文史學報》，第二號，1977 年，頁 34～53。）

　　劃分為酬贈詞者：題序明言用途為應答、酬謝、祝壽等專為某人所作之詞，便將它劃歸為酬贈詞。酬贈詞乃作者與友人的應酬答謝之作，內容可為慶賀、哀悼、自抒情志、藉史懷古、因物起興，因此單從內容實在難以斷定是否是朋友彼此間往來之詞作，故本文全以詞序為判斷標準，有則取之，無則捨之。

　　劃分為詠懷詞者：凡內容未以大半篇幅吟詠同一物象，也非因史事發出慨嘆，更沒有應酬之語，乃是單純因其身處的環境、景致而有所感發，進而自抒胸臆，或歌青雲之志，或發隱逸之念，或興羈旅之情，或抒不遇之感等，便將它劃歸為詠懷詞。由於每闋詞所蘊藏的情懷種類複雜，其界線也很模糊，遂一併歸入詠懷詞。

　　由以上的標準區分，共得詠物詞六闋，詠史詞十三闋，酬贈詞一闋，詠懷詞六十二闋。試分述如次：

一、詠　物

　　《文心雕龍‧物色篇》有云：「歲有其物，物有其容；情以物遷，辭以情發。一葉且或迎意，蟲聲有足引心。況清風與明月同夜，白日與春林共朝哉！」〔註 2〕歷來文人創作多因觸景動情，進而有所興發，劉秉忠也不例外。《藏春樂府》屬於詠物者有六闋，依所吟詠的對象，可分為四種：梨花、梅花、海棠、桃花。

　　梨花，其花色素淡無染，潔白如雪，形象深得文人喜愛，是詠花詩詞裡常見的素材。在劉秉忠的詞中，也常藉著描摹梨花的外在形態，寄託其不同流俗，高潔堅貞的情思：

> 冰雪肌膚香韻細，月明獨倚闌干。遊絲縈惹宿煙環。東風吹不散，應為護輕寒。　　素質不宜添彩色，定知造物非慳。杏花才思入凋殘。玉容春寂寞，休向雨中看。〈臨江仙之四‧梨花〉

作者一開始便藉著皎潔的明月，靜謐的夜晚，將梨花塑造成獨倚闌干，絕世而獨立的形象。但儘管如此，孤潔自處的梨花，仍因其細緻的香氣，引來遊絲、宿煙為之遮掩輕微的寒意，久久不去。下片轉而肯定造物者沒有多添色彩損其靈氣，力讚梨花素雅之美。然隨著時序的移轉，又到了暮春的時節，

〔註 2〕范文瀾注《文心雕龍》，香港：商務印書館，1995 年，頁 693。

初春與梨花一同綻放的杏花，已經逐漸零落，徒留梨花孤立自處。除了運用摹寫手法描繪梨花之香氣、花色外，劉秉忠也運用擬人的技巧道出梨花深沉的感慨：

> 立盡黃昏，襪塵不到凌波處。雪香凝樹。懶作陽臺雨。　　一水相懸，脈脈難爲語。情何許。向人如訴。寂寞臨江渚。〈點絳唇之六·梨花〉

黃昏一向給人蕭瑟淒清的感覺，劉秉忠挑選這個時刻作切入點，無非是要醞釀出梨花之寂寞孤獨。另一方面劉秉忠更刻意點出此處的梨花並非晚春零落如雨之梨花，而是「雪香凝樹」、香郁盛放的梨花，加強其寂寞無處訴之感傷。二闋詞的場景、主角梨花的狀態不盡相同，作者寫作技巧也有差異，但都製造出梨花高潔卻「寂寞」的形象，若說是爲花抱不平，倒不如說是自傷處境。佛教的入世轉向早始於中唐新禪宗的興起，至北宋，名僧多已士大夫化，對此世持積極肯定的態度，不但是重建人間秩序的有力推動者，而且也是儒學復興的功臣。〔註3〕劉秉忠身處金元之際，早年因不得志於世，遁居山林，後雖出家爲僧，但骨子裡用世的儒士情節並未隨著剃髮而去，再加上佛教入世轉向的影響，他對人世間的關懷、自身修養的要求，絕不亞於一般文人或僧人。由是可知，劉秉忠之所以選擇吟詠梨花，乃是因爲梨花高潔自持、堅貞不移，就如同對自己的期待。然而，拯危扶傾、重建秩序畢竟不如想像中容易，因此，每當劉秉忠以梨花抒懷時，不免一再地興發「寂寞」的慨嘆。

　　劉秉忠歌詠梅花時，並非藉由梅花高雅聖潔的形象，來表達自己的風骨清高，而是藉著它來抒發南歸之意：

> 策杖尋芳，小溪深雪前村路。暗香時度。更在清幽處。　　一見冰容，便有西湖趣。題新句。句成梅許。折得南枝去。〈點絳唇之七·梅〉

梅在這兒是渴望隱逸平淡的象徵，劉秉忠專程策杖雪中循香覓跡，是想藉之撫慰不得歸隱之心。這就可以解釋爲何劉秉忠一見梅，就立即想起隱居西湖深愛梅花的林和靖。劉秉忠有大半的日子是隨侍在忽必烈身旁，君上事必徵詢之信任與自己有志不得伸之無奈，迫使其常於仕與隱中游移，而關懷人世

〔註3〕北宋僧人關懷人間秩序的重建，及爲儒學推波助瀾之情形，可詳見余英時《朱熹的歷史世界》上冊，北京：三聯書店，2004年，頁74～86、102～106。

的佛家想法與重建秩序的儒士觀念，出仕往往成了劉秉忠最終的選擇。〔註4〕因此，劉秉忠詞中所呈現的隱逸，不只是對山林的渴望，更深藏著不得隱、不能隱，只能「折得南枝去」聊以慰己的無奈。除了當作隱居的渴求外，劉秉忠詞中的梅，亦是寓寄離情別意的化身：

> 恰破黃昏，一灣新月梢梢共。玉溪流汞。時有香浮動。　　別後清
> 風，馥鬱添多種。如相送。未忘珍重。已入幽人夢。〈點絳唇之八〉

夕陽無限好，只是近黃昏。劉秉忠慨嘆與友人的相聚，就如黃昏般美好卻短暫，所以作者一開始便著手描摹兩人黃昏別離時刻之情景，「一灣新月」、「玉溪流汞」之清冷，正是握別難捨的寫照；梅花「時有香浮動」之馥郁，則反襯出離人的悲情。但別離畢竟無可避免，故劉秉忠於下片即交代友人：儘管可能從此分隔兩地，但也希望彼此能常於夢中相見。簡單明瞭抒發自己的情致，沒有刻意地去堆砌文辭，但字裡行間卻已讓人清楚地感受到他的離情依依。

紅豔的海棠，歷來名儒鉅賢為之所發的清辭麗句極多，陳思《海棠譜》序：「梅花佔於春前，牡丹殿於春後，騷人墨客特注意焉！獨海棠一種，豐姿艷質，固不在二花之下。」〔註5〕劉秉忠亦吟詠之：

> 十日狂風才是定，滿園桃李紛紛。黃蜂粉蝶莫生嗔。海棠貪睡著，
> 留得一枝春。　　便是徐熙相對染，丹青不到天真。雨餘紅色愈精
> 神。夜眠清早起，應有惜花人。〈臨江仙之六·海棠〉

作者由海棠強韌的生命力切入，指出狂風過後，滿園桃李紛落，但海棠依舊嬌豔。下片力讚其神韻儘管是畫工精湛的徐熙也描繪不出，後更以海棠經歷風雨，反而開得愈燦爛作結，說道此花必得惜花人珍視。不同於其他文人專注歌詠海棠豐姿豔質，劉秉忠詞著重於海棠不畏風雨的堅強。表面上詠花，事實上乃借花抒懷。劉秉忠將情志投射到海棠詞裡，自己就好比海棠，雖然歷經狂風驟雨，但立場依舊堅定不移，不若「桃李紛紛」萎地，更安慰自己此刻固然不得人識，然有朝應能得「惜花人」之欣賞。

前人詠桃花，多富奇幻色彩，劉秉忠也不例外：

> 一別仙源無覓處，劉郎鬢欲成絲。蘭昌千樹碧參差。芳心應好在，

〔註4〕仕與隱的矛盾與抉擇，詳見詠懷詞中之闡述。
〔註5〕見陳思《海棠譜》序，收錄於《叢書集成新編》第四十四冊，臺北：新文豐出版社，1985年，頁122。

時復問蜂兒。　　報道洞門長閉著，只今未有開時。杏花容冶沒人
司。東家深院宇，牆外有橫枝。〈臨江仙之五．桃花〉

作者開頭便援引劉晨、阮肇入仙源、遇仙人之故事，及張雲容久居蘭昌宮等
人救贖的典故，不僅使內容充滿了神話色彩，更將「劉郎」置入詞中，讓詞
中的世界與自己的處境相貼合。此處的「桃花」象徵著世外桃源，即是劉秉
忠日思夜想的故園，其中「劉郎」二字，乃是指劉秉忠自己。就歷史故實、
神話傳奇記載，劉郎通常指劉晨或劉禹錫，但劉秉忠作詩填詞時，常使用「劉
郎」二字來暗指自己，〔註6〕此闋詞亦是如此。劉秉忠把故園比擬成桃源、蘭
昌宮般與世隔絕的仙境，而最末則藉著「杏花容冶沒人司」、「牆外有橫枝」，
暗示如桃源般家鄉中的桃花已經長期無人司理，不時透露自己極欲歸還的想
望；然從「無覓處」、「洞門長閉著」、「未有開時」之敘述可知，劉秉忠終究
無法如願，故只能在外頭著急得「鬢欲成絲」。

由以上分析，可以發現劉秉忠的詠物詞，具有四個特色：

其一，現存七千三百多闋金元詞中，約有四百闋詠物詞，其中植物類約
占二分之一。〔註7〕可見金元文人填詞少有詠物，即便吟詠，也以周遭所見的
花卉爲主，劉秉忠身處此種環境，難免會受到影響。因此，其八十二闋詞，
只有六闋詠物詞，而此六闋詞全以花爲題。然而，劉秉忠之詠花詞卻不著穠
麗語，或託花詠懷，或借花自況，所敘寫皆是本色之語、眞情之詞，與其他
在摹寫花形、用事比擬的部分下工夫的詠花詞迥異。

其二，金元詞人對於梨花的關注，遠不及梅花，然劉秉忠剛好相反，從其
行文用字，看得出他對梨花之珍視。劉秉忠詞中的梨花，擁有高潔無染的氣質，
其孤傲自處之境遇，與南宋文人情有獨鍾的梅花無異。其詩亦云：「玉骨冰姿映
曉光，露盈檀蕊洗新粧。夭桃豔杏果誰賞，雌蝶雄蜂空自忙。仙桂是高寧有種，
海棠雖美卻無香。司花護惜花長好，莫遣東風取次狂。」可知在劉秉忠心目中，
夭桃、豔杏、仙桂、海棠，都難與梨花比似。又從全金元詞詠梨花之情形，亦

〔註6〕 如《藏春詩集》卷一〈春閒〉：「玄都觀裏桃花放，應待劉郎醒後看。」卷四
　　　　〈桃花落〉：「溪上夭桃春已過，劉郎漸老奈花何。」〈桃枝曲〉：「一色桃花十
　　　　里春，劉郎見日尚精神。東風吹入西家去，猶寄芳心憶故人。」卷五〈木蘭
　　　　花慢〉：「桃花爲春憔悴，念劉郎雙鬢也成秋。舊事十年夜雨，不堪重到心頭。」
　　　　〈桃花曲〉：「青史功名都半紙。念劉郎鬢先如此。」「莫惜千金沽一醉。道劉
　　　　郎不宜憔悴。」
〔註7〕 全金元詠物詞約有四百闋之説，乃參考鄭琇文於《金元詠梅詞研究》第五章
　　　　註6之數據而來，成功大學中國文學研究所碩士論文，2005年，頁143。

可知劉秉忠對它的推崇。全金元詠花詞近二百闋，其中以梅花一百零一闋爲大宗，〔註8〕而詠白梨花者只得十闋，〔註9〕分別爲蔡松年〈浣溪沙〉（月下仙衣立玉山）〔註10〕、丘處機〈無俗念〉（春遊浩蕩）〔註11〕、劉秉忠〈臨江仙〉（冰雪肌膚香韻細）、劉秉忠〈點絳脣〉（立盡黃昏）、王惲〈好事近〉（軒鎖碧玲瓏）〔註12〕、劉敏中〈鵲橋仙〉（黃塵古驛）〔註13〕、吳澄〈木蘭花慢〉（是誰家庭院）〔註14〕、同恕〈鵲橋仙〉（鶯鶯燕燕）〔註15〕、王旭〈滿江紅〉（客裏光陰）

〔註8〕 詠梅詞一百零一闋，可參見鄭琇文《金元詠梅詞研究》金元詠梅詞一覽表，同註7，頁173～179。

〔註9〕 另有詠紅梨花者三闋，如王惲〈水龍吟〉：「纖苞淡貯幽香，玲瓏軒鎖秋陽麗。仙根借暖，定應不待，荊王翠被。瀟灑輕盈，玉容渾是，金莖露氣。甚西風宛勝，東蘭暮雨，空點綴，眞妃淚。誰遣司花妙手，又一番、爭奇呈異。使君高臥，竹亭閒寂，故來相慰。燕幾螺屏，一枝披拂，繡簾風細。約洗妝快瀉，玉瓶芳酒，枕秋蟾醉。」王惲〈木蘭花慢〉：「愛一枝香雪，幾暮雨，洗妝殘。盡空谷幽居，佳人寂寞，淚粉蘭幹。芳姿似嫌雅淡，問誰將、大藥駐朱顏。塞上胭脂夜紫，雪邊蝴蝶朝寒。風流韻遠更清閒。醉眼入驚看。甚底事坡仙，被花熱惱，惆悵東蘭。細傾玉瓶春酒，待月中、橫笛倩雲鬟。吹散碧桃千樹，盡隨流水人間。」張之翰〈婆羅門引〉：「冰姿玉骨，東風著意換天眞。軟紅妝束全新。好在調脂纖手，滿臉試輕勻。爲洗妝來晚，便帶微嚬。香肌麝薰。直羞煞海棠春。不殢數卮芳酒，誰慰黃昏。只愁睡醒，悄不見惜花賢主人。枝上雨、都是啼痕。」分別見唐圭璋編《全金元詞》，北京：中華書局，1979年，頁654、663、712。據鄒一桂《小山畫譜·卷上》載：「梨，三月盡，花開五出，色純白，心初黃，開足後赭墨色，長柄叢生，葉嫩綠，亦有柄隨風而舞，花之流逸者也。……又紅梨花開在二月間，色微紅，開時無葉，絕少韻致。」可見梨花有白、紅二色。由於秉忠所詠盡爲白梨花，爲求相較之精確度，故此處不錄詠紅梨花之詞。

〔註10〕 蔡松年〈浣溪沙〉：「月下仙衣立玉山。霧雲窗戶未曾開。沈香詩思夜猶寒。閒卻春風千丈秀，只攜玉蕊一枝還。夜香初到錦班殘。」見唐圭璋編《全金元詞》，北京：中華書局，1979年，頁17。

〔註11〕 丘處機〈無俗念〉：「春遊浩蕩，是年年、寒食梨花時節。白錦無紋香爛漫，玉村瓊葩堆雪。靜夜沈沈，浮光靄靄，冷浸溶溶月。人間天上，爛銀霞照通徹。渾似姑射眞人，天姿靈秀，意氣舒高潔。萬化參差誰通道，不與群芳同列。浩氣清英，仙材卓犖，下土難分別。瑤臺歸去，洞天方看清絕。」同註10，頁476。

〔註12〕 王惲〈好事近〉：「軒鎖碧玲瓏，好雨初晴三月。放出暖煙遲日，醉風簷香雪。一尊吟繞洗妝看，玉笛笑吹裂。留待夜深庭院，伴素娥清絕。」同註10，頁684。

〔註13〕 劉敏中〈鵲橋仙〉：「黃塵古驛，荒園小樹。幾朵晴雲自舞。殷勤馬上折來看，問過卻、行人幾許。瓊苞半拆，檀心乍吐。笑向春風不語。多情莫怪洗妝遲，我也是、天涯逆旅。」同註10，頁770。

〔註14〕 吳澄〈木蘭花慢〉：「是誰家庭院，寒食後，好花稠。況牆外秋千，畫喧風管，

〔註16〕、邵亨貞〈清平樂〉（綠房深窈），〔註17〕皆一人詠一闋，唯劉秉忠二闋是例外。劉秉忠專詠白梨花，不僅跳脫詠花詞嫵媚婉轉的語法，以清新淡雅的文字，重新塑造其素雅高格的形象，更「情以物遷，辭以情發」，文字裡隱約透露自己的處境，抒發自己絕世而獨立之寂寞，這是其他詠梨花詞中難以見到的，更足以證明劉秉忠對於梨花的關注，異於其他金元詞人。

其三，和絕多數金元詞人一樣，梅花在劉秉忠筆下，不再是風骨清高的貞士、聖潔脫俗的美人，而是淡泊名利的隱士。〔註18〕一般士人因為無法接受異族統治，對於出仕多不感興趣，寧可歸隱山林，所以其吟詠的梅花，有著西湖處士的從容悠閒；而劉秉忠則不同，本應無罣礙的僧人，卻想「拯危當世」而毅然入世，又「煙霞痼疾」，無法與世俗同流，心中不斷浮現「不如歸去」的念頭，因此藉著詠梅，抒發其內心仕與隱的矛盾與掙扎，其情感是複雜、無奈的。

其四，劉秉忠《藏春樂府》完全沒有吟詠節序的作品，如元宵、中秋、重陽等，〔註19〕甚至連詩作都未見題詠節序的篇章。節令時序歷來吟詠者眾，

夜燦星球。蕭然獨醒騷客，只江蘺汀若當宥羞。冰玉相看一笑，今年三月皇州。底須歌舞最高樓。興味盡悠悠。有白雪精神，春風顏貌，絕世英遊。從教對花無酒，這雙眉、應不惹閒愁。那更關西夫子，許來同醉香篘。」同註10，頁796。

〔註15〕同怨〈鵲橋仙〉：「鶯鶯燕燕，蜂蜂蝶蝶。酒債幾時還徹。韋郎又約醉梨花，對一樹、玲瓏香雪。盈盈脈脈，翻翻折折。小雨朝來乍歇。一年最是好光陰，算只有、清明三月。」同註10，頁810。

〔註16〕王旭〈滿江紅〉：「客裏光陰，又逢禁煙寒食節。花外鳥、喚人沽酒，一聲清切。風雨空驚雲錦亂，塵埃不到冰肌潔。對芳華、一片惜春心，誰邊說。難便與，東君別。更莫把，繁英折。恨山香舞罷，玉鸞飛怯。休道梅花同夢好，黃昏只解供愁絕。洗妝來、應笑老書生，頭如雪。」同註10，頁885。

〔註17〕邵亨貞〈清平樂〉：「綠房深窈。疏雨黃昏悄。門掩東風春又老。琪樹生香縹緲。一枝晴雪初乾。幾回惆悵東闌。料得和雲入夢，翠衾夜夜生寒。」同註10，頁1099。

〔註18〕鄭琇文《金元詠梅詞研究》：「金元詠梅詞少見故國之思、少有熱衷求仕之心，是緣於時局的改變、異族的統治，導致隱逸之風盛行，無論出仕與否，都嚮往歸隱。同樣地，在金元詠梅詞的藝術表現中，也是受到相同因素的影響，多以隱士意象為主，少見如陸游詠梅詞所表達的貞士意象，懷才不遇之嘆。」

〔註19〕時序詞是否為詠物詞，向來說法紛陳，亦各有道理。然秉忠詞中無時序詞的特色，若另闢章節討論未免太過，故筆者根據清康熙皇帝敕撰《佩文齋詠物詩選》，及近來研究者皆把節序詞歸入詠物詞之說法，將秉忠無時序詞的部分，放在詠物詞的特色處一併討論。

金元詞人也不例外，如蔡松年、李俊明、元好問、段克己、段成己、白樸、王惲、張之翰、劉敏中、張埜、張可久、許有壬、張翥、謝應芳、邵亨貞等現存六十闋以上的詞人，對於節序多有吟詠，〔註20〕唯劉秉忠未有論及。《元典章》：「若遇天壽、多至，各給假一日；元正、寒日，各三日；七月十五日、十月一日、立春、重午、立秋、重九旬日，各給假一日。」〔註21〕《析津志輯佚》：「又於草屋外懸掛琉璃蒲萄鐙、奇巧紙鐙、諧謔鐙與煙火爆杖之屬。自朝起鼓方靜，如是者至十五、十六日方止。……世皇建都之時，問於劉太保劉秉忠定大內方向。劉秉忠以今麗正門外第三橋南一樹為向以對，上制可，綏封為獨樹將軍，賜以金牌。每元會聖節及元宵三夕，於樹身懸掛諸色花燈於上，高低照耀。……五月天都慶端午，艾草天師符帶虎。……七月皇朝祠巧夕，……張掛七夕牽牛織女圖，……邀請親眷、小姐、女流，作巧節會。……

〔註20〕據《全金元詞》所錄，蔡松年等十五位金元詞人，多作有元旦、元宵、上巳、寒食、端午、七夕、中秋、重陽等節序詞，其中又以元宵、中秋、重陽最多，茲舉數例如下：題詠元宵者，如段克己〈望月婆羅門引〉（暮雲收盡）、段成己〈木蘭花慢〉（金吾不禁夜）、白樸〈木蘭花慢〉（壯東南形勝）、王惲〈望月婆羅門引〉（去年元夕）、張之翰〈南鄉子〉（燈夕在江陰）、張埜〈青玉案〉（千門夜色霏香霧）、張翥〈摸魚兒〉（記蘇臺）、張翥〈風流子〉（荷雨送涼颸）、張翥〈一枝春〉（霧翅煙鬢）、邵亨貞〈虞美人〉（客窗深閉逢三五）、少亨貞〈水龍吟〉（兵餘重見元宵）……等；題詠中秋者，如蔡松年〈南鄉子〉（霜籟入枯桐）、李俊明〈洞仙歌〉（秋光海底）、李俊明〈醉江月〉（中庭待月）、元好問〈蝶戀花〉（牢落羈懷愁有信）、元好問〈鷓鴣天〉（月窟秋清桂葉丹）、元好問〈鷓鴣天〉（著意朝雲復暮雲）、元好問〈滿庭芳〉（丹染吳楓）、元好問〈折丹桂〉（秋風秋露清秋節）、元好問〈瑞鶴仙〉（四山秋氣爽）、白樸〈念奴嬌〉（一輪月好）、王惲〈望月婆羅門引〉（柳邊層樹）、王惲〈秦樓月〉（華陽閣）、王惲〈浣溪沙〉（月色都輸此夜看）、張之翰〈婆羅門引〉（宦遊南北）、張之翰〈醉江月〉（人間良夜）、張之翰〈金縷曲〉（未過松江去）、張埜〈玉漏遲〉（桂香浮綠酒）、張可久〈人月圓〉（西風吹得閒雲去）、許有壬〈木蘭花慢〉（歎流光如水）、許有壬〈水龍吟〉（一生白浪紅塵）、謝應芳〈水調歌頭〉（戰骨槁如雪）、邵亨貞〈江月晃重山〉（碧樹天香帶露）……等；詠重陽者，如蔡松年〈念奴嬌〉（倦游老眼）、李俊明〈清平樂〉（黃花今後）、李俊明〈點絳唇〉（秋樹風高）、元好問〈洞仙歌〉（千崖滴翠）、段克己〈鷓鴣天〉（點檢笙歌上小樓）、段克己〈滿江紅〉（五柳成陰）、段成己〈月上海棠〉（黃花未入淵明手）、段成己〈鷓鴣天〉（那得工夫上酒樓）、張之翰〈南鄉子〉（紅樹掛斜陽）、張之翰〈念奴嬌〉（二年重九）、劉敏中〈水龍吟〉（二豪侍側何知）、劉敏中〈摸魚兒〉（嘆萍蓬）、張埜〈水龍吟〉（重陽何處登臨）、邵亨貞〈滿江紅〉（風雨重陽）、邵亨貞〈摸魚子〉（記年時）……等。

〔註21〕見《元典章·卷十一·吏部·職制·假故》，北京：中國書店，1990年，頁180。

八月兩京秋恰半，……至正年間，今上新蓋穆清閣……，下亦三面別有殿，北有山子殿，上位每於中秋於此閣燕賞樂。……九月登高簪紫菊，……是月九日，都中以麵爲糕餽遺，作重陽節，……。」〔註 22〕據此可知，元初之歲時節序多依循漢法，民間、宮廷皆有歡慶之儀式。劉秉忠身處其中，卻未曾作詩詞以詠節序，當與其生性淡泊、喜好幽居，或身分爲出家人有關。雖說現存八十二闋詞不見得能代表劉秉忠所有的詞作，但就比例而言，《藏春樂府》無任何歌詠節序的篇章，的確值得注意。

二、詠　史

　　《文選》六臣註「詠史詩」云：「謂覽史書，詠其行事得失，或自寄情焉。」〔註 23〕《瀛奎律髓》云：「懷古者，見古跡，思古人，其事無他，興亡賢愚而已。可以爲法而不之法，可以爲戒而不之戒，則又以悲夫後之人也。」〔註 24〕歷來文人創作時，常藉由歷史人物、事件、地點之吟詠，表達自己對古人古事的想法，或因之抒發心中的情志。劉秉忠「學窺天人，識貫今古」，〔註 25〕其詞亦常見詠史懷古之作，大致可分爲引述史事、評論是非的「敘事型」，以及藉史抒懷、託古諷今的「抒懷型」兩類：〔註 26〕

（一）敘事型
　　劉秉忠「敘事型」之詠史詞有二闋，分別詠頌魯仲連、諸葛亮。《史記》

〔註 22〕詳見熊夢祥《析津志輯佚‧歲紀》，北京：北京古籍出版社，1983 年，頁 211～224。

〔註 23〕見蕭統編《六臣注文選‧卷二十一》王仲宣〈詠史詩〉之註文，臺北：廣文書局，1964 年，頁 386。

〔註 24〕見方回《瀛奎律髓‧卷三》，收錄於紀昀編《文津閣四庫全書》第四五六冊，〈集部‧總集類〉，北京：商務印書館，2005 年，頁 661。

〔註 25〕語見〈贈儀同三司太傅諡文貞制〉，見商挺編《藏春詩集‧卷六》，收錄於《北京圖書館古籍珍本叢刊》，北京：書目文獻出版社，1988 年，頁 221。

〔註 26〕李宜涯對詠史詩之定義：「詠史詩是以歷史事件或人物爲主題的詩，詩人藉由這個主題表達自己的想法和意見；或僅是描述，不加修飾而已。其中包括了二種類型，一種是以敘述歷史爲主兼有附帶作者的評論與感嘆，文句質樸通俗，不尚雕琢；另外一種則爲歌詠歷史，抒發感情爲主，其中歷史部份僅作襯托或藉以詠懷之用，文句跌宕有情，含吐不露，充份展現雅正文學的特質。前者可稱之爲敘事型詠史詩，後者可稱之爲抒懷型詠史詩。」其詳細推論，見李宜涯《晚唐詠史詩研究》，中國文化大學中國文學研究所博士論文，2001 年。此爲近來研究詠史者中最爲明確簡易之分法，故筆者據此說，將秉忠詞分爲引述史事、評論是非的「敘事型」，及藉史抒懷、託古諷今的「抒懷型」兩類。

所載之魯仲連，戰國時齊人，常爲人排難解紛，卻絲毫不取，令人敬重，劉秉忠也相當讚賞：

> 當時六國怯強秦。使群策、日紛紛。談笑卻三軍。算自古、誰如此君。　一心忠義，滿懷冰雪，功就便抽身。富貴若浮雲。本是箇、江湖散人。〈太常引之五・魯仲連〉

劉秉忠先點出魯仲連身處的時代背景，在「六國怯強秦」之社會氛圍中，魯仲連卻「談笑卻三軍」，來強化他「能人」的形象。下片接著道出魯仲連解除趙國危難，只爲忠義，因此「功就便抽身」，儘管平原君予以高官、贈之千金，皆不爲所動，因此劉秉忠認爲他是一位視「富貴若浮雲」，不慕榮利、淡泊灑脫的江湖散人。劉秉忠眞實地呈現歷史，以戰國紛亂的局勢，群雄並起，爭權逐利開頭，與魯仲連功成便急流勇退的作法，形成強烈的對比，烘襯出魯仲連不慕榮利之情性於當世是極爲難得的。如此先敘事，後評論的作法，亦見於劉秉忠歌詠諸葛亮之時：

> 至人視有一如無。見義處、便相扶。三顧出茅廬。莫不是、先生有圖。　拯危當世，覺民斯道，佩玉已心枯。遺恨失吞吳。眞箇是、男兒丈夫。〈太常引之六・武侯〉

作者認爲諸葛亮是位視名利若無物之「至人」，所以決定出茅廬扶助劉備，並非爲了權力地位，而是因爲想「拯危當世，覺民斯道」。果眞，在諸葛亮輔佐下，蜀遂與魏、吳成鼎足之勢。然而，儘管擁有扶危濟困之心，但長期爭戰的折磨，不免使得足智多謀的諸葛亮心力交瘁。最後更引用諸葛亮未能制止劉備出兵東吳，致使蜀軍敗歸，劉備亦因此病篤身歿之史事，強調諸葛亮雖「遺恨失吞吳」，但仍無損其功勳，足見作者對諸葛亮之推崇。劉秉忠此闋詞也是採用先敘事，後評論的作法，但其上片一開始就直接讚頌諸葛亮爲有大德的人，最末則以「莫不是、先生有圖」作結，將先生所圖之事，留待下片再作解答，此種內容編排又與吟詠魯仲連對比烘托的方式不同。

（二）抒懷型

　　抒懷型的詠史詞，以抒發感情爲主，其中歷史故實僅作襯托之用。劉秉忠「抒懷型」之詠史詞有十一闋，〔註27〕其手法有二：一爲感時追昔，一爲

〔註27〕分別爲〈木蘭花慢〉（既天生萬物）、〈木蘭花慢〉（到閑人閑處）、〈木蘭花慢〉（望乾坤浩蕩）、〈風流子〉（書帙省淹留）、〈望月婆羅門引〉（午眠正美）、〈洞仙歌〉（倉陳五斗）、〈臨江仙〉（堂上簫韶人不奏）、〈南鄉子〉（季子解縱橫）、

援古抒懷。

　　感時追昔，即作者因眼前之人事物，有所感發，進而追憶前事之手法。
劉秉忠常因無法實現理想，憂時傷逝，進而追憶歷史，抒發己懷：

> 既天生萬物，自隨分、有安排。看鷺鶿雲霄，驊騮道路，斥鷃蒿萊。
> 東君更相料理，著春風吹處百花開。戰馬頻投北望，賓鴻又自南來。
> 　　紫垣星月隔塵埃。千載折中台。歎麟出非時，鳳歸何日，草滿
> 金臺。江山閱人多矣，計古來英物總沉埋。鏡裏不堪看鬢，樽前且
> 好開懷。〈木蘭花慢之二〉

作者舉出鷺鶿在天際飛翔，駿馬在道路上奔馳，斥鷃於原野間低飛穿梭，萬
物各司其職之例，來佐證首句「天生萬物，自隨分有安排」之說法，並進一
步藉著戰馬北望、賓鴻南來，說明人才也想要盡自己之職責，有所作為。但
下片隨即想起晉書記載，永康元年三月，中台星坼，賢臣張華為人所害，至
今這段歷史仍不斷地在重演；戰國時燕昭王欲報齊人滅國的仇恨，為了招致
四方豪傑所築之黃金臺，現在則埋沒在荒煙蔓草間。藉此二則史事，嘆言「英
物總沉埋」乃古來不變之定數，以撫慰如今鬢毛已斑的自己未能一展所長之
慨。然據史料所記，忽必烈對於野服散號的劉秉忠相當信任，何以作者會發
「麟出非時，鳳歸何日」之嘆？據《元史》載：「秉忠於書無所不讀，尤邃於
易及邵氏經世書，至於天文、地理、律曆、三式六壬遁甲之屬，無不精通。
論天下事如指諸掌。世祖大愛之，海雲南還，秉忠遂留藩邸。……秋八月，
秉忠無疾端坐而卒，年五十九。帝聞驚悼，謂群臣曰：『秉忠事朕三十餘年，
小心慎密，不避艱險，言無隱情，其陰陽術數之精，占事知來，若合符契，
惟朕知之，他人莫得聞也。』」〔註28〕又趙琦《金元之際的儒士與漢文化》提
到：「蒙古人認為和尚、道士是禱天祈福的人，因此在戰爭中對他們加以保護，
並且還讓他們享有免除賦稅和差役的特權。」又云：「蒙古大汗極看重占卜，
往往在決定征伐大事前，要占卜人員預測吉凶。」〔註29〕可知忽必烈之所以
信任劉秉忠，乃是因為他是位精通天文數術，且小心慎密、言無隱情的僧人、

〈江城子〉（瓊華昔日賀新成）、〈鷓鴣天〉（酒酌花開對月明）、〈秦樓月〉（瓊
花島）等十一闋，此處僅舉數例具代表性之創作，以闡釋之。

〔註28〕見《元史·卷一百五十七·劉秉忠列傳》，臺北：臺灣商務印書館，1988年，
1800～1803。

〔註29〕參見趙琦《金元之際的儒士與漢文化》，北京：人民出版社，2004年，頁27、
35。

國師，〔註30〕而非是經國濟世之儒士，這就可以解釋劉秉忠爲何直到四十九歲之時，才還俗拜太保，始得名正言順地爲國盡忠、爲民謀福。其實，身爲儒僧的劉秉忠內心一直是相當矛盾的。富貴之於他仿若浮雲，且他也認爲「衲衣藤杖」才是自己所願，但「拯危當世，覺民斯道」的理念早已深植，故而渴求在上位者的重用便成了劉秉忠多年的心願，這就可以解釋詞中爲何一再出現「黃金臺上，幾番秋草」，〔註31〕感嘆知人賢君如今已不復在的字句。

　　如此先感懷處境，進而回想史事，藉由敘述故實，以表胸臆之寫作方式，也出現在〈望月婆羅門引〉：

> 午眠正美，覺來風雨滿紅樓。捲簾情思悠悠。望斷碧波煙渚，蘋蓼不勝秋。但冥冥天際，難識歸舟。　　大夫骨朽，算空把、汨羅投。誰辨濁涇清渭，一任東流。而今不醉，苦一日醒醒一日愁。薄薄酒、且放眉頭。〈望月婆羅門引之一〉

午眠醒來，眼見風雨滿樓、煙波縹緲、秋意蕭瑟之景象，令人不覺興起不如歸去之感，但天不從人願，天際冥冥，「難識歸舟」。劉秉忠於上片醞釀出想歸，但歸不得的哀傷。爲何以拯危扶傾爲念之劉秉忠會有不如歸去的想法？作者在下片便隱晦地說明原因。劉秉忠援用當時屈原以投江明志，而楚王也沒有因此醒悟之事，感嘆屈原「算空把、汨羅投」，更指出自古是非本難辨，倒不如放開懷抱求一醉。劉秉忠二十四歲開始追隨忽必烈，凡舉薦人才、征伐滇鄂、相宅築城之建言，忽必烈皆嘉納之，及至元元年，令之還俗，居太保位，《元史》亦云：「自木華黎國王始爲太師，後凡爲三公者，皆國之元勳，而漢人則惟劉秉忠嘗爲太保，其後鮮有聞矣。」〔註32〕足見劉秉忠深得忽必烈之信任。那麼劉秉忠何以興發「誰辨濁涇清渭，一任東流」之嘆？其實，自中統三年李璮政變，王文統連坐伏誅之後，漢人儒臣在忽必烈心中的地位已不若從前，王惲〈儒用說〉便說道：「國朝自中統元年以來，鴻儒碩德躋之

〔註30〕李向軍云：「就劉秉忠與忽必烈之間的個人關係而言，他們一直還是比較融洽的，但這種融洽是建立在忽必烈對於劉秉忠的國師式的角色定位之上的，甚至爲了保持劉的那種宗教色彩，直到至元元年忽必烈才詔准其還俗拜官。」忽必烈視秉忠爲「國師」之論述，詳見《劉秉忠藏春詞研究》，暨南大學碩士論文，2005年，頁64～65。

〔註31〕節錄自劉秉忠〈秦樓月之四〉：「瓊花島。盧溝殘月西山曉。西山曉。龍盤虎踞，山圍水繞。昭王一去音塵杳。遙憐弓劍行人老。行人老。黃金臺上，幾番秋草。」

〔註32〕見《元史·卷一百十·三公表序言》，同註28，1364。

為用者多矣。……固雖文武聖神廣運於上，至於弼諧贊翼，俾之休明貞一，諸人不無效焉。今則曰：彼無所用，不足以有為也，是豈智於中統之初，愚於至元之後哉。」〔註33〕由漢人軍將聯合宋軍所發動的政變，使得忽必烈對於漢儒產生疑忌警戒，甚至開始疏遠與之一同打天下的潛邸舊臣。而劉秉忠算是少數不受此場政治風暴衝擊的人。位居太保，制定朝儀，議定官制，可見忽必烈對劉秉忠的重用和信任；但之前政變的影響仍在，忽必烈對漢儒之顧忌難以改易，這就難怪劉秉忠會引屈原以表心跡，更藉此感嘆濁涇清渭難辨，如今不醉，只會「苦一日醒醒一日愁」，欲一醉以解煩憂。

「功名渾瑣瑣，今古兩悠悠」，是劉秉忠詠史詞的主要理念：

> 書帙省淹留。人間事、一笑不須愁。紅日半窗，夢隨蝴蝶，碧雲千里，歸驟驊騮。酒杯裏、功名渾瑣瑣，今古兩悠悠。漢代典刑，蕭曹畫一，晉朝人物，王謝風流。　　冠蓋照神州。春風弄絲竹，勝處追遊。詩興筆搖牙管，字字銀鈎。遇美景良辰，尋芳上苑，賞心樂事，取醉南樓。好在五湖煙浪，誰識歸舟。〈風流子〉

> 到閒人閒處，更何必、問窮通。但遣興哦詩，洗心觀易，散步攜筇。浮雲不堪攀慕，看長空澹澹沒孤鴻。今古漁樵話裏，江山水墨圖中。　　千年事業一朝空。春夢曉聞鐘。得史筆標名，雲臺畫像，多少成功。歸來富春山下，笑狂奴何事傲三公。塵事休隨夜雨，扁舟好待秋風。〈木蘭花慢之一〉

〈風流子〉寫出劉秉忠雖認為「書帙省淹留」，但卻無法毅然抽身，只能「夢隨蝴蝶」，於夢中駕著駿馬歸去，透露著欲功成身退卻無法如意之無奈。〈木蘭花慢〉則表現不須「問窮通」之灑脫，並說明富貴若浮雲，「不堪攀慕」，感慨千年事業如今只見於「今古漁樵話裏，江山水墨圖中」，末句更以隱居山林作結，表達自己欲忘卻塵世煩憂，悠然度日之期望。〈風流子〉吟詠漢代蕭曹、晉朝王謝「冠蓋照神州」之盛況，〈木蘭花慢〉則懷想漢顯宗追感前世功臣，圖畫二十八將於南宮雲臺之情形。二闋詞雖詠歎不同的史事，但所要闡述的理念皆是「千年事業一朝空」，「人間事、一笑不須愁」，既然世事功名難以掌控，何妨扁舟把釣待秋風。

歸納上述，可知劉秉忠運用「感時追昔」手法所作的「抒懷型」詠史詞，

〔註33〕王惲〈儒用說〉，見《秋澗集‧卷四十六》，收錄於紀昀編《文津閣四庫全書》第四○一冊，〈集部‧別集類〉，北京：商務印書館，2005年，頁197～198。

多用以抒發遯世隱逸的情緒。

其「抒懷型」詠史詞另有「援古抒懷」的寫作技巧，即首句先詠古人古事，以表達自己想法，抒發自己懷抱之作詞模式，其內容較為多樣，亦可從中發現豪情之作：

> 望乾坤浩蕩，曾際會、好風雲。想漢鼎初成，唐基始建，生物如春。東風吹徧原野，但無言紅綠自紛紛。花月流連醉客，江山憔悴醒人。
>
> 龍蛇一屈一還伸。未信喪斯文。復上古淳風，先王大典，不費經綸。天君幾時揮手，倒銀河直下洗囂塵。鼓舞五華鸞鸑，謳歌一角麒麟。〈木蘭花慢之四‧混一後賦〉

見到「乾坤浩蕩」，不禁讓劉秉忠遙想起「漢鼎初成，唐基始建」之時，對於二朝並未有嚴格之政令，卻能有「紅綠自紛紛」的成就，相當折服羨慕，然終究難逃衰亡的命運。以古為鑑，劉秉忠認為美好的江山勝景既能讓人流連，亦能使人警醒。故作者深信若想「復上古淳風，先王大典」，在上位者必須得整飭禮樂教化，勵精圖治，不要一味地流連於花月間，故隨即便問道：「天君幾時揮手，倒銀河直下洗囂塵。」充分顯露劉秉忠對於新政之期待。後更藉用羽色華麗的鸞鸑舞空，象徵祥瑞的麒麟謳歌，來想像混一後的美好國度。此詞不藉著遙想古事來感傷物是人非、時移世易，而是藉由漢鼎唐基之盛史以期勉在上位者能學習先朝，開創盛世，其所表現的積極豪氣，為劉秉忠詞中少見。

劉勰《文心雕龍‧神思篇》：「文之思也，其神遠矣，故寂然凝慮，思接千載；悄然動容，視通萬里；吟詠之間，吐納珠玉之聲；眉睫之前，卷舒風雲之色。」〔註34〕想像力可以突破時空的限制，運用藝術的語言文字，使現實生活不存在的景象，歷歷如目前。劉秉忠「抒懷型」之詠史詞最特別的，莫過於運用古人、史事作為題材，將他們置於自己的幻夢當中，如〈洞仙歌〉：

> 倉陳五斗，價重珠千斛。陶令家貧苦無畜。倦折腰閭裏、棄印歸來，門外柳，春至無言綠。　山明水秀，清勝宜茅屋。二頃田園一生足。樂琴書雅意，無箇事，臥看北窗松竹。忽清風、吹夢破鴻荒，愛滿院秋香、數叢黃菊。

上片指出了陶淵明歸園田居的原因。劉秉忠首句「倉陳五斗，價重珠千斛」，即點出「五斗米」對於家貧的陶淵明來說是極其珍貴的。然其卻因不願為倖

〔註34〕范文瀾注《文心雕龍》，同註2，頁493。

祿卑躬屈膝，諂媚奉迎，因而「棄印歸來」，可見其為人真誠篤實。下片則描述其隱逸山林間之悠然。作者揣摩陶淵明的想法，只要能於山水間隱居，有「二頃田園」耕作，閒來彈琴吟詩，臥看窗竹，便已足夠，儼然成了陶淵明的代言人。最末，話鋒一轉，言自己的美夢就這麼被清風驚起，但卻無法遏止其「愛滿院秋香、數叢黃菊」之心性。劉秉忠表面上是歌頌陶淵明不為五斗米折腰之高風亮節，架構其如夢似幻的隱逸生活，其實是想藉著陶淵明之史事，強調不論是理想或是現實，躬耕山林才是自己最喜愛的生活。李元洛《詩美學》：「詩的時空結構，是詩的藝術形象整體賴以完美顯示的形式和必要條件，較之其他文學藝術門類的作品的時空結構，除了許多共同點之外，它具有更強烈的感情性和更豐富的想像性。」〔註 35〕創作此類詞作不是純粹地摹情說理，而透過透過夢境，讓自己穿梭時空尋找理想國度。其〈南鄉子〉也可見此手法：

> 季子解縱橫。六印纍纍拜上卿。鳳鳥不來人漸老，謀生。二頃田園
> 也易成。　　樽酒醉淵明。菊有幽香竹有聲。吹破北窗千古夢，風
> 清。小鳥喧啾噪曉晴。

首句便吟詠蘇秦提出合縱抗秦，六國拜相之功績，然劉秉忠並非藉此暢談自己的雄心壯志，而是反用蘇秦認為有田二頃，必無法致相，故散金以賜親友之典故，認為二頃田園即可謀生，不須執著於將相。下片便歌詠陶淵明過著縱情樽酒、清賞竹菊之悠遊，欣羨之情溢於言表，怎奈清風「吹破北窗千古夢」，只徒留「小鳥喧啾噪曉晴」，雖隻字未提「愁」字，但由上下片之鋪陳，可知劉秉忠此刻必定惆悵難當。不同於前一闋單純描繪的手法，此闋詞先出現蘇秦「六印纍纍拜上卿」之幻境，再出現陶淵明隱居生活的夢境，兩相比較下，劉秉忠仍舊選擇後者，顯見其盼望歸居之切。

　　劉秉忠詠史詞乃以歷史人物事件為題材，藉以表達自己的情感抱負，或因之議論時局。其「敘事型」詠史詞以魯仲連、諸葛亮為歌詠對象，二闋詞雖盡是描述評論該人物之史事行蹟，但劉秉忠於眾多史事中，僅選擇此二人來吟誦，不也想藉此表明自己想「拯危當世，覺民斯道」，一旦「功就便抽身」，視「富貴若浮雲」之心跡？其「抒懷型」詠史詞除了〈木蘭花慢〉（望乾坤浩蕩），藉漢鼎、唐基之功業，來抒發自己欲「復上古淳風」之大志外，其餘詞作多以感慨為主要基調。如：藉屈原至死仍不受楚君信任，昔日燕昭王招攬

〔註 35〕李元洛《詩美學》，台北：三民書局，1990 年，頁 396。

賢才的黃金臺，如今已爲荒草埋沒，說明古來英才多沉埋；藉漢代典刑、晉朝人物，最末終成歷史記憶，逐漸消失在人們的腦海，興發「功名渾瑣瑣，今古兩悠悠」之慨嘆；藉「太白詩成對酒，仲宣賦就登樓」，證明「思鄉懷古兩悠悠」，自己並非唯一；藉陶淵明閒臥北窗，「樂琴書雅意」的隱居生活，構築自己回歸山林的幻夢。因此，從劉秉忠之詠史詞不但可知其塡詞嫻熟、學識豐富，更可探知其內心之想望。

三、酬　贈

　　文人習以詩文相互往來應和，因此酬贈詩詞屢見於各詩文集中。文人詞源於唐五代，以婉麗綺靡的齊梁宮體爲主，至北宋柳永，繼承流傳於民間通俗之敦煌詞風，製新聲慢曲，以俚俗淺近爲特色，與當時文人詞日趨淳雅之風有所差異，但也少見應和之體例。直到蘇軾倡導詩詞一理，凡可入詩的，亦以之入詞，於是詞之創作便多了酬贈寄贈的功能。王國維《人間詞話》：「詩至唐中葉以後，殆爲羔雁之具矣。故五代北宋之詩，佳者絕少，而詞則爲其極盛時代。即詩詞兼擅如永叔少游者，詞勝於詩遠甚。以其寫之於詩者，不若寫之於詞者之眞也。至南宋以後，詞亦爲羔雁之具，而詞亦替矣。」〔註36〕金元北方文人普遍接受蘇軾以詩爲詞之詞學觀念，故而詞被廣泛運用在慶賀、弔唁、餞別、題贈，作爲文人間交際應酬的工具。如蔡松年、李俊明、元好問、段克己、段成己、白樸、王惲、張之翰、劉敏中、張翥等，所作之贈酬詞皆超過一成，其中李俊明及劉敏中之酬贈詞更達到五成以上。〔註37〕

　　而劉秉忠八十二闋詞，卻只得一闋酬贈詞：

　　　　衣冠零落暮春花。飄捲滿天涯。好把中原麟鳳，網來祥瑞皇家。

　　　　　白雲丹嶂，清泉綠樹，幾換年華。認取隨時達節，莫教繫定

〔註36〕王國維《人間詞話》，收錄於唐圭璋《詞話叢編》，北京，中華書局，1986年，頁4253。

〔註37〕本數據乃參考李向軍《劉秉忠藏春詞研究》第二十八頁「金元重要詞人酬賀寄贈之作比例比較表」，再加入蔡松年、張之翰、張翥等，重新審查統計所得。金元重要詞人之贈酬詞闋數爲：蔡松年八十五闋詞中約有二十九闋，李俊明六十九闋詞中約有四十五闋，元好問三百七十四闋詞中約有六十八闋，段克己六十七闋詞中約有二十四闋，段成己六十三闋詞中約有二十八闋，白樸一百零四闋詞中約有三十二闋，王惲二百四十四闋詞中約有一百二十七闋，張之翰六十九闋詞中約有二十二闋，劉敏中一百四十九闋詞中約有八十二闋，張翥一百三十三闋詞中約有二十三闋。

　　　　飽瓜。〈朝中措之一・贈平章仲一〉

此爲劉秉忠酬贈張易（字仲一）之詞。首句告訴張易名門世族、能人異士如
「暮春花」般紛散零落到各處，希望他能將「中原麟鳳」，網羅到朝廷來，爲
國家效力；下片接著勉勵張易無須理會時日變遷，以薦舉人才爲己任，務使
賢才爲世所用，整闋詞充滿劉秉忠對張易的期待。倘若將詞序隱去，單從內
容來看，薦舉人才不也是劉秉忠對自己的期待？通篇用語措辭毫無戲謔、酬
唱之口吻，有別於其他酬贈詞，因此可將它視爲一闋言志之作。

　　其實，劉秉忠也是有專爲應和酬酢的作品，如〈江上寄別〉、〈答崔夢臣〉、
〈寄馮世昌三首〉、〈呈全一庵主〉、〈呈南庵友人〉、〈途中寄張平章仲一〉、〈呈
焦尚書仲益〉、〈寄津長老〉、〈歲暮有懷寄仲脩宗舊三首〉、〈寄友人四首〉、〈答
友人留飮〉、〈勸友人酒〉、〈爲友人解嘲〉、〈因張平章就對東坡海棠詩二首遂
賦一首〉、〈戲宋義甫〉、〈桓州寄鄉中友人〉、〈春日寄友二首〉、〈二月寄鄉友〉、
〈寄友〉、〈答隘客〉、〈答鄉友〉、〈慶王承旨愼獨八袟之壽〉、〈遣懷寄顏仲復
二首〉、〈大理途中寄竇侍講先生二首〉、〈寄張平章仲一〉、〈寄友弟〉、〈贈棲
雲王眞人〉、〈贈藁城董萬戶〉、〈贈完顏伯誠甫〉、〈爲宋義甫言書三首〉、〈送
竇先生因所借陶詩爲贐〉、〈爲大覺中言詩四首〉、〈寄中山乾明寺主〉、〈寄長
安友人〉、〈寄溫子玉〉等，然此五十餘首創作都是詩，而不是詞。由此可知，
劉秉忠雖與其他金元詞人一樣，受到北宗詞風的影響，〔註38〕凡耳目之所接，
可入詩之內容皆可入詞，但與其他詞人不同的是劉秉忠認爲詞不可淪爲羔雁
應制之具。〔註39〕儘管詩詞一理，但詩可爲者，並不表示詞亦可爲之，足見
他對詞體的堅持。

四、詠　懷

　　詠懷詞乃《藏春樂府》最主要的內容，其抒發之情志可分爲有志難伸、
羈旅思鄉、別離懷友三種，茲分述如下：

（一）有志難伸

　　歷來儒家「士不可不弘毅，任重而道遠」的使命感，不時地驅使著文人
修持身性、涵養學識，期望有朝能躋身政治核心，爲世所用，肩負起匡世濟

〔註38〕北宗詞說詳見趙維江《金元詞論稿》，北京：中國社會科學出版社，2000年。
〔註39〕劉秉忠以詩之題材入詞之情形，及其詞不爲羔雁之具的說法，參見李向軍《劉
　　　　秉忠藏春詞研究》，同註30，頁21～25、28。

民的重責。然而，時勢政局的險惡，往往超乎滿懷理想的文人的想像，進退失據所產生的困擾排山倒海而來，若毅然捨去，隱遁山林，又與儒家得君行道之精神相違，但若堅守朝中，則又必須自我壓抑，痛苦難當。劉秉忠詠懷詞所充斥的，就是這種在歸隱及用世間掙扎的悲美情感。

劉秉忠曾與一般的知識份子相同，期待自己能一展抱負，建立一番功業：

> 布衣藍縷曳無裾。十載苦看書。別有照人光彩，驪龍吐出明珠。　　天人學業，風雲氣象，可困泥塗。隨著傅巖霖雨，大家濟潤焦枯。〈朝中措之二·書懷〉

認爲自己出身寒微，唯有靠著勤奮苦讀，才能如驪龍吐珠般「別有照人光彩」；又認爲有朝風雲際會，其才德必得人欣賞，絕不會長久困於泥塗之中。後更舉傅說爲例，指出傅說本來被褐帶索，築版於傅巖，後受武丁重用，舉以爲三公，接天下之政，治天下之民，在在說明自己若具備能力，終能如傅說一樣成功立業，恩澤於民。劉秉忠奔父喪還鄉時，曾作〈丁未始還邢臺〉詩：「昔年林下閒爲貴，今日鄉中貴是閒。布衲藍衫人調笑，如何不著錦衣還。」他藉著鄉人調笑他爲何不著錦衣還，隱晦地道出自己極想褪下布衲藍衫，得上位者重用。「澤民」是劉秉忠心中最崇高的理想，而「得君」則是實現「澤民」最好、最快的方法。儘管劉秉忠後來披剃爲僧，但由於他對於人世間的關懷依舊濃厚，因此「得君行道」、「鬚頭能不愧朝班」〔註40〕就成了他的人生重心。

儘管胸中滿懷安民治國的大志，然天始終不從人願，對於忽必烈來說，劉秉忠只不過是個可以諮詢治天下之大經、養萬民之良法的「國師」罷了。因此，劉秉忠之詞作常在顯露其不得志之情：

> 青山憔悴瑣寒雲。站路上、最傷神。破帽鬢沾塵。更誰是、陽關故人。　　頹波世道，浮雲交態，一日一番新。無地覓松筠。看青草、紅芳鬪春。〈太常引之三〉

將自己不遇之感投射到青山、白雲等毫無情感的事物上，並以「破帽鬢沾塵」，與友久別，孤寂萬分，歷盡滄桑的模樣，表達詞人此刻之憔悴鬱結。下片劉秉忠隨即交代了自己所以傷神頹喪，乃是由於「無地覓松筠」，舉目不見堅毅

〔註40〕節錄自劉秉忠〈桓撫道中〉：「老煙蒼色北風寒，驛馬趲程不敢閒。一寸丹心塵土裏，兩年塵迹撫桓間。曉看太白配殘月，暮送孤雲還故山。要趁新春賀正去，鬚頭能不愧朝班。」

貞正之人，深慨「頹波世道，浮雲交態，一日一番新」。況周頤對此表示：「〈太
常引〉：『無地覓松筠。看青草、紅芳鬭春。』藏春佐命新朝，運籌帷帳，致
位樞衡，乃復作此等感慨語，何也？」〔註41〕顯然認爲「無地覓松筠。看青
草、紅芳鬭春」此類概歎，不應出自深受上位者倚重的劉秉忠之口，殊不知
其追隨忽必烈二十餘年，卻未得任何名分，心中徬徨無助是一定會有的。正
所謂「名不正，則言不順；言不順，則事不成」，〔註42〕劉秉忠深受儒家思想
影響，必深諳「名正言順」之重要，因此在未正名之前，他也只能在一旁「看
青草、紅芳鬭春」，盡可能調適自己跳脫世情，當個自適的旁觀者。然而，扮
演旁觀者並不如想像中容易，因此架構完美的隱居生活，企圖以此說服自己
早日歸隱山林，就變成劉秉忠跳脫現實的主要方式：

> 桃花流水鱖魚肥。青篛笠、綠簑衣。風雨不須歸。管甚做、人間是
> 非。　　兩肩雲衲，一枝筇杖，盡日可忘機。之子欲何爲。快去來、
> 山猿怪遲。〈太常引之四〉

> 翠微掩映農家住。水滿玉溪花滿樹。青山隨我入門來，黃鳥背人穿
> 竹去。　　煙霞隔斷紅塵路。試問功名知此趣。一壺春酒醉春風，
> 便是太平無事處。〈玉樓春之二〉

〈太常引〉首句就化用張志和〈漁父〉：「西塞山前白鷺飛，桃花流水鱖魚肥。
青篛笠，綠簑衣。斜風細雨不須歸。」〔註43〕勾勒出悠閒自在、淡泊寧靜的
隱逸生活，並藉此催促自己盡早遠離塵俗是非，閒伴「鷗鷺忘機」。〔註44〕
〈玉樓春〉則是在腦海中描繪農村「水滿玉溪花滿樹」、青山隨我行、幽鳥
穿竹去等清幽美好之景象，並指出這種與世隔絕之樂趣是追求功名者無法領
略的，藉以勸說自己及時捨棄功名，始得逍遙自在。但劉秉忠終究還是沒有

〔註41〕況周頤《蕙風詞話輯注》，南昌：江西人民出版社，2000年，頁140。
〔註42〕摘自《論語・第十三卷・子路》：「子路曰：『若衛君待子而爲政，子將奚先？』
　　　　子曰：『必也正名乎！』子路曰：『有是哉，子之迂也！奚其正？』子曰：『野
　　　　哉，由也！君子於其所不知，蓋闕如也。名不正，則言不順；言不順，則事
　　　　不成；事不成，則禮樂不興；禮樂不興，則刑罰不中；刑罰不中，則民無所
　　　　措手足。故君子名之必可言也，言之必可行也。君子於其言，無所苟而已矣！』」
　　　　收錄於阮元《十三經注疏》，台北：藝文印書館，1976年，頁115。
〔註43〕張志和〈漁父〉，見《全唐詩》，北京：中華書局，1960年，頁3491。
〔註44〕除了這闋〈太常引〉外，秉忠〈清平樂〉：「漁舟橫渡。雲淡西山暮。岸草汀
　　　　花誰作主。狼籍一江秋雨。　　隨身篛笠簑衣。斜風細雨休歸。自任飛來飛
　　　　去，伴他鷗鷺忘機。」亦化用張志和〈漁父〉，表現清靜悠遊的山林生活。

離去，因此每逢煩悶至極之時，只能藉由飲酒、吟詩、讀書、看花、賞樂來
消除愁緒：

> 圖富貴，論功名。我無能。一壺春酒，數首新詩，實訴衷情。〈訴衷
> 情〉下片

> 白日無停，青山有暮。功名兩字將人誤。褊懷先著酒澆開，放心又
> 被書收住。〈踏莎行之一〉上片

> 花滿樽前酒滿卮。不開笑口是癡兒。山林鐘鼎都休問，且聽雙蛾合
> 一詞。〈鷓鴣天之三〉上片

在〈訴衷情〉詞中，劉秉忠直接道出自己奮力求取功名，卻無法獲得的無力
感，而此種的情衷與牢騷，唯有藉著「一壺春酒」、「數首新詩」才能盡數吐
露。可見詩酒隱然成爲劉秉忠訴說有志難伸的管道。〈踏莎行〉則說明自己隨
著時光流轉，轉眼已是暮年，並指出「功名兩字」誤人至深，若能拋開俗事，
不執著於功名，飲酒解懷，悠遊於書中的世界，必定別有一番閒情幽趣。於
〈鷓鴣天〉詞中更指出「花滿樽」、「酒滿卮」、「聽雙蛾合一詞」，便可以忘卻
「山林鐘鼎」的痛苦抉擇。又〈望月婆羅門引〉亦云：

> 年來懶看，古今文字紙千張。酒中悟得天常。閒殺堦前好月，不肯
> 照西廂。任昏昏一醉，石枕藤牀。　　名途利場，物與我、兩相忘。
> 目斷霜天鴻雁，沙漠牛羊。一庭秋草，教粉蝶黃蜂自任忙。花老也、
> 尚有餘香。〈望月婆羅門引之二〉

向來以博覽群書，作爲行道澤民之基礎的劉秉忠，起句即表明近來懶看古今
典籍，因爲他發現從古今典籍中所領悟的「道」，根本沒有用武之地，更以「明
月不肯照西廂」比喻君主不能知人用賢，隱晦表達其不遇之慨歎，唯求一醉，
不理俗事，閒看「霜天鴻雁，沙漠牛羊」，務求達到「物與我、兩相忘」之泰
然。但是以福澤百姓爲己任的儒士思考模式，又將劉秉忠再一次拉回現實，
朝廷充斥著唯利是圖的投機客，怎教他捨得下？就如同墮入凡間，沾染到俗
世塵埃的「青鸞客」般，再也無法回到「紅雨斜斜作陣，綠雲碎碎成堆」的
仙界。〔註45〕因此，劉秉忠末句便以「花老也、尚有餘香」作結，表明自己
人雖老去，但淑世濟民之志節仍不改易。

〔註45〕 參見劉秉忠〈江月晃重山之四〉：「紅雨斜斜作陣，綠雲碎碎成堆。武陵溪口
　　　　幾人迷。桃花水，流入不流迴。　　夏日薰風殿閣，秋宵寶月樓臺。仙凡境
　　　　界隔塵埃。青鸞客，歸去又歸來。」

一開始奮力追求功名，滿心希望有朝能功成身退；時日既久，開始無法適應官場生態，興起隱逸之思，然最終又因拯危扶傾之心願未了，割捨不下而作罷。這些心理轉折不斷地在劉秉忠詞作中出現，不僅透露作者有志難伸的惆悵，還展現出劉秉忠對於弘道理想的堅持。

（二）羈旅思鄉

劉秉忠長年隨侍忽必烈左右，為之出謀獻策，除了於定宗元年（西元 1246 年）至定宗三年（西元 1248 年）這段期間，乞歸家鄉邢州奔父喪外，其餘三十多年的日子，劉秉忠都在和林與開平間奔走。長期羈旅異地，再加上仕途的不順遂，常引發劉秉忠思鄉之情，如〈臨江仙〉：

> 滿路紅塵飛不去，春風弄我華顛。故園桃李酒樽前。賞心逢美景，此事古難全。　　若智若癡人總笑，夕陽空裊吟鞭。馬頭山色翠相連。不知山下客，何日是歸年。〈臨江仙之二〉

直述眼前滿路盡是「紅塵」，說明了作者無法擺脫塵俗的紛擾，在這種情形下，「春風」的不解愁，只是一逕地吹弄自己的白髮，令自己更加苦悶。於是，劉秉忠試圖憶起過往與友同賞美景、飲宴共醉之歡樂，欲藉此抹去不快的情緒，然而兩相對照下，反令自己不勝唏噓，大嘆「此事古難全」。而此種藉著回憶偷歡片刻的方式，只是徒留空虛寂寞罷了，故作者末句則自問道：「不知山下客，何日是歸年？」話語間表露出不知何時才能歸家之感慨。

劉秉忠在朝中走動，歌舞筵席是避免不了的。然歡愉之後所興起的鄉愁，卻常讓他輾轉難眠：

> 彩雲盤結。何處歌聲噎。歌罷彩雲歸絳闕。掉下堦前明月。　　月華千古分明。照人一似無情。不道天涯離客。夢回愁對三更。〈清平樂〉

劉秉忠首句使用「彩雲盤結」四字，營造歌舞精彩、滿座歡欣的盛況。然而，就在這個場合裡，卻依稀聽見不知從何而來的悲噎歌聲。於下片的敘述中可推知，「歌聲噎」的幻覺，乃由於劉秉忠心懷鄉愁而產生的。當曲終人散之後，只剩「堦前明月」伴隨，不僅與先前的熱鬧愉悅形成強烈的對比，更製造出形單影隻的孤寂情境。古人常以明月寄相思，如盧照鄰〈關山月〉：「相思在萬里，明月正孤懸。」劉長卿〈松江獨宿〉：「洞庭初下葉，孤客不勝愁。明月天涯夜，青山江上秋。」孟浩然〈途中遇晴〉：「今宵有明月，鄉思遠悽悽。」

〔註46〕月華千古明，照人似無情，孤單寂靜的月夜，令劉秉忠忍不住思念起在遠方的家鄉，因而無法成眠。詞中對於始終陪伴著自己的明月，劉秉忠不但不心存感激，反而充滿怨懟，乃因其客愁之切，又無處抒發，故而只能牽怒無法反駁的明月，以解胸中之抑鬱。

除了周遭之情景易引起劉秉忠之鄉愁外，不得志也是觸發其思鄉之情的主要因素：

> 念我行藏有命，煙水無涯。嗟去雁，羨歸鴉。半生人累影，一事鬢生華。東山客，西蜀道，且還家。　　壺中日月，洞裏煙霞。春不老，景長嘉。功名眉上鎖，富貴眼前花。三杯酒，一覺睡，一甌茶。
> 〈三奠子〉

長時間的不得志，使得劉秉忠不禁感嘆一生行止皆由命定，而天命就像「煙水無涯」般難以掌握。又劉秉忠將其情置入雁鴉之中，故而他會因雁子離鄉遠去而感傷哀痛，鴉鳥能回故里而心生羨慕。回首省視自己，半生為事業功名奔波，如今鬢已生華，仍舊一事無成，不如早日歸家。劉秉忠於此運用「東山客」謝安的典故，提醒自己儘管歸鄉之路猶如「西蜀道」難行，還是得及早回去，以免自己與謝安一樣，直到病衰，仍未退還。〔註47〕下片緊接著描述家鄉「春不老，景長嘉」，如同世外仙境般清幽，而功名富貴只不過是「眉上鎖」、「眼前花」，就像過眼雲煙，執著只會讓自己煩憂，何妨放開懷抱，歸隱故園，過著「三杯酒，一覺睡，一甌茶」的自適生活？

李白〈春夜洛城聞笛〉：「誰家玉笛暗飛聲，散入春風滿洛城。此夜曲中聞折柳，何人不起故園情。」〔註48〕鄰家夜笛聲往往會讓遊子興起故園情：

> 杜宇聲中去住，蝸牛角上輸贏。金甌名字儘人爭。秋鴻影，湖水鏡般明。　　楊柳煙凝露重，蓮花月冷風清。萬年枝穩鵲休驚。鄰家笛，夜夜故園情。〈江月晃重山之二〉

從詞中不見慨嘆有志難伸之語，推知此詞可能作於至元元年，劉秉忠還俗位

〔註46〕見《全唐詩》，同註43，頁512、1510、1653。
〔註47〕秉忠常運用謝安典故警惕自己及早還家，如〈小重山之一〉：「詩酒休驚誤一生。黃塵南北路、幾功名。枝頭烏鵲夢頻驚。西州月、夜夜照人明。　　枕上數寒更。西風殘漏滴、兩三聲。客中新感故園情。音書斷、天曉雁孤鳴。」〈南鄉子之三〉：「憔悴寄西州。賦得登樓懶上樓。魂夢不知關塞遠，悠悠。疏雨梧桐客裏秋。」
〔註48〕同註43，頁1877。

太保之後。杜宇，即杜鵑，《花木鳥獸集類》：「異物志：杜鵑聲似不如歸去，
一名杜宇，一名望帝，一名子規。」〔註49〕故古來文人多以之興發歸去之情，
劉秉忠起句便用「杜宇聲中去住」，說明他常在仕與隱中擺盪徘徊、不知所措，
更藉《莊子‧則陽》蝸牛角上兩國戰爭，來諷諭歷來的爭端，都源於太過在
意名位、輸贏。緊接著表示自己只要保持「湖水鏡般明」之心，不須同旁人
去爭取功名。下片則先描摹清秋風涼露重之景象，烘襯自己客遊異地之淒涼，
再指出國家局勢如同「萬年枝」般穩固，已是歸隱時機，而「鄰家笛」夜夜
吹起，似乎也在力勸自己及早還家。由此舉可知劉秉忠是位「功就便抽身」，
視「富貴若浮雲」的江湖散人。

方東樹《昭昧詹言》云：「涉世險艱，故願還故鄉。故鄉者，本性同原之
善也。經疢疾憂患危難懼而後知悔，古人無不從此過而能成德者也。」〔註50〕
在離鄉背井的遊子眼裡，家鄉是最佳的避風港，因此在文人當遭到挫敗時，
往往會興發還家懷鄉的念頭。若能克服困頓挫折，奮力堅持，必能有所成，
劉秉忠就是一個很好的例子。

（三）別離懷友

江淹〈別賦〉：「黯然銷魂者，唯別而已矣！況秦、吳兮絕國，復燕、趙
兮千里。或春苔兮始生，乍秋風兮暫起。是以行子腸斷，百感淒惻。」〔註51〕
古時交通不便，道路崎嶇，一去經年，生死茫茫，幽邈難會。因此，自古別
離的作品多半以哀怨愁苦之情感為主。劉秉忠抒懷詞中有不少別離後抒發相
思的「敘別」之作，〔註52〕如其從征滇鄂時所作的〈小重山〉：

> 雲去風來雨乍晴。斷煙分遠樹、夕陽明。夕陽無處雁斜橫。山重疊、
> 山外更人行。　　千古短長亭。別離渾是苦、奈西征。欲憑雙鯉寄

〔註49〕見吳寶芝《花木鳥獸集類‧卷中》，臺北：商務印書館，1971年，頁19。

〔註50〕見方東樹《昭昧詹言‧卷二》，論〈步出城東門〉「我欲渡河水」句，台北：
漢京文化事業有限公司，1985年，頁62。

〔註51〕江淹〈別賦〉，見蕭統編《六臣注文選‧卷十六》，同註23，頁305。

〔註52〕「敘別」的說法，乃參考蔡玲婉《盛唐送別詩研究》，國立高雄師範大學國文學
系博士論文，2001年。蔡玲婉於第一章對「送別詩」的定義中便提到：「嚴羽在
《滄浪詩話‧詩評》中指出：『唐人好詩，多是征戍、遷謫、行旅、離別之作，
往往能感動激發人意。』以『離別』定詩類，似由此而來。……從類名考察，『離
別詩』的範圍較寬泛，凡是以別離為主題，除了『送行』、『留別』外，還包括
別離後抒發相思的『敘別』之作。」將離別詩的範圍分為送行、留別、敘別，
而秉忠抒寫離情別意之詞都於別離之後，故取其「敘別」之說法。

幽情。東流水、幾日到襄城。〈小重山之二〉

陰雨始轉晴朗的天氣本應讓人有一掃陰霾的感動，怎奈眼前只見「斷煙分遠樹」、「夕陽無處雁斜橫」、「山外更人行」、「千古短長亭」，面對如此傷感的景致，又加上路途遙遠，書信往來不易，令劉秉忠不禁興起「別離渾是苦、奈西征」〔註53〕之嘆。詞中先用「斷」、「分」二字，帶出黃昏雁歸、行人遠去的黯然情景，再描述自己不欲別離，卻又無可奈何的苦痛，運用「興」之手法，藉景以引其情，幽約地表達心中之離情。又如：

碧水東流，白雲西去。旌旗捲盡西山雨。淡煙寒露月黃昏，傷懷又似別來處。　　雙眼增明，青山如故。故人怪我來何暮。征鼙聲震五更風，夢魂驚散無蹤緒。〈踏莎行之二〉

此詞上片，不僅以眼前之景色開頭，且其所選之景，如「水」、「雲」、「雨」、「煙」、「山」、「黃昏」，也與〈小重山〉有九成相仿。然而，二者的下片作法卻完全相異。〈小重山〉末句「東流水、幾日到襄城」，除了用以埋怨流水無法即時寄相思外，更抒發其憂怨愁思如流水般綿延不絕；〈踏莎行〉則冥想自己見到故人，爲了增加眞實感，劉秉忠連故人責怪他的言語都一併錄下，但如此美好的幻想，卻「征鼙聲震五更風」給驚破，而無影無蹤。將愁極而樂至，樂極而悲來的心理歷程完整地表達出來，更顯得悽涼。

除了藉景引情外，劉秉忠抒寫離情別意也不乏直抒胸臆之作：

同是天涯流落客，君還先到襄城。雲南關險夢猶驚。記曾明月底，高枕遠江聲。　　年去年來人漸老，不堪苦思功名。傾開懷抱酒多情。幾時同一醉，揮手謝公卿。〈臨江仙之一〉

一開始便直言彼此「同是天涯流落客」，但君卻先我一步回到襄城，言語間隱微透露埋怨之意。形單影隻的日子，不免讓劉秉忠想起征伐雲南的可怖記憶。相對於詞一語帶過，劉秉忠之詩作對隨征雲南艱險情形的描述相對較多，如：

鞍馬生平四遠遊，又經絕域入蠻陬。荒寒風土人皆愴，險惡關山鳥亦愁。天地春秋幾蒼雁，江湖今古一扁舟。功名到底花梢露，何事區區不自由。〈西蕃道中〉

稠林夾路冠依違，彪騎單行壓眾威。重勸小心防暗箭，深知老將識兵機。風號日落江聲遠，山鎖寒煙樹葉稀。鸚鵡喧啾似鴉雀，百千

〔註53〕據《元史‧卷一百五十七‧劉秉忠傳》載：「癸丑，從世祖征大理。明年，征雲南。……己未，從伐宋。」劉秉忠曾隨軍西征，此闋詞應作於當時。

都作一群飛。〈烏蠻道中〉

華夷圖始豈虛傳，經過分明在目前。日月照開諸國土，乾坤包著幾山川。曾聞仙闕多官府，足信人寰有洞天。萬木歲寒青不落，喬松古柏想長年。〈烏蠻〉

脊背滄江面對山，兵踰北險更無難。投亡置死雖能勝，履薄臨深未敢安。赳赳一夫當入路，蕭蕭萬馬倒征鞍。已升盧邑如平地，應下諸蠻似激湍。〈過白蠻〉

半生鞍馬苦勞形，鬢影難求曉鏡青。萬里又征南詔國，九霄還識老人星。直將日月鎖書帙，更假雲山作畫屏。滿地干戈雖有酒，不能長醉似劉伶。〈南詔〉〔註54〕

從其詩可知，雲南之行著實讓劉秉忠「履薄臨深未敢安」。但是，當時畢竟還有友人一同於「明月底」，一起「高枕」靜聽「遠江聲」，而如今卻只剩自己一人，其哀愁之甚，不言而喻。接著細想，彼此分隔兩地，不也是因為自己「苦思功名」之故？因此，「揮手謝公卿」便成了盡早與友相聚的好方法，但「幾時」二字卻又透露了劉秉忠此刻仍放不下「得君行道」的理想。可以預料的，與友人分別的離愁，將因劉秉忠的猶豫，仍會不斷地湧上其心頭。

劉秉忠也會藉酒意縹緲之際，幻想回到故地與友相聚：

曉起清愁酒盞空。清愁緣底事、別離中。登臨無地與君同。青山色、山外更重重。　落盡海棠紅。薔薇新破蕚、露華濃。牡丹芳信一簾風。尋幽夢、曾到小園東。〈小重山之三〉

上片即點明「曉起清愁酒盞空」的原因，乃是由於「別離中」。因為別離，所以無法登臨與君同，而獨自遠眺青山，又發現「山外更重重」，與故人之距離竟是如此遙遠，更讓劉秉忠黯然銷魂。既然此刻無法歸還，於是劉秉忠讓自己醉倒，企求能「尋幽夢」至「小園東」和故人相見。

張炎《詞源》云：「矧情至於離，則哀怨必至。」〔註55〕離別令人黯然神傷，自古而然。於劉秉忠別離懷友的詞作中，也常出現與故友別離，無法相見，因而輾轉難眠，哀怨嘆息之情形。又沈祥龍《論詞隨筆》云：「章法貴渾

〔註54〕〈西蕃道中〉、〈烏蠻道中〉、〈烏蠻〉、〈過白蠻〉、〈南詔〉，見商挺編《藏春詩集・卷一》，同註25，頁178。

〔註55〕張炎《詞源》，同註36，頁264。

成，又貴變化。」〔註56〕劉秉忠作別離懷友之詞，或藉景引情，抒發別意，或因夢而喜，喜極而悲，或不著景物，直寫懷抱，或藉酒幻想，與友同歡。綜合言之，劉秉忠各闋別離詞所表達的情感雖無二致，但詞作之章法卻不因同抒離愁而相似，由此可知其填詞功力之精熟，又不薄詞為小道之態度。

第二節　風　格

曹丕《典論‧論文》中即提到：「文以氣為主，氣之清濁有體，不可力強而致。譬諸音樂，曲度雖均，節奏同檢，至於引氣不齊，巧拙有素，雖在父兄，不能以移子弟。」〔註57〕劉勰於《文心雕龍》更進一步指出曹丕之所以論孔融「體氣高妙」，乃是因為其秉性剛強、意氣駿爽，作品故能文采飛動、筆墨昂揚〔註58〕；論徐幹，因其為人恬淡優柔，性近舒緩，乃言其時常有齊地舒緩高逸的特色〔註59〕；評劉楨，則云其有俊逸奔放的風格。〔註60〕正因每位文人的政治背景、生活環境、學術信仰、性格想法不同，故所形成的寫作模式及作品風格自然也會有所差異。身處在金元之際的劉秉忠，其詞作當然也有屬於自己的風格。筆者將《藏春樂府》八十二闋詞作內容作全面性的歸納分析，得其風格有三，分別為「陶寫情性，蕭散閑淡」、「造句用語，含蓄蘊藉」、「善用典故，抒發懷抱」。茲分述如下：

一、陶寫情性，蕭散閑淡

〔註56〕沈祥龍《論詞隨筆》，同註36，頁4049。
〔註57〕曹丕《典論‧論文》，見張溥輯評；宋效永校點《三曹集》，長沙：岳麓書社，1992年，頁178。
〔註58〕曹丕《典論‧論文》：「孔融體氣高妙，有過人者，然不能持論，理不勝辭。」劉勰亦同意此種論點，並於〈章表〉言：「文舉之薦禰衡，氣揚采飛。」於〈才略〉又論：「孔融氣盛於為筆。」皆是說明孔融意氣昂揚，文采飛動。〈章表〉、〈才略〉所言，見范文瀾注《文心雕龍》，同註2，頁407、699。
〔註59〕徐幹，北海劇縣（今山東昌樂縣西）人，故有齊氣。《典論‧論文》：「王粲長於辭賦，徐幹時有齊氣，然粲之匹也。」李善注：「言齊俗文體舒緩，而徐幹亦有斯累。」文帝〈又與吳質書〉亦評：「偉長獨懷文抱質，恬淡寡欲，有箕山之志，可謂彬彬君子矣。」（見張溥輯評；宋效永校點《三曹集》，同註57，頁178、162。）
〔註60〕劉勰在《文心雕龍‧體性》中也表示：「公幹氣褊，故言壯而情駭。」言劉楨性格偏激強毅，所以作品往往言辭雄壯而情思驚人。見范文瀾注《文心雕龍》，同註2，頁506。

　　《元史》曾評論劉秉忠及其詩作云：「秉忠自幼好學，至老不衰，雖位極人臣，而齋居蔬食，終日澹然，不異平昔。自號藏春散人。每以吟詠自適，其詩蕭散閑淡，類其爲人。」其實，不僅其詩，其詞作亦呈現蕭散閑淡的風格。

　　從詞作內容之分析，可知劉秉忠詞作多詠情性。如其詠物詞，乃透過花卉以抒情志；其詠史詞，則藉史事以發慨嘆；其酬贈詞，雖題爲贈答，但實以之寄懷抱；其詠懷詞，更是以抒懷爲基調，或發不遇之情，或興思鄉之愁，或抒別離之感。從其詞作內容之敘述鋪陳，可以發現劉秉忠詞作之情感興發都源於「功名」二字，而拯危扶傾、得君澤民則是其最大的想望。從詞句字面判讀，有時也可以發現劉秉忠因爲無法忘懷功名，而痛苦難耐，必須靠著花月歌酒自我催眠，方能紓解。但不同於傳統文士一生汲汲營營，以追求「功名」爲職志，「功名」之於劉秉忠，只是一件獲得「名正言順」的工具，得之我幸，不得我命。劉秉忠詞中表現感悟後的蕭散閑淡，可從二十二闋詞的內容得知：

序次	詞　牌	內　　　容
1	木蘭花慢	到閑人閑處，更何必、問窮通。但遣興哦詩，洗心觀易，散步攜筇。浮雲不堪攀慕，看長空澹澹沒孤鴻。今古漁樵話裏，江山水墨圖中。　　千年事業一朝空。春夢曉聞鐘。得史筆標名，雲臺畫像，多少成功。歸來富春山下，笑狂奴何事傲三公。塵事休隨夜雨，扁舟好待秋風。
2	風流子	書帙省淹留。人間事、一笑不須愁。紅日半窗，夢隨蝴蝶，碧雲千里，歸騾驊騮。酒杯裏、功名渾瑣瑣，今古兩悠悠。漢代典刑，蕭曹畫一，晉朝人物，王謝風流。　　冠蓋照神州。春風弄絲竹，勝處追遊。詩興筆搖牙管，字字銀鉤。遇美景良辰，尋芳上苑，賞心樂事，取醉南樓。好在五湖煙浪，誰識歸舟。
3	永遇樂	山谷家風，蕭閑情味，只君能識。會友論文，哦詩遣興，此樂誰消得。室中天地，目前今古，今日還明日。似南華、蝶夢醒來，秋雨數聲殘滴。　　詩書有味，功名應小，雲散碧空幽寂。北海洪罇，南山佳氣，清賞今猶昔。一天明月，幾行征雁，樓上有人橫笛。想醉中、八表神遊，不勞鳳翼。
4	望月婆羅門引	年來懶看，古今文字紙千張。酒中悟得天常。閑殺堦前好月，不肯照西廂。任昏昏一醉，石枕藤牀。　　名途利場，物與我、兩相忘。目斷霜天鴻雁，沙漠牛羊。一庭秋草，教粉蝶黃蜂自任忙。花老也、尚有餘香。
5	洞仙歌	倉陳五斗，價重珠千斛。陶令家貧苦無畜。倦折腰閭里、棄印歸來，門外柳，春至無言綠。　　山明水秀，清勝宜茅屋。二頃田園一生足。樂琴書雅意，無箇事，臥看北窗松竹。忽清風、吹夢破鴻荒，愛滿院秋香、數叢黃菊。

6	三奠子	念我行藏有命，煙水無涯。嗟去雁，羨歸鴉。半生人累影，一事鬢生華。東山客，西蜀道，且還家。　壺中日月，洞裏煙霞。春不老，景長嘉。功名眉上鎖，富貴眼前花。三杯酒，一覺睡，一甌茶。
7	玉樓春	翠微掩映農家住。水滿玉溪花滿樹。青山隨我入門來，黃鳥背人穿竹去。　煙霞隔斷紅塵路。試問功名知此趣。一壺春酒醉春風，便是太平無事處。
8	小重山	詩酒休驚誤一生。黃塵南北路、幾功名。枝頭烏鵲夢頻驚。西州月、夜夜照人明。　枕上數寒更。西風殘漏滴、兩三聲。客中新感故園情。音書斷、天曉雁孤鳴。
9	小重山	一片殘陽樹上明。百禽爭啅噪、雨初晴。西風鴻雁落沙汀。歸舟遠、漁笛兩三聲。　煙草逐人行。前山青未了、後山橫。山川人物鬪崢嶸。黃塵路、鞍馬笑平生。
10	江月晃重山	杜宇聲中去住，蝸牛角上輸贏。金甌名字儘人爭。秋鴻影，湖水鏡般明。　楊柳煙凝露重，蓮花月冷風清。萬年枝穩鵲休驚。鄰家笛，夜夜故園情。
11	江月晃重山	太白詩成對酒，仲宣賦就登樓。思鄉懷古兩悠悠。黃塵路，風雨鬢驚秋。　三島雲隨鶴馭，五湖月載歸舟。青山西塞水東流。功名好，歡伯笑人愁。
12	南鄉子	季子解縱橫。六印纍纍拜上卿。鳳鳥不來人漸老，謀生。二頃田園也易成。　樽酒醉淵明。菊有幽香竹有聲。吹破北窗千古夢，風清。小鳥喧啾噪曉晴。
13	鷓鴣天	酒酌花開對月明。醒中醉了醉中醒。無花無酒仍無月，愁殺耽詩杜少陵。　三品貴，一時名。眾人爭處不須爭。流行坎止何憂喜，笑泣窮途阮步兵。
14	鷓鴣天	柳映清溪漾玉流。火榴開罷芰荷秋。一聲漁笛煙波上，宜著簑翁泛小舟。　紅蓼岸，白蘋洲。閑鷗閑鷺更優游。斜陽影裏山偏好，獨倚闌干懶下樓。
15	太常引	長安三唱曉雞聲。誰不被、利名驚。攬鏡照星星。都老卻、當年後生。　山林蒼翠，江湖煙景，歸去沒人爭。休望濯塵纓。幾時得、滄浪水清。
16	太常引	衲衣藤杖是吾緣。好歸去、舊林泉。富貴任爭先。總不較、諸公著鞭。　雁飛汾水，鶴歸華表，人事又千年。滄海變桑田。誰知有、壺中洞天。
17	太常引	桃花流水鱖魚肥。青篛笠、綠簑衣。風雨不須歸。管甚做、人間是非。　兩肩雲衲，一枝節杖，盡日可忘機。之子欲何為。快去來、山猿怪遲。
18	太常引	當時六國怯強秦。使群策、日紛紛。談笑卻三軍。算自古、誰如此君。　一心忠義，滿懷冰雪，功就便抽身。富貴若浮雲。本是箇、江湖散人。

19	踏莎行	白日無停，青山有暮。功名兩字將人誤。襦懷先著酒澆開，放心又被書收住。　一味閑情，十分幽趣。夢哦芳草池塘句。東風吹徹滿城花，無人曾見春來處。
20	訴衷情	山河縈帶九州橫。深谷幾爲陵。千年萬年興廢，花月洛陽城。　圖富貴，論功名。我無能。一壺春酒，數首新詩，實訴衷情。
21	謁金門	醪雖薄。再四勸君無惡。杯到面前須飲卻。鶯啼花未落。　束置功名高閣。兩日三朝留酌。綠柳來年無可握。春情憑底託。
22	清平樂	漁舟橫渡。雲淡西山暮。岸草汀花誰作主。狼籍一江秋雨。　隨身篛笠簑衣。斜風細雨休歸。自任飛來飛去，伴他鷗鷺忘機。

　　詞中或詠古事，或不得志，或傷別離，或懷故鄉，都以淡泊功名富貴、嚮往蕭閑自適爲主旨。然而，劉秉忠摒棄功名、漠視富貴、崇尚自適，並非因仕途失意，心生怨懟，悲愴難當，故而自我放逐，而是盼望自己能從或仕或隱的矛盾情緒中超脫。此種想法與其「雖居左右，而猶不改舊服」，「位極人臣，而齋居蔬食」之釋子身分有關。《金剛經》：「應如是生清靜心，不應住色生心，不應住聲香味觸法生心，應無所住而生其心。」〔註61〕即是希望眾生能於得失紛擾的人世間保持清靜之心，劉秉忠詩也云：「士子行藏須達節，人生貴賤定由天。」〔註62〕又云：「新月看殘還舊月，今朝過了任明朝。」〔註63〕可知劉秉忠雖身陷塵俗紛擾，仍嚮往隨緣自適、無拘無執，「物與我，兩相忘」的精神自由。《藏春樂府》乃劉秉忠陶寫情性之作，因此超脫紅塵，雅意山水，蕭散閑淡，當然就成了其最具代表性的風格。

　　劉秉忠詞作內容具有蕭散閑淡之特色，除了其釋子的思考模式外，邵學的影響也是主要因素。

　　邵雍《擊壤集》自序云：「情有七，其要在二。二謂身也、時也。謂身，則一身之休戚也；謂時，則一時之否泰也。一身之休戚則不過貧富貴賤而已；一時之否泰則在夫興廢治亂者焉。是以仲尼刪詩，十去其九，諸侯千有餘，國風取十五，西周十有二，王雅取其六。蓋垂訓之道，善惡明著者存焉耳。近世詩人窮感則職於怨懟，榮達則專於淫泆，身之休感發於喜怒，時之否泰出於愛惡。殊不以天下大義而爲言者，故其詩大率溺於情好也。……不若以

<hr>

〔註61〕徐興無注譯《新譯金剛經》，臺北：三民書局，2006年，頁22。
〔註62〕劉秉忠〈答臨客〉，見商挺編《藏春詩集‧卷三》，同註25，頁190。
〔註63〕劉秉忠〈山居曉起〉，同註62，頁192。

道觀道，以性觀性，以心觀心，以身觀身，以物觀物，則雖欲相傷，其可得乎？」〔註64〕他認為孔子刪詩為垂訓之道，因此「善惡明著者存焉」，但同時也反對近世詩人以自身之喜怒愛惡為詩，將詩變成主觀評論世情的工具，故而提倡「以性觀性，以心觀心，以身觀身，以物觀物」，消除詩歌存善惡的功能和標準，對於現實採取超脫客觀的態度。劉秉忠學術多承邵雍之學，〔註65〕其性情及詞作亦深受影響，表現出不滯於物、蕭散閑淡的風格。這種風格從劉秉忠詞作之用典、造句、寫作模式都可以看得出來。

劉秉忠詞作往往引用與「隱逸」相關的典故，如〈木蘭花慢〉：

> 千年事業一朝空。春夢曉聞鐘。得史筆標名，雲臺畫像，多少成功。
> 歸來富春山下，笑狂奴何事傲三公。塵事休隨夜雨，扁舟好待秋風。
> 〈木蘭花慢之一〉下片

感嘆歷代功臣能名留千史，或得國君感念者少，並運用嚴光耕於富春山之典故，表達山水足平生之想法。又如〈三奠子〉：

> 壺中日月，洞裏煙霞。春不老，景長嘉。功名眉上鎖，富貴眼前花。
> 三杯酒，一覺睡，一甌茶。〈三奠子〉下片

表示功名富貴只是過眼雲煙，執著只會帶來煩憂，指出自己嚮往四季如春的壺中仙境，〔註66〕過著「三杯酒，一覺睡，一甌茶」，簡單悠閒，且無憂無慮的日子。又如〈洞仙歌〉：

> 山明水秀，清勝宜茅屋。二頃田園一生足。樂琴書雅意，無箇事，
> 臥看北窗松竹。〈洞仙歌〉下片

藉陶潛表達自己企盼忘懷世俗，平淡閒散，於「山明水秀」處築茅屋閒居。「二頃田園一生足」，說明劉秉忠之淡泊無求，「樂琴書雅意，無箇事，臥看北窗松竹」，則展現其自得其樂的悠閒。又如〈太常引〉：

> 一心忠義，滿懷冰雪，功就便抽身。富貴若浮雲。本是箇、江湖散
> 人。〈太常引之五·魯仲連〉下片

劉秉忠「輕富貴如浮雲，等功名於夢幻，曷嘗有一毫榮利之念動於心乎？」

〔註64〕 邵雍《擊壤集》，收錄於紀昀《文津閣四庫全書》第三六八冊，〈集部·別集類〉，北京：商務印書館，2005年，頁1。

〔註65〕 劉秉忠學術繼承邵雍之學的論述，可詳見尹紅霞《論劉秉忠的學術與文學》，河北師範大學碩士論文，2003年，頁9～17。

〔註66〕 「壺中日月」典出葛洪《神仙傳·壺公》，詳見下文「善用典故，抒發懷抱」中「壺中洞天」條，此處避重出，故不贅述。

〔註 67〕於是將魯仲連的形象與自己重合，吟詠成詞，藉以說明自己蕭散閑淡的心志。除了使用「隱逸」相關的典故，劉秉忠也常化用張志和〈漁父歌〉：

桃花流水鱖魚肥。青箬笠、綠蓑衣。風雨不須歸。管甚做、人間是
△△△△△△　　△△△　　△△△　　△△△△△

非。〈太常引之四〉上片

隨身箬笠蓑衣。斜風細雨休歸。自任飛來飛去，伴他鷗鷺忘機。
△△△△△△　　△△△△△△

〈清平樂之三〉下片

將「西塞山前白鷺飛，桃花流水鱖魚肥。青箬笠，綠蓑衣。斜風細雨不須歸」，重新鎔鑄爲新詞句，以抒寫其淡泊超脫，思歸慕隱的心境。

　　《藏春樂府》不僅多淡泊富貴功名之作，其八十二闋詞整體所呈現的情感亦偏蕭散閑淡。如〈江城子〉：

瓊華昔日賀新成。與蒼生。樂昇平。西望長山，東顧限滄溟。翠輦
不來人換世，天上月，自虛盈。　　樹分殘照水邊明。雨初晴。氣
還清。醉卻興亡，惟有酒多情。收取晉人腮上淚，千載後，幾新亭。

〈江城子之二·遊瓊華島〉

瓊華島即萬歲山，據《輟耕錄》載：「萬歲山，在大內西北太液池之陽，金人名瓊花島，中統三年修繕之。」〔註 68〕首句「瓊華昔日賀新成」，可知劉秉忠此闋詞寫於中統三年（西元 1962 年）之後。上片描繪「瓊華昔日賀新成」之景象，內容沒有政治文人之渲染歌頌，僅以「與蒼生，樂昇平」一語帶過。而詞人眼見長山滄溟之開闊氣象，卻反使其興起朝代更迭、時移勢易之嘆；末句更以「收取晉人腮上淚，千載後，幾新亭」，沉著地說明興亡本是必然，毋須過度執著。杜甫〈同李太守登歷下古城員外新亭亭對鵲湖〉：「新亭結構罷，隱見清湖陰。跡籍臺觀舊，氣溟海嶽深。圓荷想自昔，遺堞感至今。芳宴此時具，哀絲千古心。」〔註 69〕吳融〈過澠池書事〉：「相如忠烈千秋斷，二主英雄一夢歸。莫道新亭人對泣，異鄉殊代也霑衣。」〔註 70〕古來引用新亭對泣感懷興亡事，皆呈現悲切悽愴之情，但劉秉忠此詞雖即景話千古興亡，然心境卻始終平靜沖淡，乃因其性蕭散閑淡故也。其懷友詞〈浣溪沙〉也表

〔註 67〕姚樞〈神道碑銘〉，收錄於商挺編《藏春詩集·卷六》，同註 25，頁 229。
〔註 68〕陶宗儀《南村輟耕錄·卷一》，北京：中華書局，1997 年，頁 15。
〔註 69〕杜甫〈同李太守登歷下古城員外新亭亭對鵲湖〉，同註 43，頁 2253。
〔註 70〕吳融〈過澠池書事〉，同註 43，頁 7895。

現「以物觀物」之超然：

> 桃李無言一徑深。客愁春恨莫相尋。看花酌酒且開襟。　　白雪浩
> 歌真快意，朱絃未絕有知音。月明千里故人心。

歷來文人多因春日之花開花落，觸發其思鄉愁緒，劉秉忠反而認為於此刻當「看花酌酒且開襟」，因為其深信千里之外仍有知音人。春花之繁盛往往讓遊子更加煩悶，所謂「東風不為吹愁去，春日偏能惹恨長」，[註71] 但劉秉忠卻認為桃李本為無情物，盛開萎落乃自然定理，因此遊子不要以之為藉口而暗自悲傷。雖抒離情別意，卻以平穩的言語敘說「朱絃未絕有知音」，相當客觀理性。又如其思鄉詞〈南鄉子〉：

> 遊子繞天涯。才離蠻煙又塞沙。歲歲年年寒食裏，無家。尚惜飄零
> 看落花。　　閒客臥煙霞。應笑勞生鬢早華。驚破石泉槐火夢，啼
> 鴉。掃地焚香自煮茶。〈南鄉子之四〉

感嘆自己性喜悠閒「臥煙霞」，卻因為國奔波勞碌，到處漂泊，而今驀然回首，已過數十寒暑，鬢髮已蒼，如今仍舊子然一身，無家可歸。故而劉秉忠只能憑藉著「石泉槐火夢」以慰寂寥，但此夢卻慘遭啼鴉驚破，其失落無奈可以想像。然而，他卻以「掃地焚香自煮茶」作結，將本應悽苦無極的情緒，瞬間扭轉回寧靜淡然。可見在劉秉忠眼中「華屋山丘都是夢，且圖沈醉臥煙霞」。[註72] 其書寫人生聚散無常亦是蕭散閑淡：

> 斜陽暮。西風落葉關山路。關山路。歸鴻巢燕，笑人來去。　　我
> 歌一曲君聽取。人生聚散如今古。如今古。湘江秋水，渭川春樹。〈秦
> 樓月之二〉

不著任何主觀感情，運用「湘江秋水，渭川春樹」，指出山川景色本來就會隨著時序不斷變化，說明人生聚散無常，亦是自古不變的定理。

邵雍云：「所作不限聲律，不沿愛惡，不立固必，不希名譽，如鑑之應形，如鐘之應聲。其或經道之餘，因閒觀時，因靜照物，因時起志，因物寓言，因志發詠，因言成詩，因詠成聲，因詩成音，是故哀而未嘗傷，樂而未嘗淫。雖曰吟詠情性，曾何累於性情哉？」[註73] 而劉秉忠詞作所表現出來的風格，不正是這種不存愛惡、不希名譽、不滯於物的蕭散閑淡？

[註71] 賈至〈春思〉，同註43，頁 2597。
[註72] 劉秉忠〈山家〉，收錄於商挺編《藏春詩集‧卷一》，同註25，頁 175。
[註73] 邵雍《擊壤集》自序，同註64。

二、造句用語，含蓄蘊藉

鄧紹基於《元代文學史》以劉秉忠〈臨江仙〉（同是天涯流落客）為例，指出「劉秉忠詞偏於直露」，認為王鵬運言其詞「蘊藉而不流於側媚」，實為美溢之言。〔註 74〕然而，筆者認為此一說法仍待商榷。劉秉忠無論擇調、詞律、用韻方面，都可見其經營之用心，〔註 75〕又從其詞作絕少寄贈內容，而其詩則多應酬之語，可知其雖受「以詩為詞」之北宗詞風影響，但仍堅持詞乃緣情之作，不可為羔雁之具。這一切都在在顯示出劉秉忠「不薄塡詞為小道」之堅持，又怎會讓其詞因曲而俗化，致流於粗疏？

鄭騫〈詞曲的特質〉云：「詞是翩翩佳公子，曲則多少有點惡少氣味。」〔註 76〕指出詞與曲之語言風格差異，詞是淡雅、含蓄、蘊藉，曲則是直爽、戲謔、潑辣。元代是「曲」興盛的時期，詞難免也會受到曲的影響，導致意境輕淺、不夠含蓄的弊病。但綜觀劉秉忠之造句用語、抒發情志卻多委婉曲折、含蓄蘊藉。

劉秉忠常藉著夢境打破時間、距離的界線，婉曲地抒發懷友之情、歸鄉之意及山林之志。如：

> 曉起清愁酒盞空。清愁緣底事、別離中。登臨無地與君同。青山色、山外更重重。　　落盡海棠紅。薔薇新破萼、露華濃。牡丹芳信一簾風。尋幽夢、曾到小園東。〈小重山之三〉

末句「尋幽夢、曾到小園東」，對於自己是否於夢中見到友人，劉秉忠並未明說，但有機會能見到友人一解相思之期待與激動，卻可以預見。又如：

> 碧水東流，白雲西去。旌旗捲盡西山雨。淡煙寒露月黃昏，傷懷又似別來處。　　雙眼增明，青山如故。故人怪我來何暮。征鼙聲震五更風，夢魂驚散無蹤緒。〈踏莎行之二〉

運用「雙眼增明，青山如故」，營造出似幻似真的情境，一句「故人怪我來何暮」，更增加夢境真實感。然而，「征鼙聲震五更風，夢魂驚散無蹤緒」，詞句至此完結，之後完全沒有述說自己夢醒之後的情緒，但其餘韻實在言外。又如：

> 詩酒休驚誤一生。黃塵南北路、幾功名。枝頭烏鵲夢頻驚。西州月、

〔註 74〕參見鄧紹基《元代文學史》，北京：人民文學出版社，1991 年，頁 396。
〔註 75〕劉秉忠擇調、詞律、用韻之情形，詳見第五章。
〔註 76〕鄭騫〈詞曲的特質〉，見《景午叢編》，臺北：中華書局，1972 年，頁 59。

夜夜照人明。　　枕上數寒更。西風殘漏滴、兩三聲。客中新感故園情。音書斷、天曉雁孤鳴。〈小重山之一〉

夜來霜重。簾外寒風動。橫笛樓頭才一弄。驚破綠窗幽夢。　　起來情緒如何。開門月色猶多。照我如常如舊，更誰能似姮娥。〈清平樂之二〉

雍陶〈喜夢歸〉：「旅館歲闌頻有夢，分明最似此宵希。覺來莫道還無益，未得歸時且夢歸。」〔註 77〕在羈旅他鄉的日子裡，夜闌人靜、獨自一人的時刻最易引發鄉愁。因此「夢」就成了劉秉忠實現願望的媒介，在無法眞正實現身歸之時，便常藉由「夢」來歸返，以消解心中對家鄉的企盼與思念。此處的「烏鵲」、「橫笛」不再是單純的生物及樂音，而是象徵著阻礙自己歸家的原因，而「驚破」、「吹破」等字辭，更訴說著歸鄉美夢之虛無易逝、難以掌控。又如：

倉陳五斗，價重珠千斛。陶令家貧苦無畜。倦折腰閭里、棄印歸來，門外柳，春至無言綠。　　山明水秀，清勝宜茅屋。二頃田園一生足。樂琴書雅意，無箇事，臥看北窗松竹。忽清風、吹夢破鴻荒，愛滿院秋香、數叢黃菊。〈洞仙歌〉

季子解縱橫。六印纍纍拜上卿。鳳鳥不來人漸老，謀生。二頃田園也易成。　　樽酒醉淵明。菊有幽香竹有聲。吹破北窗千古夢，風清。小鳥喧啾噪曉晴。〈南鄉子之六〉

夢與夢後的現實對比，確實強化著固執的悲劇情懷。〔註 78〕而劉秉忠歸還家園、隱逸山林的美夢，皆以夢不成作結，不也是想凸顯其無奈惆悵之感？〔註 79〕詞中沒有直接而強烈的情緒鋪陳，而是運用「虛實對比」的方式，婉曲地道出作者蟄伏於內心的深刻情志。

　　沈祥龍《論詞隨筆》云：「詩有賦比興，詞則比興多於賦。或借景以引其情，興也；或借物以寓其意，比也。蓋心中幽約怨悱，不能直言，必低迴要眇以出之，而後可以感動人。」〔註 80〕清楚指出因心中情感不能直言，故必

〔註 77〕 雍陶〈喜夢歸〉，同註 43，頁 5921。

〔註 78〕 參見張法《中國文化與悲劇意識》，北京：中國人民大學出版社，1989 年，頁 214。

〔註 79〕 劉秉忠藉著夢境，抒發其情性與想望，已分別在詠物、詠史、抒懷之內容分析中，即深入探討過，故此處只點到即止，不再贅述。

〔註 80〕 沈祥龍《論詞隨筆》，同註 36，頁 4048。

須婉轉巧妙地藉由外在事物表達內心之情志，這是詞的重要特色。劉秉忠不乏借物抒情之詞作：

> 十日狂風才是定，滿園桃李紛紛。黃蜂粉蝶莫生嗔。海棠貪睡著，留得一枝春。　　便是徐熙相對染，丹青不到天眞。雨餘紅色愈精神。夜眠清早起，應有惜花人。〈臨江仙之六‧海棠〉

> 立盡黃昏，襪塵不到凌波處。雪香凝樹。懶作陽臺雨。　　一水相懸，脈脈難爲語。情何許。向人如訴。寂寞臨江渚。〈點絳脣之六‧梨花〉

作者對於海棠、梨花之外觀甚少著墨，而是從其神理情韻下筆，將海棠塑造爲經歷狂風驟雨，仍能燦爛奪目的堅毅形象，以暗喻自己具有強韌不屈的精神；並將梨花形容成遺世獨立、冰清玉潔的凌波仙子，說明自己清高淨潔的德行。句句詠物，卻未滯於物，於詞中不斷地透露自己期待伯樂欣賞，以及高潔自處，不與小人同群的寂寞。雖詠花，實以花自喻也。另外，劉秉忠也喜歡藉歷史人物委婉地表其心志：

> 當時六國怯強秦。使群策、日紛紛。談笑卻三軍。算自古、誰如此君。　　一心忠義，滿懷冰雪，功就便抽身。富貴若浮雲。本是箇、江湖散人。〈太常引之五‧魯仲連〉

> 至人視有一如無。見義處、便相扶。三顧出茅廬。莫不是、先生有圖。　　拯危當世，覺民斯道，佩玉已心枯。遺恨失吞吳。眞箇是、男兒丈夫。〈太常引之六‧武侯〉

劉秉忠也曾於詩中稱讚魯仲連及諸葛亮，如〈魯連不受賞〉詩：「魯連談笑卻三軍，玉璧冰壺不受塵。一葉扁舟滄海闊，千金留與市廛人。」〈讀諸葛傳〉詩：「賢聖隨時出處同，道存元不計窮通。一番天地鴻蒙後，千載君臣草昧中。玄德必咨當世事，孔明良有古人風。長才自獻成何用，三顧還酬莫大功。」〈蜀先主孔明〉詩：「智涉圖深往事非，茅廬一論定眞依。風雲龍虎隨時有，魚水君臣自古稀。月照錦江翻夜色，煙波玉壘動朝暉。精英不死青天上留，得文昌奉紫微。」〔註81〕所表達的不外乎魯仲連能功成身退，一葉扁舟任悠遊，而諸葛亮能得玄德賞識，大展長才，其詞亦然。八十二闋詞裡僅有二闋的敘事型詠史詞，卻挑中魯仲連、諸葛亮作爲吟詠的對象，不也證明劉秉忠對此

〔註81〕〈魯連不受賞〉、〈讀諸葛傳〉、〈蜀先主孔明〉，分別收錄於商挺編《藏春詩集》卷四、卷一、卷二，同註25，頁205、173、183。

二人的欽慕，甚至期待自己有朝一日也能如諸葛亮般，受到君主的信任重用，
「拯危當世」、「覺民斯道」，能和魯仲連一樣「一心忠義」、「滿懷冰雪」，視
富貴如浮雲，功成便抽身。

　　劉秉忠《藏春樂府》多見象徵性的字詞，尤以「劉郎」二字出現率最高，
也最為特殊：

> 鳳城歌舞酒家樓。肯管世間愁。奈麋鹿疎情，煙霞痼疾，難與同遊。
> 桃花為春憔悴，念劉郎雙鬢也成秋。舊事十年夜雨，不堪重到心頭。
> 〈木蘭花慢之三〉下片

> 一別仙源無覓處，劉郎鬢欲成絲。蘭昌千樹碧參差。芳心應好在，
> 時復問蜂兒。　　報道洞門長閉著，只今未有開時。杏花容冶沒人
> 司。東家深院宇，牆外有橫枝。〈臨江仙之五·桃花〉

> 青山千里，滄波千里，白雲千里。行程問行客，更無窮山水。　　青
> 史功名都半紙。念劉郎、鬢先如此。桃源覓無路，對溪花紅紫。〈桃
> 花曲之二〉

> 茸茸芳草，漫漫長路，忽忽行李。佳人在何許，眇雲山千里。　　莫
> 惜千金沽一醉。道劉郎、不宜憔悴。春歸寂寞語，恨桃花流水。〈桃
> 花曲之三〉

> 天上春來，滿前芳草迷歸路。楚山湘浦。朝暮誰雲雨。　　鳳吹初
> 聽，認是吹簫侶。劉郎去。碧桃千樹。世外無尋處。〈點絳唇之五〉

表面上援用劉禹錫遍尋桃花無果、劉晨巧入仙源之典，感嘆桃源「世外無尋
處」，實則藉與自己同姓的劉禹錫與劉晨，深慨當時毅然求出桃源，如今鬢法
已斑，反而不得歸去。劉禹錫、劉晨二人的故事經常被文人用來抒寫隱逸之
志，〔註82〕然而劉秉忠此處之「劉郎」並非單純指劉禹錫與劉晨，很明顯的，
他也將自己這位「劉郎」融入內容裡，運用曲折婉轉的筆調，盡訴衷情。除
「劉郎」二字，劉秉忠其他詞作之用語也多隱約，富有含蓄蘊藉的風格，如：

〔註82〕如晁補之〈憶少年〉：「劉郎鬢如此，況桃花顏色。」韓元吉〈水龍吟〉：「花
　　　　裏鶯啼，水邊人去，落紅無數。恨劉郎鬢點，星星華髮，空回首、傷春暮。」
　　　　（見《全宋詞》，北京：中華書局，1997年，頁731、1812。）曹唐〈仙子洞
　　　　中有懷劉阮〉：「曉露風燈易零落，此生無處問劉郎。」徐鉉〈送彭秀才南游〉：
　　　　「他日時清更隨計，莫如劉阮洞中迷。」（見《全唐詩》卷640、754，同註
　　　　43，頁7338、8580。）

堂上簫韶人不奏，鳳凰何處飛鳴。黃塵擾擾馬縱橫。誰能知樂毅，志不在齊城。　　後輩譏搜前輩錯，到頭義重功輕。海隅四面盡蒼生。東風吹綠草，布谷勸春耕。〈臨江仙之三〉

《書經・益稷》：「簫韶九成，鳳皇來儀。」〔註83〕簫韶、鳳凰，乃太平盛世的表徵，劉秉忠不直述戰事頻仍、民不聊生，反倒以「堂上簫韶人不奏，鳳凰何處飛鳴，黃塵擾擾馬縱橫」，來暗示征戰殺戮之持續，又引用樂毅伐齊只為報燕昭王知遇之恩，到頭來卻被燕惠王猜忌，淪落客死趙國的歷史故實，及「東風吹綠草，布谷勸春耕」二句，婉曲地勸諫上位者當與民休息，方能得風行草偃之效，莫要再妄興干戈。又如：

長安三唱曉雞聲。誰不被、利名驚。攬鏡照星星。都老卻、當年後生。　　山林蒼翠，江湖煙景，歸去沒人爭。休望濯塵纓。幾時得、滄浪水清。〈太常引之一〉

此詞有不少隱晦的用語，如：「長安」，自唐以來已然成為名途利場的代稱；用「誰不被、利名驚」，暗示自己年少時也和眾人一樣，日夜為利名奔波；借「星星」二字來代表頭髮花白；而「山林蒼翠，江湖煙景」是歸隱之清靜地；「休望濯塵纓，幾時得、滄浪水清」，則反用《孟子・離婁上》：「滄浪之水清兮，可以濯我纓。」感慨世俗爭名逐利，沒一日休止，想於塵俗中保有崇高節操，是不太可能的，不如趁早歸返山林。

　　由上述分析得知，劉秉忠詞作以含蓄蘊藉見長，但他也認為「文章貴辭達」，詩詞文當因理而生，自然而發，宜打破雅、俗的界線，毋須無風起浪，特地騁其奇才，故其詞常出現口語方言、通俗白話的情形。〔註84〕有人以為，這樣的文字形式，難免會流於粗鄙俚俗、輕浮直露，如此又與民間俗「曲」有何分別？但若將劉秉忠詞作與其現存十二首小令曲〔註85〕相較，其詞不論

〔註83〕語見《尚書・虞書・益稷》，同註42，頁70。
〔註84〕詳見第六章第二節劉秉忠詩詞理論承繼與實踐之論述。
〔註85〕秉忠現存十二首散曲，分別為八首〈乾荷葉〉：「乾荷葉，色蒼蒼，老柄風搖盪。減了清香，越添黃。都因昨夜一場霜，寂寞在秋江上。」「乾荷葉，映著枯蒲，折柄難擎露。藕絲無，倩風扶。待擎無力不乘珠，難宿灘頭鷺。」「根搣折，柄軟斜，翠減清香謝。恁時節，萬絲絕。紅鴛白鷺不能遮，憔悴損乾荷葉。」「乾荷葉，色無多，不奈風霜剉。貼秋波，倒枝柯。宮娃齊唱採蓮歌，夢裏繁華過。」「南高峰，北高峰，慘澹煙霞洞。宋高宗，一場空。吳山依舊酒旗風，兩度江南夢。」「夜來個，醉如酡，不記花前過。醒來呵，二更過。春衫惹定茨蘼科，絆倒花抓破。」「乾荷葉，水上浮，漸漸浮將去。跟將你去，

是言語或者意境皆雅於曲，可見劉秉忠有意識地注意到詞曲一文一白的風格分野。〔註 86〕更何況，劉秉忠將口語方言入詞，並非意味著詞作之意境會淪於淺俗。如：

> 年來懶看，古今文字紙千張。酒中悟得天常。閑殺堦前好月，不肯
> 照西廂。任昏昏一醉，石枕藤牀。　　名途利場，物與我、兩相忘。
> 目斷霜天鴻雁，沙漠牛羊。一庭秋草，教粉蝶黃蜂自任忙。花老也、
> 尚有餘香。〈望月婆羅門引之二〉

整闋詞之用字通俗白話，「閑殺」二字更是坊間俚語，然卻掩不住劉秉忠深沉的感慨。以「堦前好月不肯照西廂」比喻君主不能知人用賢；藉「一庭秋草」、「粉蝶黃蜂自任忙」，說明毫無作為、汲汲名利的投機之輩卻備受賞識；「花老也、尚有餘香」，則以花自喻，指出自己雖老，但志節仍不改易。以淺明的文字描寫眼前之景色，婉轉抒發其「老驥伏櫪」之心志，足見口語亦可以為詞。又如：

> 酒酌花開對月明。醒中醉了醉中醒。無花無酒仍無月，愁殺耽詩杜
> 少陵。　　三品貴，一時名。眾人爭處不須爭。流行坎止何憂喜，
> 笑泣窮途阮步兵。〈鷓鴣天之二〉

「深而晦，不如淺而明也。惟有淺處，乃見深處之妙。」〔註 87〕劉秉忠此闋詞落實「文章貴辭達」之主張，使用淺明的文字敘述，援引杜甫和阮籍等眾所皆知之事例，深入淺出地說明凡事宜順應自然的道理。

　　典雅與鄙俗本是各不相容，相互排斥的，但劉秉忠卻能將二者調和鎔鑄，使得整闋詞的表現形式更為自由，表現意境更為活潑，流利又不失蘊藉，少

隨將去。你問當家中有媳婦？問著不言語。」「腳兒尖，手兒纖，云髻梳兒露半邊。臉兒甜，話兒粘。更宜煩惱更宜忺，直恁風流倩。」四首〈蟾宮曲〉：「盼和風春雨如膏，花發南枝，北岸冰銷。夭桃似火，楊柳如煙，穰穰桑條。初出谷黃鶯弄巧，乍銜泥燕子尋巢。宴賞東郊，杜甫遊春，散誕逍遙。」「炎天地熱如燒，散髮披襟，紈扇輕搖。積雪敲冰，沉李浮瓜，不用百尺樓高。避暑涼亭靜掃，樹陰稠綠波池沼。流水溪橋，右軍觀鵝，散誕逍遙。」「梧桐一葉初凋，菊綻東籬，佳節登高。金風颯颯，寒雁呀呀，促織叨叨。滿目黃花衰草，一川紅葉飄飄。秋景蕭蕭，賞菊陶潛，散誕逍遙。」「朔風瑞雪飄飄，暖閣紅爐，酒泛羊羔。如飛柳絮，似舞蝴蝶，亂剪鵝毛。銀砌就樓臺殿閣，粉妝成野外荒郊。冬景寂寥，浩然踏雪，散誕逍遙。」（收錄於徐征編《全元曲》，石家莊：河北教育出版社，1998 年，頁 7132～7135。）

〔註 86〕參見李昌集《中國古代散曲史》，上海：華東師範大學，1991 年，頁 482。

〔註 87〕孫月坡《詞逕》，同註 36，頁 2557。

粗放梗直之弊，在元初詞人中堪稱高手。〔註88〕

三、善用典故，抒發懷抱

　　詩文中把歷史事件、傳說故事或典章制度鎔鑄提煉，以表示特定意義的詞句，稱為用典。〔註89〕劉秉忠常於詞作中徵引前朝的人事物，婉曲含蓄地表達自己的思想感情，以達援古證今之效。《藏春樂府》各闋詞援引典故的狀況為何？其典故有何特色？劉秉忠藉此表達何種情感？以下便就這幾個部分來探討說明。

（一）詞中援引典故的狀況

詞　調	起　句	詞　句	數量
木蘭花慢	到閑人閑處	雲臺畫像	2
		歸來富春山下，笑狂奴、何事傲三公	
	既天生萬物	千載拆中台	2
		草滿金臺	
	笑平生活計	渺浮海，一虛舟	3
		煙霞痼疾	
		桃花為春憔悴，念劉郎雙鬢也成秋	
風流子	書帙省淹留	夢隨蝴蝶	6
		漢代典刑，蕭曹畫一	
		晉朝人物，王謝風流	
		筆搖牙管	
		取醉南樓	
		好在五湖煙浪，誰識歸舟	
永遇樂	山谷家風	山谷家風，蕭閑情味，只君能識	4
		似南華、蝶夢醒來	
		北海洪罇	
		南山佳氣	
望月婆羅門引	午眠正美	大夫骨朽，算空把、汨羅投	1

〔註88〕劉秉忠詞「少粗放梗直之弊，在元初詞人中堪稱高手」之說法，參見嚴迪昌《金元明清詞精選》，江蘇：江蘇古籍出版社，1992年，頁45。

〔註89〕參見余毅恆《詞筌》，台北：正中書局，1996年，頁311。

洞仙歌	倉陳五鬥	陶令家貧苦無畜。倦折腰、閭里棄印歸來，門外柳，春至無言綠。	1
江城子	瓊華昔日賀新成	收取晉人腮上淚，千載後，幾新亭	1
三奠子	念我行藏有命	東山客	2
		壺中日月，洞裏煙霞	
臨江仙	堂上簫韶人不奏	誰能知樂毅，志不在齊城。後輩謾搜前輩錯，到頭義重功輕	1
	一別仙源無覓處	一別仙源無覓處，劉郎鬢欲成絲	2
		蘭昌千樹碧參差，芳心應好在	
	十日狂風才是定	便是徐熙相對染，丹青不到天真	1
小重山	詩酒休驚誤一生	西州月，夜夜照人明	1
江月晃重山	芳草洲前道路	洞裏仙人種玉	2
		江邊楚客滋蘭	
	杜宇聲中去住	蝸牛角上輸贏	2
		金甌名字儘人爭	
	太白詩成對酒	太白詩成對酒	3
		仲宣賦就登樓	
		五湖月載歸舟	
	紅雨斜斜作陣	紅雨斜斜作陣，綠雲碎碎成堆。武陵溪口幾人迷。桃花水，流入不流迴	1
南鄉子	憔悴寄西州	憔悴寄西州	1
	李杜放詩豪	李杜放詩豪。萬丈晴虹吸海濤	1
	季子解縱橫	季子解縱橫。六印纍纍拜上卿	2
		樽酒醉淵明。菊有幽香竹有聲	
	檀板稱歌喉	況復盧家有莫愁	1
鷓鴣天	酒酌花開對月明	無花無酒仍無月，愁殺耽詩杜少陵	2
		笑泣窮途阮步兵	
	水滿清溪月滿樓	乘槎欲把仙郎問，也似浮生有白頭	1
太常引	長安三唱曉雞聲	休望濯塵纓。幾時得、滄浪水清	1
	衲衣藤杖是吾緣	鶴歸華表	3
		滄海變桑田	
		誰知有、壺中洞天	
	當時六國怯強秦	談笑卻三軍。算自古、誰如此君	1

	至人視有一如無	三顧出茅廬。莫不是、先生有圖	1
秦樓月	瓊花島	昭王一去音塵杳。遙憐弓劍行人老。行人老。黃　金臺上，幾番秋草	1
踏莎行	白日無停	夢哦芳草池塘句	1
謁金門	醪雖薄	束置功名高閣	1
清平樂	夜來霜重	照我如常如舊，更誰能似姮娥	1
	漁舟橫渡	自任飛來飛去，伴他鷗鷺忘機	1
浣溪沙	桃李無言一徑深	朱絃未絕有知音	1
朝中措	衣冠零落暮春花	莫教繫定匏瓜	1
	布衣藍縷曳無裾	驪龍吐出明珠	2
		隨著傅巖霖雨，大家濟潤焦枯	
桃花曲	青山千里	念劉郎、鬢先如此。桃源覓無路，對溪花紅紫	1
點絳唇	寂寂朱簾	鳳樓人去簫聲住	1
	天上春來	鳳吹初聽，認是吹簫侶	2
		劉郎去。碧桃千樹。世外無尋處	
	策杖尋芳	一見冰容，便有西湖趣	1

　　劉秉忠八十二闋詞中，引用故實者，有四十闋，近乎一半。這種博古通今，典故信手拈來的情形，在詞逐漸流於曲化的金元詞壇中，實在少見。另外值得注意的是劉秉忠填長調多援引前人故實，其詳情如下表：

詞調別	總闋數	用典闋數	用典頻率	故實數	平均用典次數
長調	7	5	71.4%	17	2.4
中調	13	7	53.8%	9	0.7
小令	62	27	43.5%	37	0.6

　　由上表可知，其長調用典頻率、平均用典次數最高，中調次之，小令居末。〔註90〕此與詞調的字數，以及詞作的內容有關。劉秉忠長調多用典，乃是因為其字數多，闡述的空間大，能用事援典的時機相對也比較多；又加上其內容多懷古詠嘆，非直抒情衷，故使用故實之頻率亦比其他詞調來得高。

（二）典故之種類及其特色

〔註90〕長調、中調、小令的分法與第五章同。

　　劉秉忠善於根據史料、古書的記載，藉由歷史人物、故事及神話寓言，以簡鍊的文字，將意境推到更深廣的空間，更在詞作中不時暗示自己的情感趨向。因此，若想確實掌握《藏春樂府》所透露的生命情調，不得不著手分析劉秉忠用典的種類。《藏春樂府》出現的典故種類，大致可分爲歷史故實、寓言傳說。

1. 歷史故實

　　劉秉忠詞中常出現前朝的人物及其事蹟。茲依朝代順序，分舉如下：

（1）先秦人物共出現孔子、孟子、莊子、屈原、樂毅、范蠡、蘇秦、魯仲連、傅說、燕昭王等人。

　　孔子——

　　詞句：「笑平生活計，渺浮海、一虛舟。」「認取隨時達節，莫教繫定匏瓜。」

　　按：前者典出《論語・公冶長》：「子曰：『道不行，乘桴浮于海。從我者其由與？』」〔註91〕孔子認爲若時不我與，便隱遁海外，不理世事。劉秉忠援此透露自己對官場的失望，只求隱居悠閒地過日子。後者語本《論語・陽貨》：「吾豈匏瓜也哉？焉能繫而不食。」〔註92〕孔子認爲自己無法像匏瓜那樣繫懸著而不讓人食用，應該出仕爲官，有所作爲。劉秉忠用此期勉自己能隨時提拔人才，莫使之不得重用。

　　孟子——

　　詞句：「休望濯塵纓。幾時得、滄浪水清。」

　　按：孟子曾云：「滄浪之水清兮，可以濯我纓。」〔註93〕希望自己能摒除世間塵俗，保有崇高的節操。劉秉忠據此提出滄浪之水何時清之疑問，感慨世俗爭名逐利，沒一日休止，想於塵俗中保有崇高節操，是不太可能的，故勸告自己必須立即拋開俗事，隱逸山林。

　　莊子——

　　詞句：「紅日半窗，夢隨蝴蝶，碧雲千里，歸驟驊騮。」「似南華、蝶夢醒來，秋雨數聲殘滴。」

〔註91〕語本《論語・卷五・公冶長》，同註42，頁42。
〔註92〕語本《論語・卷十七・陽貨》，同註42，頁155。
〔註93〕語本《孟子・卷七・離婁上》，同註42，頁127。

按：莊子著《南華眞經》，且於天寶元年，親享玄元皇帝於新廟，詔封爲
南華眞人，故此借南華來代替莊子。又《莊子‧齊物論》：「昔者莊
周夢爲蝴蝶，栩栩然蝴蝶也，自喻適志與！不知周也。俄然覺，則
蘧蘧然周也。不知周之夢爲蝴蝶與，蝴蝶之夢爲周與？」劉秉忠藉
此表示自己唯有徜徉在虛幻不實的夢境裡，才能得到慰藉。

屈原——

詞句：「大夫骨朽，算空把、汨羅投。」「江邊楚客滋蘭」

按：屈原，名平，又名正則，字靈均，戰國時楚人，曾做左徒、三閭
大夫，懷王時，遭靳尚等人毀謗，被放逐於漢北，於是作〈離騷〉
表明忠貞之心，頃襄王時被召回，又遭上官大夫譖言而流放至江
南，終因不忍見國家淪亡，懷石自沉汨羅江而死。當時屈原以投
江明其心志，但君主意念也沒有因此有所改易。〔註 94〕劉秉忠據
此言「大夫骨朽，算空把、汨羅投」，感嘆自古世事是非難辨。又
於〈江月晃重山〉（芳草洲前道路），引用屈原〈離騷〉：「餘既不
難夫離別兮，傷靈修之數化，餘既滋蘭之九畹兮，又樹蕙之百晦。」
〔註 95〕說明自己願同屈原一樣，隨時修身養性、循行仁義，望能
得到君主眷顧。

樂毅——

詞句：「誰能知樂毅，志不在齊城。後輩謾搜前輩錯，到頭義重功輕。」

按：典出《史記‧卷八十‧樂毅列傳》。〔註 96〕樂毅，戰國時燕國名將，
昭王時拜爲上將軍，率領燕、趙、楚、韓、魏五國兵伐齊，攻下齊
國七十餘城，封昌國君。會燕昭王死，子立爲燕惠王。惠王自爲太
子時嘗不快於樂毅，及即位，便中得齊反間，乃使騎劫代將，而召
樂毅。樂毅知燕惠王之不善代之，畏誅，遂西降趙，後卒於趙。劉

〔註 94〕屈原生平，詳見附錄：藏春樂府箋注〈望月婆羅門引〉（午眠正美）註 5「大
夫骨朽，算空把、汨羅投」條。見司馬遷《史記‧卷八十四‧屈原貫生列傳》，
臺北：臺灣商務印書館，1981 年，頁 867～870。

〔註 95〕見屈原《楚辭‧離騷》，收錄於崔富章編《楚辭集校集釋》，武漢：湖北教育
出版發行，2002 年，頁 169～177。

〔註 96〕樂毅生平，詳見附錄：藏春樂府箋注〈臨江仙〉（堂上簫韶人不奏）註 2、註
3「誰能知樂毅，志不在齊城」「後輩謾搜前輩錯，到頭義重功輕」二條。見
司馬遷《史記‧卷八十‧樂毅列傳》，同註 94，頁 844～845。

秉忠引用樂毅伐齊只爲報燕昭王知遇之恩，但最後卻被燕惠王猜忌，客死趙國的這段史事，說明引起戰爭者，其下場多半淒涼，唯有停止干戈、實行仁政，才不致爲後世詰難。

范蠡——

詞句：「好在五湖煙浪，誰識歸舟。」「三島雲隨鶴馭，五湖月載歸舟。」

按：范蠡，字少伯，生卒年不詳，春秋楚人，《國語·卷二十一·越語下》：
「反至五湖，范蠡辭於王曰：『君王勉之，臣不復入越國矣。』王曰：『不穀疑子之所謂者何也？』對曰：『臣聞之爲人臣者，君憂臣勞，君辱臣死。昔者君王辱於會稽，臣所以不死者，爲此事也。今事已濟矣，蠡請從會稽之罰。』王曰：『所不掩子之惡，揚子之美者，使其身無終沒於越國。子聽吾言，與子分國，不聽吾言，身死，妻子爲戮。』范蠡對曰：『臣聞命矣。君行制，臣行意。』遂乘輕舟以浮於五湖，莫知其所終極。」〔註97〕劉秉忠藉范蠡能功成身退，表達自己無法功成抽身退之無奈。

蘇秦——

詞句：「季子解縱橫。六印纍纍拜上卿。鳳鳥不來人漸老，謀生。二頃田園也易成。」

按：《史記·蘇秦列傳》：「蘇秦者，東周雒陽人也。東事師於齊，而習之於鬼谷先生。……得周書陰符，伏而讀之。期年，以出揣摩，曰：『此可以說當世之君矣。』……於是六國從合而並力焉。蘇秦爲從約長，並相六國。蘇秦喟然歎曰：『此一人之身，富貴則親戚畏懼之，貧賤則輕易之，況人乎！且使我有雒陽負郭田二頃，吾豈能佩六國相印乎！』於是散千金以賜宗族朋友。」〔註98〕蘇秦認爲有田二頃，必無法致相，故散金以賜親友。劉秉忠則反用該典故，言不羨封侯拜相，只求老來有二頃田畝謀生。

魯仲連——

詞句：「當時六國怯強秦。使群策、日紛紛。談笑卻三軍。算自古、誰如

〔註97〕見左丘明《國語·卷二十一·越語下》，臺北：漢京文化事業有限公司，1983年，頁658～659。

〔註98〕見司馬遷《史記·卷六十九·蘇秦列傳》，同註94，頁771。

此君。　　一心忠義，滿懷冰雪，功就便抽身。富貴若浮雲。本
是箇、江湖散人。」

按：典出自《史記・魯仲連鄒陽列傳》。〔註99〕魯仲連，亦稱魯連，戰國
　　時齊人，適遊趙，會秦圍趙，又聞魏將新垣衍欲令趙尊秦爲帝。仲
　　連經平原君紹介得見新垣衍，說道若尊秦爲帝，則三晉之大臣反不
　　如鄒、魯之僕妾，使得新垣衍請出，不敢復言帝秦。秦將聞之，爲
　　卻軍五十里。適會魏公子無忌奪晉鄙軍以救趙，擊秦軍，秦軍遂引
　　而去，解除趙國危難。平原君欲封仲連，仲連再三辭讓，終不肯受；
　　又以千金爲仲連壽，仲連笑曰：「所貴於天下之士者，爲人排患釋難
　　解紛亂而無取也。即有取者，是商賈之事也，而連不忍爲也。」遂
　　辭平原君而去，終身不復見。劉秉忠引用魯仲連之事跡，通篇力贊
　　其爲人，可見劉秉忠極欽慕之，更期待自己能和魯仲連一樣，功成
　　身退，做一位不慕榮利、淡泊灑脫的江湖散人。

傅說——
詞句：「隨著傅巖霖雨，大家濟潤焦枯。」
按：傅巖，位於今山西省平陸縣東，相傳爲傅說版築隱居之地，《墨子・
　　尚賢中》：「傅說被褐帶索，庸築乎傅巖，武丁得之，舉以爲三公，
　　與接天下之政，治天下之民。」〔註100〕傅說築版築於傅巖，出身低
　　微，終遇伯樂殷高宗，舉其爲相。劉秉忠藉之安慰自己閉門苦讀、
　　養精蓄銳，有朝終能爲君主重用，施行善政。

燕昭王——
詞句：「歎麟出非時，鳳歸何日，草滿金臺。」「昭王一去音塵杳。遙憐
　　　　弓劍行人老。行人老。黃金臺上，幾番秋草。」
按：《史記・燕召公世家》：「燕昭王收破燕後即位，卑身厚幣，以招賢者，
　　欲將以報讎。故往見郭隗先生……昭王曰：『寡人將誰朝而可？』
　　郭隗先生曰：『臣聞古之君人，有以千金求千里馬者，三年不能

〔註99〕魯仲連說新垣衍，解趙國危難之事跡，詳見附錄：藏春樂府箋注〈臨江仙〉（當
　　　時六國怯強秦）註3「談笑卻三軍。算自古、誰如此君」條。見司馬遷《史記・
　　　卷八十三・魯仲連鄒陽列傳》，同註94，頁859～861。
〔註100〕《墨子・尚賢中》，收錄於國學整理社原輯《諸子集成》，北京：中華書局，
　　　　1954年，頁51。

得。……今王誠欲致士，先從隗始；隗且見事，況賢於隗者乎？豈
遠千里哉？』於是昭王爲隗築宮而師之。樂毅自魏往，鄒衍自齊往，
劇辛自趙往，士爭湊燕。燕王弔死問生，與百姓同其甘苦。」〔註101〕
又《文選・樂府下・放歌行》李善注引隋代《上谷郡圖經》云：「黃
金臺，易水東南十八里，燕昭王置千金於臺上，以延天下之士。」
〔註102〕劉秉忠引用昔日燕昭王築黃金臺以攬賢士能人，然如今此
臺卻雜草蔓生、荒廢多日的故實，感嘆知人賢君不存久矣。

（2）兩漢人物則出現了蕭何、曹參、嚴光、漢顯宗、孔融等人。

蕭何、曹參——
詞句：「漢代典刑，蕭曹畫一，晉朝人物，王謝風流。」
按：典出於《史記・曹相國世家》：「百姓歌之曰：『蕭何爲法，顜若畫一；
　　曹參代之，守而勿失。載其清淨，民以寧一。』」〔註103〕指漢代曹
　　參繼蕭何爲相國，舉事皆無所變更，成爲一時美談。但劉秉忠卻藉
　　此二人之功勳，到頭來只得後人悠閒玩賞時才會偶然追憶，勸自己
　　及早還鄉，別再貪戀功名。

嚴光——
詞句：「歸來富春山下，笑狂奴何事傲三公。塵事休隨夜雨，扁舟好待秋
　　　風。」
按：據《後漢書・嚴光傳》載：「嚴光，字子陵，一名遵，會稽餘姚人也。
　　少有高名，……司徒侯霸與光素舊，遣使奉書。使人因謂光曰：『公
　　聞先生至，區區欲即詣造，迫於典司，是以不獲。願因日暮，自屈
　　語言。』光不荅，乃投箚與之，口授曰：『君房足下：位至鼎足，甚
　　善。懷仁輔義天下悅，阿諛順旨要領絕。』霸得書，封奏之。帝笑
　　曰：『狂奴故態也。』車駕即日幸其館。光臥不起，帝即其臥所，撫
　　光腹曰：『咄咄子陵，不可相助爲理邪？』光又眠不應，良久，乃張
　　目熟視，曰：『昔唐堯著德，巢父洗耳。士故有志，何至相迫乎！』

〔註101〕見司馬遷《史記・卷三十四・燕召公世家》，同註94，頁496。
〔註102〕見蕭統編《六臣注文選・卷二十八・樂府下》鮑明遠〈放歌行〉注文，同註
　　　　23，頁533。
〔註103〕見司馬遷《史記・卷五十四・曹相國世家》，同註94，頁680。

帝曰：『子陵，我竟不能下汝邪？』於是升輿歎息而去。……除爲諫議大夫，不屈，乃耕於富春山，後人名其釣處爲嚴陵瀨焉。」〔註104〕劉秉忠言談中透露對嚴光的欣賞，其狂放不羈的性情，不畏權貴的氣魄，躬耕山林的悠閒，令其羨慕不已。文中更隱含劉秉忠欲毅然歸隱之情。

漢顯宗——

詞句：「得史筆標名，雲臺畫像，多少成功。」

按：據《後漢書・馬武傳》：「永平中，顯宗追感前世功臣，乃圖畫二十八將於南宮雲臺，其外又有王常、李通、竇融、卓茂，合三十二人。故依其本弟係之篇末，以志功臣之次云爾。」〔註105〕可知顯宗命人將此三十二名功臣名將圖畫於雲臺，以便追感之。劉秉忠引其典感嘆歷代功臣能名留千史，或得國君感念者少。

孔融——

詞句：「北海洪罇，南山佳氣，清賞今猶昔。」

按：孔融誘益後進，典出《後漢書・孔融傳》：「孔融字文舉，魯國人，孔子二十世孫也。……時黃巾寇數州，而北海最爲賊衝，卓乃諷三府同舉融爲北海相。……歲餘，復拜太中大夫。性寬容少忌，好士，喜誘益後進。及退閑職，賓客日盈其門。常歎曰：『坐上客恆滿，尊中酒不空，吾無憂矣。』」〔註106〕劉秉忠於此處透露自己欲和孔融一樣提攜後進。

（3）劉秉忠對於處在三國及魏晉南北朝等分裂時期人物的吟詠是最多的，如：王粲、諸葛亮、王導、謝安、謝靈運、阮籍、陶潛、庾亮、庾翼、張華、范岫、盧莫愁等人。

王粲——

詞句：「太白詩成對酒，仲宣賦就登樓。思鄉懷古兩悠悠。」

按：《三國志・魏書・王粲》：「王粲，字仲宣，山陽高平人也。曾祖父龔，

〔註104〕見范曄《後漢書・卷八十三・嚴光傳》，臺北：臺灣商務印書館，1981 年，頁 1259～1260。
〔註105〕見范曄《後漢書・卷二十二・馬武傳》，同註 104，頁 351。
〔註106〕見范曄《後漢書・卷七十・孔融傳》，同註 104，頁 1029～1037。

祖父暢，皆爲漢三公。……性善算，作算術，略盡其理。善屬文，舉筆便成，無所改定，時人常以爲宿構；然正復精意覃思，亦不能加也。著詩、賦、論、議垂六十篇。建安二十一年，從征吳。二十二年春，道病卒，時年四十一。」〔註107〕是知王粲以〈登樓賦〉名世，藉由登樓遠望，引發對故土的思念，更對自己的人生際遇感慨萬千。劉秉忠亦藉茲抒發其懷鄉欲歸之情。

諸葛亮——

詞句：「至人視有一如無。見義處、便相扶。三顧出茅廬。莫不是、先生有圖。　拯危當世，覺民斯道，佩玉已心枯。遺恨失吞吳。眞箇是、男兒丈夫。」

按：諸葛亮，字孔明，琅邪陽都人。其幼年時，父母相繼去世，由叔父諸葛玄撫養，後隨叔父到荊州投靠劉表。玄卒，亮躬耕隴畝，好爲梁父吟，並博覽群書，精研兵法，靜觀時勢，深思治策。身長八尺，每自比於管仲、樂毅，時人莫之許也。建安十二年，劉備三訪其廬乃出。後更敗曹操於赤壁，佐定益州，使蜀與魏、吳成鼎足之勢。後雖未能制止劉備出兵東吳，致使蜀軍敗歸，但大抵說來，諸葛亮可堪稱爲大丈夫。〔註108〕劉秉忠引用諸葛亮之典故，除了吟詠諸葛知天下局勢之識，及劉備愛才之賢外，也期望自己能有諸葛之才，更渴望能受到君主的重視。

王導——

詞句：「晉朝人物，王謝風流。」「收取晉人腮上淚，千載後，幾新亭。」

按：《晉書·王導列傳》：「王導，字茂弘，光祿大夫覽之孫也。……導少有風鑒，識量清遠。……時元帝爲琅邪王，與導素相親善。導知天下已亂，遂傾心推奉，潛有興復之志。帝亦雅相器重，契同友執。……時荊揚晏安，戶口殷實，導爲政務在清靜，每勸帝克己勵節，匡主

〔註107〕見陳壽《三國志·卷二十一·魏書·王粲》，臺北：臺灣商務印書館，1988年，頁292～293。

〔註108〕諸葛亮生平，詳見附錄：藏春樂府箋注〈太常引〉（至人視有一如無）註3、註5「三顧出茅廬。莫不是、先生有圖」「遺恨失吞吳。眞箇是、男兒丈夫」二條。見陳壽《三國志·卷三十五·蜀書·諸葛亮傳》、《三國志·卷三十二·蜀書·先主備傳》，同註107，頁443～444、452～460。

寧邦。於是尤見委杖，情好日隆，朝野傾心，號爲『仲父』。……導簡素寡欲，倉無儲穀，衣不重帛。帝知之，給布萬匹，以供私費。導有羸疾，不堪朝會，帝幸其府，縱酒作樂，後令輿車入殿，其見敬如此。……咸康五年薨，時年六十四。帝舉哀於朝堂三日，遣大鴻臚持節監護喪事，贈襚之禮，一依漢博陸侯及安平獻王故事。」〔註109〕劉秉忠藉由極受皇帝倚重的王導，如今已成爲一堆歷史文字，說明功名只是過眼雲煙。又援用王導在《世說新語》「新亭對泣」情節中，力倡戮力王室、克復神州，〔註110〕但國家終究難逃更替，感慨興衰歷千載如是，奉勸世人，更告訴自己凡事不必太執著。

謝安——

詞句：「晉朝人物，王謝風流。」「東山客，西蜀道，且還家。」「西州月、夜夜照人明。」「憔悴寄西州。賦得登樓懶上樓。」

按：典出《晉書·謝安傳》及《世說新語·排調》。〔註111〕謝安本隱居東山，不願出仕，及其弟謝萬黜廢，始有仕進之心。值桓溫北征，謝安毅然投牋求歸，後雖深受朝廷重用，但其東山之志仍始末不渝。晉太元十年，謝安病重由西州門回都，東山之志未遂，其身便亡。劉秉忠一再地在詞中提及「東山」、「西州」二詞，用意是在提醒自己及早歸家，不要因爲依戀功名，而有如同謝安至死不得遂其東山之志的遺憾。

阮籍——

詞句：「流行坎止何憂喜，笑泣窮途阮步兵。」

按：阮籍，字嗣宗，陳留尉氏人。博覽群籍，尤好莊老。嗜酒能嘯，善彈琴。當其得意，忽忘形骸。籍聞步兵廚營人善釀，有貯酒三百斛，乃求爲步兵校尉，故世稱阮步兵。又《晉書·阮籍傳》：「籍容貌瓌傑，志氣宏放，傲然獨得，任性不羈。……時率意獨駕，不由徑路，

〔註109〕見房喬《晉書·卷六十五·王導傳》，臺北：臺灣商務印書館，1988 年，頁468～470。

〔註110〕見余嘉錫《世說新語箋疏·言語》，台北：華正書局，2003 年，頁 92。

〔註111〕謝安生平，詳見附錄：藏春樂府箋注〈小重山〉（詩酒休驚誤一生）註3「西州月、夜夜照人明」，〈三奠子〉（念我行藏有命）註5「東山客，西蜀道，且還家」二條。見房喬《晉書·卷七十九·謝安傳》，同註109，頁558～560。余嘉錫《世說新語箋疏·排調》，同註110，頁801。

車跡所窮，輒慟哭而返。」〔註112〕可知阮籍之真性情，然劉秉忠卻反用此典，表示就算遇到險阻，也毋須像阮步兵般哀傷掉淚，即一切順應自然，不必在意得失。

陶潛——

詞句：「陶令家貧苦無畜。倦折腰、閭里棄印歸來，門外柳，春至無言綠。……樂琴書雅意，無箇事、臥看北窗松竹。」「樽酒醉淵明。菊有幽香竹有聲。吹破北窗千古夢，風清。」「北海洪罇，南山佳氣，清賞今猶昔。」

按：《晉書·陶潛傳》：「陶潛，字元亮，大司馬侃之曾孫也。祖茂，武昌太守。潛少懷高尚，博學善屬文，穎脫不羈，任真自得，為鄉鄰之所貴。嘗著五柳先生傳以自況。……以親老家貧，起為州祭酒，不堪吏職，少日自解歸。州召主簿，不就，躬耕自資，遂抱羸疾。復為鎮軍、建威參軍，謂親朋曰：『聊欲絃歌，以為三徑之資可乎？』執事者聞之，以為彭澤令。……素簡貴，不私事上官。郡遣督郵至縣，吏白應束帶見之，潛歎曰：『吾不能為五斗米折腰，拳拳事鄉裏小人邪！』義熙二年，解印去縣，乃賦歸去來。……未嘗有喜慍之色，惟遇酒則飲，時或無酒，亦雅詠不輟。嘗言夏月虛閑，高臥北窗之下，清風颯至，自謂羲皇上人。性不解音，而畜素琴一張，絃徽不具，每朋酒之會，則撫而和之，曰：『但識琴中趣，何勞絃上聲！』」〔註113〕陶潛不願為五斗米折腰、高臥北窗、幽居南山等故實，再三在劉秉忠詞中出現，足見其穎脫不羈、任真自得、悠閒逍遙的隱居生活，讓劉秉忠相當羨慕。

庾亮——

詞句：「遇美景良辰，尋芳上苑，賞心樂事，取醉南樓。」

按：「取醉南樓」之典出《晉書·庾亮傳》：「庾亮，字元規。……亮在武昌，諸佐吏殷浩之徒，乘秋夜往共登南樓，俄而不覺亮至，諸人將起避之。亮徐曰：『諸君少住，老子於此處興復不淺。』便據胡床與

〔註112〕阮籍生平，詳見附錄：藏春樂府箋注〈鷓鴣天〉（酒酌花開對月明）註4「流行坎止何憂喜，笑泣窮途阮步兵」條。見房喬《晉書·卷四十九·阮籍傳》，同註109，頁358。

〔註113〕見房喬《晉書·卷九十四·陶潛傳》，同註109，頁670～671。

浩等談詠竟坐。其坦率行己，多此類也。」〔註114〕劉秉忠藉庾亮與
僚屬於南樓談詠，不分彼此，坦率自適，說明自己極嚮往登覽美景、
尋芳醉遊的自在生活。

庾翼——

詞句：「束置功名高閣。兩日三朝留酌。」

按：「束置功名高閣」語本《晉書・庾亮傳》：「翼，字稚恭。風儀秀偉，少
　　有經綸大略。京兆杜乂、陳郡殷浩並才名冠世，而翼弗之重也，每語
　　人曰：『此輩宜束之高閣，俟天下太平，然後議其任耳。』」〔註115〕
　　庾翼評論杜乂、殷浩雖有才名，卻不適合亂世，不當任用之。劉秉忠
　　援此類推：功名雖能獲致名利，卻不時令人煩憂不已，當棄置不用。

張華——

詞句：「紫垣星月隔塵埃。千載拆中台。」

按：《晉書・張華傳》：「張華，字茂先，范陽方城人也。……少自修謹，
　　造次必以禮度。勇於赴義，篤於周急。器識弘曠，時人罕能測之。……
　　少子韙以中台星坼，勸華遜位。華不從，曰：『天道玄遠，惟修德以
　　應之耳。不如靜以待之，以俟天命。』及倫、秀將廢賈后，秀使司
　　馬雅夜告華曰：『今社稷將危，趙王欲與公共匡朝廷，爲霸者之事。』
　　華知秀等必成篡奪，乃距之。雅怒曰：『刃將加頸，而吐言如此！』
　　不顧而出。……是夜難作，詐稱詔召華，遂與裴頠俱被收。……須
　　臾，使者至曰：『詔斬公。』華曰：『臣先帝老臣，中心如丹。臣不
　　愛死，懼王室之難，禍不可測也。』遂害之於前殿馬道南，夷三族。」
　　〔註116〕劉秉忠藉張華不同趙王倫等爲篡奪之事，後被詔斬，嘆惋古
　　來賢臣多爲人所害。

謝靈運——

詞句：「一味閒情，十分幽趣。夢哦芳草池塘句。」

按：典出《南史・謝方明列傳》：「子惠連，年十歲能屬文，族兄靈運嘉賞之，
　　云：『每有篇章，對惠連輒得佳語。』嘗於永嘉西堂思詩，竟日不就，

〔註114〕見房喬《晉書・卷七十三・庾亮傳》，同註109，頁516～518。
〔註115〕同註114，頁520。
〔註116〕見房喬《晉書・卷三十六・張華傳》，同註109，頁277～279。

忽夢見惠連，即得『池塘生春草』，大以爲工。常云：『此語有神功，非吾語也。』」〔註117〕劉秉忠藉謝靈運夢見惠連，即得「池塘生春草」之佳句，表達自己願拋開俗事功名，只求夢哦詩賦之閒情幽趣。

范岫——

詞句：「詩興筆搖牙管，字字銀鈎。」

按：「牙管」之典故出於《南史·范岫傳》：「岫恭敬儼恪，進止以禮，自親喪後，蔬食布衣以終身。每所居官，恒以廉潔著稱。爲長城令時，有梓材巾箱，至數十年，經貴遂不改易。在晉陵唯作牙管筆一雙，猶以爲費。」〔註118〕後以牙管一雙比喻官吏清廉，劉秉忠更藉此說明自己只求逍遙，不圖富貴。

盧莫愁——

詞句：「惟酒可忘憂。況復盧家有莫愁。」

按：洪邁《容齋三筆》中云，莫愁有二：一爲郢州石城人，爲善歌謠之女子，〔註119〕《舊唐書·音樂志》：「莫愁樂，出於石城樂。石城有女子名莫愁，善歌謠，石城樂和中復有『莫愁』聲，故歌云：『莫愁在何處？莫愁石城西。艇子打兩槳，催送莫愁來。』」〔註120〕一爲洛陽人，爲嫁入盧姓大戶人家之婦人，梁武帝〈河中之歌〉曰：「河中之水向東流，洛陽女兒名莫愁，莫愁十三能織綺，十四采桑南陌頭，十五嫁爲盧家婦，十六生兒似阿侯。」〔註121〕劉秉忠此處「盧家有莫愁」，本應是嫁入盧家之婦人，但就前後文觀之，所引之女子當爲善歌謠之莫愁，因此「盧家」一語應是劉秉忠誤用。然劉秉忠引「莫愁」之名，其用意在於表明歌酒可以忘憂解愁，不須再因俗事煩憂，故「盧家」之誤並無害詞意。

〔註117〕見李延壽《南史·卷十九·謝方明列傳》，臺北：臺灣商務印書館，1988年，頁229。

〔註118〕見李延壽《南史·卷六十·範岫傳》，同註117，頁614。

〔註119〕洪邁《容齋三筆·卷十一》，收錄於紀昀編《文津閣四庫全書》第二八一冊，〈子部·雜家類〉，北京：商務印書館，2005年，頁444。

〔註120〕見劉昫《舊唐書·卷二十九·清樂志》，臺北：臺灣商務印書館，1981年，頁322。

〔註121〕梁武帝〈河中之水歌〉，收錄於郭茂倩《樂府詩集·卷八十五》，臺北：里仁書局，1984年，頁1204。

（4）唐代人物則出現李白、杜甫、唐玄宗、劉禹錫、田遊巖。

李白——

　　詞句：「太白詩成對酒，仲宣賦就登樓。思鄉懷古兩悠悠。」「李杜放詩
　　　　　豪。萬丈晴虹吸海濤。」

　　按：李白，字太白，山東人。少有逸才，志氣宏放，飄然有超世之心。
　　　　其性嗜酒，日與飲徒醉於酒肆。玄宗度曲，欲造樂府新詞，便召李
　　　　白入宮，頃之成十餘章，帝頗嘉之。嘗沉醉殿上，引足令高力士脫
　　　　靴，由是斥去。乃浪跡江湖，終日沉飲。〔註122〕劉秉忠不僅在詞中
　　　　肯定李白於詩壇上的成就，更言李白醉吟詩句，或爲思鄉，或爲懷
　　　　古，藉以說明思鄉懷古自古而然，當然自己也不例外。

杜甫——

　　詞句：「無花無酒仍無月，愁殺耽詩杜少陵。」「李杜放詩豪。萬丈晴虹
　　　　　吸海濤。」

　　按：《舊唐書・杜甫傳》中引元稹評論杜甫曰：「至於子美，蓋所謂上薄
　　　　風、騷，下該沈、宋，言奪蘇、李，氣吞曹、劉，掩顏、謝之孤高，
　　　　雜徐、庾之流麗，盡得古今之體勢，而兼人人之所獨專矣。使仲尼
　　　　考鍛其旨要，尚不知貴其多乎哉！苟以爲能所不能，無可無不可，
　　　　則詩人已來未有如子美者。」〔註123〕元稹對杜甫的評價甚高，劉秉
　　　　忠亦如是，甚云「無花無酒仍無月，愁殺耽詩杜少陵」，表示杜甫若
　　　　是無法隨心飲酒、悠閒賞景，便愁悶不堪，無法成詩，更何況是自
　　　　己。

唐玄宗——

　　詞句：「金甌名字儘人爭。秋鴻影，湖水鏡般明。」

　　按：金甌名字，乃指輔佐君王的宰相，典出《新唐書・雀義玄傳》：「初，
　　　　玄宗每命相，皆先書其名，一日書琳等名，覆以金甌，會太子入，
　　　　帝謂曰：『此宰相名，若自意之，誰乎？即中，且賜酒。』太子曰：

〔註122〕李白生平，詳見附錄：藏春樂府箋注〈江月晃重山〉（太白詩成對酒）註1「太
　　　　白詩成對酒，仲宣賦就登樓。思鄉懷古兩悠悠」條。見劉昫《舊唐書・卷一
　　　　百九十下・文苑・李白》，同註120，頁1455。

〔註123〕見劉昫《舊唐書・卷一百九十下・文苑・杜甫》，同註120，頁1456。

『非崔琳、盧從願乎？』帝曰：『然。』賜太子酒。」〔註124〕劉秉忠藉玄宗覆宰相名字於金甌之故實，將金甌名字化爲宰相的代稱，並指出自己現在心如湖水般澄靜，已不在乎功名地位。

劉禹錫——

詞句：「桃花爲春憔悴，念劉郎雙鬢也成秋。」「念劉郎、鬢先如此。桃源覓無路，對溪花紅紫。」

按：《舊唐書‧劉禹錫傳》：「禹錫銜前事未已，復作遊玄都觀詩序曰：『予貞元二十一年爲尙書屯田員外郎，時此觀中未有花木，是歲出牧連州，尋貶朗州司馬。居十年，召還京師，人人皆言有道士手植紅桃滿觀，如爍晨霞，遂有詩以志一時之事。旋又出牧，於今十有四年，得爲主客郎中。重遊茲觀，蕩然無復一樹，唯兔葵燕麥，動搖於春風，因再題二十八字，以俟後遊。』其前篇有『玄都觀裏桃千樹，總是劉郎去後栽』之句，後篇有『種桃道士今何在，前度劉郎又到來』之句。」〔註125〕劉秉忠借用與之同姓劉禹錫之典故，慨嘆年華老去，但卻仍在官場無法抽身，深怕無緣再回心中的桃源。

田遊巖——

詞句：「奈麋鹿疎情，煙霞痼疾，難與同遊。」

按：典出《舊唐書‧田遊巖傳》：「田遊巖，京兆三原人也。初補太學生，後罷歸，遊於太白山，每遇林泉會意，輒留連不能去。……調露中，高宗幸嵩山，遣中書侍郎薛元超就問其母，遊巖山衣田冠出拜，帝令左右扶止之，謂曰：『先生養道山中，比得佳否？』遊巖曰：『臣泉石膏肓，煙霞痼疾，既逢聖代，幸得逍遙。』」〔註126〕劉秉忠藉熱愛山水成癖的田遊巖，表明自己無法與皇孫貴冑們同流。

（5）五代十國人物，只有徐熙一人。

徐熙——

詞句：「便是徐熙相對染，丹青不到天眞。」

〔註124〕見歐陽修《新唐書‧卷一百九‧崔義玄傳》，臺北：臺灣商務印書館，1988年，頁1015。

〔註125〕見劉昫《舊唐書‧卷一百六十‧劉禹錫傳》，同註120，頁1208～1209。

〔註126〕見劉昫《舊唐書‧卷一百九十二‧田遊巖傳》，同註120，頁1474。

按：徐熙是五代南唐著名的畫家，其善畫花竹林木、蟬蝶草蟲之類，多遊園圃以求情狀，雖蔬荼莖苗，亦入圖寫意，出古人之外，自造乎妙。尤能設色，絕有生意。李後主絕愛重其蹟，唐太宗更云：「花果之妙，吾知獨有徐熙矣，其餘不足觀也。」〔註127〕劉秉忠引用此典，說明儘管是畫工精湛的徐熙也描繪不出海棠的神韻，力讚海棠之絕美。

（6）所提及的宋朝人物有林逋及黃庭堅。

林逋——

詞句：「一見冰容，便有西湖趣。」

按：「西湖趣」乃指林逋隱居西湖孤山之趣。林逋，字君復，杭州錢塘人。性恬淡好古，弗趨榮利。初放遊江、淮間，久之歸杭州，結廬西湖之孤山，二十年足不及城市。既卒，仁宗嗟悼，賜謚和靖先生。〔註128〕因其隱居西湖，又以植梅養鶴爲樂，作有許多詠梅詩，如〈山園小梅〉二首、〈又詠小梅〉、〈梅花〉五首、〈題梅〉等，其中〈山園小梅〉：「疏影橫斜水清淺，暗香浮動月黃昏。」更是千古名句，故後代文人詠梅多提及林和靖及其隱居地西湖，劉秉忠亦援用此典，藉以表達思歸淡泊之心境。

黃庭堅——

詞句：「山谷家風，蕭閑情味，只君能識。」

按：《宋史·黃庭堅列傳》：「黃庭堅字魯直，洪州分寧人。……庭堅學問文章，天成性得，陳師道謂其詩得法杜甫，學甫而不爲者。善行、草書，楷法亦自成一家。與張耒、晁補之、秦觀俱遊蘇軾門，天下稱爲四學士，而庭堅於文章尤長於詩，蜀、江西君子以庭堅配軾，故稱『蘇、黃』。軾爲侍從時，舉以自代，其詞有『瑰偉之文，妙絕

〔註127〕徐熙其畫之妙處，詳見附錄：藏春樂府箋注〈臨江仙〉（十日狂風才是定）註3「便是徐熙相對染，丹青不到天眞」條。見吳任臣《十國春秋·卷三十一·徐熙傳》，北京：中華書局，1983年，頁454～455。劉道醇《宋朝名畫評·卷三》，收錄於嚴一萍續編《美術叢書》第二十六冊，臺北：藝文書局，1975年，頁171～172。

〔註128〕林逋生平，詳見附錄：藏春樂府箋注〈點絳唇〉（策杖尋芳）註3「一見冰容，便有西湖趣」條。見脫脫《宋史·卷四百五十七·林逋列傳》，臺北：臺灣商務印書館，1988年，頁5458～5459。

當世，孝友之行，追配古人』之語，其重之也如此。初，遊灊皖山
谷寺、石牛洞，樂其林泉之勝，因自號山谷道人。」〔註129〕劉秉忠
在詞中提及黃庭堅，更尊其詩文乃一代家風，可見其對黃庭堅之推
崇。

2. 寓言傳說

劉秉忠於詞中亦運用不少寓言故事、神話傳說，試分舉如下：

蝸角之爭——

詞句：「杜宇聲中去住，蝸牛角上輸贏」

按：典出於《莊子·則陽》：「有國於蝸之左角者曰觸氏，有國於蝸之右
角者曰蠻氏，時相與爭地而戰，伏屍數萬，逐北旬有五日而後反。」
〔註130〕莊子借蝸牛角上兩國的戰爭，來諷諭人類的紛爭。劉秉忠更
藉此說明一般人多在仕與隱中擺盪，在人事紛爭中計較輸贏。

伯牙絕絃於鍾期——

詞句：「白雪浩歌真快意，朱絃未絕有知音。月明千里故人心。」

按：典出《列子·湯問》：「伯牙善鼓琴，鍾子期善聽。伯牙鼓琴，志在
登高山，鍾子期曰：『善哉！峨峨兮，若泰山。』志在流水，鍾子期
曰：『善哉！洋洋兮，若江河。』伯牙所念，鍾子期必得之。伯牙游
於泰山之陰，卒逢暴雨，止於巖下，心悲，乃援琴而鼓之，初為霖
雨之操，更造崩山之音。曲每奏，鍾子期輒窮其趣，伯牙乃舍琴而
歎曰：『善哉！善哉！子之聽夫。志想像猶吾心也。吾於何逃聲哉？』」
〔註131〕劉秉忠用伯牙絕絃於鍾子期之故實，表示自己如今依然能愉
悅地撫絃高歌，是因為知道千里之外仍有知音人。

鷗鷺忘機——

詞句：「自任飛來飛去，伴他鷗鷺忘機。」

按：《列子·黃帝》：「海上之人有好漚鳥者，每旦之海上，從漚鳥遊。漚
鳥之至者，百住而不止。其父曰：『吾聞漚鳥皆從汝遊，汝取來，吾
玩之。』明日之海上，漚鳥舞而不下也。故曰：至言去言，至為無

〔註129〕見脫脫《宋史·卷四百四十四·黃庭堅列傳》，同註128，頁5312。
〔註130〕見《莊子·則陽》，同註100，頁891。
〔註131〕見《列子·卷五·湯問》，同註100，頁61。

爲。齊智之所知，則淺矣。」〔註132〕好鷗鳥者忘機，故鷗鳥伴之；其父因存機心，故鷗鳥不至。劉秉忠化用此典，言願爲好漚鳥者，不存機心，任鷗鳥飛來飛去，足見其淡泊無爭之意。

壺中洞天──

詞句：「壺中日月，洞裏煙霞。」「滄海變桑田。誰知有、壺中洞天。」

按：典出於葛洪《神仙傳・壺公》：「壺公者，不知其姓名。……常懸一空壺於坐上，日入之後，公輒轉足跳入壺中。人莫知所在，唯長房於樓上見之，知其非常人也。長房乃日日自掃除公座前地，及供饌物，公受而不謝。如此積久，長房不懈，亦不敢有所求。公知長房篤信，語長房曰：『至暮無人時更來。』長房如其言而往，公語長房曰：『卿見我跳入壺中時，卿便隨我跳，自當得入。』長房承公言，爲試展足，不覺已入。既入之後，不復見壺，但見樓觀五色、重門閣道，見公左右侍者數十人。……房騎竹杖辭去，忽如睡覺，已到家。家人謂是鬼，具述前事，乃發棺視之，唯一竹杖，方信之。房所騎竹杖，棄葛陂中，視之乃青龍耳。初去至歸謂一日，推問家人，已一年矣。」〔註133〕劉秉忠借壺中與世無爭之美勝，形容其故園環境就像壺中仙境一般清幽。

碧桃仙源──

詞句：「一別仙源無覓處，劉郎鬢欲成絲」「劉郎去。碧桃千樹。世外無
　　　尋處。」

按：《太平御覽》引《幽明錄》曰：「漢明帝永平五年，剡縣劉晨、阮肇共入天臺山取穀皮，迷不得返。經十餘日，糧盡飢餒殆死。遙望山上有一桃樹，大有子實，而絕巖邃澗，了無登路，攀葛捫蘿至上，噉數枚而飢止，體充，復下山持杯取水飲，步進漸見蕪菁葉從山腹流出，甚鮮，新復一杯，流出有胡麻飯，相謂曰此處去人徑不遠。度山，出一大溪，溪邊有二女子資質妙絕，見二女持杯出，便笑曰劉阮二郎捉向所失流杯來。晨肇既不識之，二女便呼其姓，如似有相見，忻喜問來何晚耶，遂同還家，……忘憂，至十日後求還去，女云君已來是宿緣

〔註132〕見《列子・卷二・黃帝》，同註100，頁21。
〔註133〕見葛洪《神仙傳・卷五・壺公》，北京：中華書局，1991年，頁38～39。

所牽，何復欲還耶？遂留半年，氣候草木是春時，百鳥呼鳴，更懷土，求歸甚苦，女曰當如何，遂呼前來，女子有三四十人集會奏樂，共送劉阮，指示還路。既出，親舊零落，邑屋改異，無復相識。問得七世孫，傳聞上世入山迷不得歸。」〔註134〕劉秉忠藉劉晨、阮肇之典，表達自己求出桃源，如今反而不得歸之無奈。

張雲容——

詞句：「蘭昌千樹碧參差。芳心應好在，時復問蜂兒。」

按：典出於《太平廣記‧張雲容》：「薛昭者，唐元和末為平陸尉。……昭辭行，過蘭昌宮，古木修竹，四舍其所。昭逾垣而入，……潛于古殿之西間，及夜，風清月皎，見階前有三美女，笑語而至，揖讓升於花茵，以犀杯酌酒而進之。……昭詢其姓字，長曰雲容，張氏；次曰鳳台，蕭氏；次曰蘭翹，劉氏。……遂問：『夫人何許人？何以至此？』容曰：『某乃開元中楊貴妃之侍兒也。妃甚愛惜，常令獨舞〈霓裳〉於繡嶺宮。……此時多遇帝與申天師談道，予獨與貴妃得竊聽，亦數侍天師茶藥，頗獲天師憫之。因閒處，叩頭乞藥。……天師乃與絳雪丹一粒曰：汝但服之，雖死不壞。……後百年，得遇生人交精之氣，或再生，便為地仙耳。我沒蘭昌之時，具以白貴妃。貴妃恤之，命中貴人陳玄造受其事。送終之器，皆得如約。今已百年矣。仙師之兆，莫非今宵良會乎！此乃宿分，非偶然耳。』……遂同寢處，昭甚慰喜。如此數夕，但不知昏旦。容曰：『吾體已蘇矣，但衣服破故，更得新衣，則可起矣。今有金扼臂，君可持往近縣易衣服。』……夜至穴，則容已迎門而笑。引入曰：『但啟櫬，當自起矣。』昭如其言，果見容體已生。及回顧帷帳，但一大穴，多冥器服玩金玉。唯取寶器而出，遂與容同歸金陵幽棲。」〔註135〕劉秉忠藉張雲容久居蘭昌宮等人救贖的典故，說明桃花亦等待有心人之欣賞。

伯雍種玉——

詞句：「洞裏仙人種玉，江邊楚客滋蘭。」

〔註134〕見李昉《太平御覽‧卷四十一‧地部六‧天臺山》，收錄於紀昀編《文津閣四庫全書》第二九六冊，北京：商務印書館，2005年，頁319。

〔註135〕見李昉《太平廣記‧卷六十九‧張雲容》，北京：中華書局，1961年，頁429～431。

按：典出干寶《搜神記‧卷十一》：「楊公伯雍，雒陽縣人也。本以儈賣爲
　　業，性篤孝，父母亡葬無終山，遂家焉。山高八十里，上無水，公汲
　　水作義漿於阪頭，行者皆飲之。三年，有一人就飲，以一鬥石子與之，
　　使至高平好地有石處種之，云：『玉當生其中。』楊公未娶，又語云：
　　『汝後當得好婦。』語畢不見，乃種其石，數歲，時時往視，見玉子
　　生石上，人莫知也。有徐氏者，右北平著姓，女甚有行，時人求多不
　　許。公乃試求徐氏，徐氏笑以爲狂，因戲云：『得白璧一雙來，當聽
　　爲婚。』公至所種玉田中，得白璧五雙以聘，徐氏大驚，遂以女妻公。
　　天子聞而異之，拜爲大夫，乃於種玉處四角作大石柱各一丈，中央一
　　頃地名曰玉田。」〔註136〕劉秉忠引用雍伯汲水作義漿以飲行者，終
　　遇仙人，貽贈石子，種於田中，獲白璧五雙，遂以爲聘，而得好婦的
　　故事，來慰勉自己努力修持才德，終必能得君主賞識。

桃花源——

詞句：「紅雨斜斜作陣，綠雲碎碎成堆。武陵溪口幾人迷。桃花水，流入
　　　不流迴。」

按：陶潛〈桃花源記〉：「晉太元中，武陵人捕魚爲業。緣溪行，忘路之
　　遠近。忽逢桃花林，夾岸數百步，中無雜樹，芳草鮮美，落英繽紛。
　　漁人甚異之。復前行，欲窮其林。林盡水源，便得一山。山有小口，
　　髣彿若有光，便舍船從口入。初極狹，纔通人。復行數十步，豁然
　　開朗。土地平曠，屋舍儼然，有良田美池桑竹之屬。阡陌交通，雞
　　犬相聞。其中往來種作，男女衣著，悉如外人；黃髮垂髫，並怡然
　　自樂。」〔註137〕劉秉忠將令人流連忘返的桃花源比喻其家鄉，後更
　　仙凡兩界對舉，感嘆自己長久徘徊於塵俗，如今無法回到與世隔絕
　　之仙境。

乘槎上雲漢——

詞句：「乘槎欲把仙郎問，也似浮生有白頭。」

按：典出《博物志‧卷三》：「舊説云：天河與海通，近世有人居海濱者，

〔註136〕見干寶《搜神記‧卷十一》，臺北：鼎文書局，1980年，頁83。
〔註137〕陶潛〈桃花源記〉，收錄於龔斌校箋《陶淵明集校箋》，上海：上海古籍出版
　　　　社，1996年，頁402。

年年八月有浮槎去來，不失期。人有奇志立飛閣，於槎上多齎糧，乘槎而去，十餘日中，猶觀日月星辰，自後茫茫忽忽，亦不覺晝夜去。十餘日，奄至一處，有城郭狀，屋室甚嚴，遙望宮中多織婦，見一丈夫牽牛，渚次飲之，牽牛人驚問曰：『何由至此？』此人具說來意，並問此是何處，答曰：『君還至蜀郡，訪嚴君平則知之。』竟不上岸，因還如期，後至蜀問，君平曰：『某年月日有客星犯牽牛宿，計年月正是此人到天河時也。』」〔註138〕劉秉忠化用此傳說，更藉著詢問牛郎是否也似浮生有白頭，慨嘆自己鬢毛已衰，卻仍客居他鄉的無奈。

鶴歸華表——

詞句：「雁飛汾水，鶴歸華表，人事又千年。」

按：典出陶潛《搜神後記·卷一》：「丁令威本遼東人，學道於靈虛山，後化鶴歸遼集城門華表柱。時有少年舉弓欲射之，鶴乃飛，徘徊空中，而言曰：『有鳥有鳥丁令威，去家千年今始歸，城郭如故人民非，何不學仙塚纍纍。』遂高上沖天。今遼東諸丁云：『其先世有升仙者，但不知名字耳。』」〔註139〕劉秉忠藉以形容景物依舊，人事已非，更感嘆時移勢易，榮華轉眼成空。其不如歸去之心，由是可見。

滄海桑田——

詞句：「滄海變桑田。誰知有、壺中洞天。」

按：語本《太平廣記·卷六十》：「麻姑自說云：『接侍以來，已見東海三為桑田，向到蓬萊水，又淺於往者，會時略半也，豈將復還為陵陸乎。』」〔註140〕大海變為陸地，陸地淪為大海，東海三為桑田，世事變化無常。劉秉忠引用麻姑之語，表示自己欲遁隱世外，不想再理會俗世的變遷。

姮娥——

詞句：「照我如常如舊，更誰能似姮娥。」

按：姮娥，后羿的妻子，相傳因偷吃不死之藥而飛昇月宮，成為仙女，

〔註138〕見張華《博物志·卷三》，北京：中華書局，1985年，頁19。
〔註139〕見陶潛《搜神後記·卷一》，北京：中華書局，1985年，頁13。
〔註140〕見《太平廣記·卷六十·麻姑》，同註135，頁370。

漢人為避文帝諱，改姮為嫦，《淮南子·覽冥》：「羿請不死之藥於西王母，姮娥竊以奔月，悵然有喪，無以續之。」〔註141〕劉秉忠藉以慨嘆自己如同姮娥久居月宮，只能暗自惆悵寂寞，卻無法獲得自由。

驪龍明珠——

詞句：「別有照人光彩，驪龍吐出明珠。」

按：《莊子·列禦寇》：「河上有家貧恃緯蕭而食者，其子沒於淵，得千金之珠。其父謂其子曰：『取石來鍛之！夫千金之珠，必在九重之淵而驪龍頷下，子能得珠者，必遭其睡也。使驪龍而寤，子尚奚微之有哉！』今宋國之深，非直九重之淵也；宋王之猛，非直驪龍也；子能得車者，必遭其睡也。使宋王而寤，子為齏粉夫！」〔註142〕古代傳說驪龍頷下有寶珠，乃極珍貴的寶物。劉秉忠藉驪龍吐珠，表達自己如驪龍般，具有才華內涵，終有揚眉吐氣之日。

鳳樓吹簫侶——

詞句：「寂寂朱簾，鳳樓人去簫聲住。」「鳳吹初聽，認是吹簫侶。」

按：劉秉忠此二詞句之故實皆出自劉向《列仙傳·蕭史》：「蕭史者，秦穆公時人也，善吹簫能致孔雀白鶴於庭。穆公有女字弄玉，好之，公遂以女妻焉。日教弄玉作鳳鳴，居數年，吹似鳳聲，鳳凰來止其屋，公為作鳳臺，夫婦止其上，不下數年，一旦皆隨鳳凰飛去。」〔註143〕其前句「寂寂朱簾，鳳樓人去簫聲住」，用以表達人去樓空，淒清孤寂之感；後句「鳳吹初聽，認是吹簫侶」，藉以說明其對隱遁世外的渴望。

由以上分析可知，史書、方志、筆記、雜著、稗官野史、民間傳說等，劉秉忠皆可信手拈來，將之鎔鑄於詞中，幽微地道出情性心志，或為勸勉，或為慨嘆，或為激勵，或為悲切，或抒己志，或詠花卉，不僅使得內容活潑，富有變化，更令內容精鍊含蓄，無怪乎元好問稱讚劉秉忠：「天資高，內學富，

〔註141〕見劉安《淮南子·覽冥》，上海：上海古籍出版社，1989年，頁67。

〔註142〕見《莊子·列禦寇》，同註100，頁1059。

〔註143〕見劉向著：王叔岷校箋《列仙傳校箋·卷上·蕭史》，臺北：中研院中國文哲研究所籌備處，1995年，頁80。

其筆勢縱橫，固已出時人畦畛之外。」〔註144〕

小　結

「鏤玉雕瓊，擬化工而迥巧；裁花剪葉，奪春豔以爭鮮。」〔註145〕宋人填詞多以《花間》爲宗，論詞亦常以《花間》爲準。花間詞婉麗綺靡的風格，成了詞的主要特色。此種以詞爲吟風詠月之作的傳統觀念，直到蘇軾方才打破。他以詩入詞，凡可入詩的，亦以之入詞，不僅開拓了詞的內容，更提升了詞的意境，在婉約綺麗的詞派之外，另創豪放一派。金代詞壇深受此風影響，從吳激、蔡松年之吳蔡體到元好問《中州樂府》所體現之詞學論點，都可見蘇軾詞學觀念之影子，當然，身爲金末元初北方文人的劉秉忠也不例外。陳匪石《聲執》云：「國勢新造，無禾油麥秀之惑，故與南宋之柔麗者不同。而亦無辛、劉慷慨憤懣之氣。流風餘韻，直至元劉秉忠、程之海諸人，雄闊而不失之傖楚，蘊藉而不流於側媚，卓然成自金迄元之一派，實即東坡之流衍也。」〔註146〕由本章針對《藏春樂府》內容的探討可知，劉秉忠耳目之所接，如花卉草木、山川勝景、典籍史事、人情百態等，皆可入詞，無論詠物、詠史、酬贈、詠懷，莫不委婉地透露自己內心的感慨。劉秉忠詞不以風花雪月爲要，而以自抒情志爲先，與蘇軾「無適而不可」之詞學看法相似，著實是繼吳激、蔡松年、元好問後，成爲「東坡之流衍」也。

至於劉秉忠詞作之風格，則可歸納爲三：其一，由於受到本身釋子身分及邵學思想體系的影響，故劉秉忠陶寫情性之詞作，多半呈現超脫紅塵，雅意山水，蕭散閑淡的特色。其二，劉秉忠也致力於造句用語，運用淺明之文字含蓄眞切地抒發心志，跳脫元代詞多曲化、直露戲謔的弊病；他有意識地區分詞和曲的差異，更見其「不薄填詞爲小道」之用心。其三，除造句用語外，劉秉忠也善於運用典故，因爲將歷史故實、寓言傳說鎔鑄於詞中，不僅可以傳達內心難以言喻的感受，還可增強詩歌的凝鍊程度和知識趣味性，營造時空、虛實相互交錯，似幻似眞的美感，使作品更加博奧典雅。

〔註144〕見元好問《遺山文集‧卷三十九‧答聰上人書》，收錄於紀昀編《文津閣四庫全書》第三九八冊，〈集部‧別集類〉，北京：商務印書館，2005年，頁147。
〔註145〕歐陽炯〈花間集原序〉，見趙崇祚編；李一氓校；李冰若注《宋紹興本花間集附校注》，臺北：鼎文書局，1974年，頁1。
〔註146〕陳匪石《聲執》下，同註36，頁4961。

第五章 《藏春樂府》之形式與其特色

　　詞到了元代，已漸行衰微，並非文學的主流，北方文人從事詞學創作者稀，但身處金元之際的劉秉忠，卻是當中少數詞作超過八十闋的文人。作品的體製形式有時往往會透露出作者對於創作的喜好與主張，因此本章將著手探討劉秉忠詞之體製形式，透過其詞之詞調、格律、韻部，來考察《藏春樂府》，整理歸納劉秉忠填詞的好惡；接著與金元著名的詞人比較，分析《藏春樂府》形式上的特色，藉此肯定劉秉忠於風氣漸衰的詞壇上所作的努力。

第一節　詞　調

　　余毅恆《詞筌》對於詞調提出簡要說明：「詞調是詞的唱調，也即腔調；是指一支曲子用某一宮調的管色和殺聲組成而具有一定的旋律的唱調，也是詞的樂譜。詞調的名稱叫詞牌，……每個樂譜都是音律有定位，節奏有緩急、音調有抑揚、情趣有哀樂等。所以詞調不同，就意味著唱腔不同，樂音情趣不同，如〈滿江紅〉的慷慨激昂，〈木蘭花慢〉的和諧宛轉，各個詞調是有其區別的。」〔註1〕作詞必先擇調，選用與自己所欲表達的情感相切合的腔調，使聲詞相從，聲情與文情取得一致，才能產生加成的效果。清代沈祥龍《論詞隨筆》也表示：「詞調不下數百，有豪放，有婉約。相題選調，貴得其宜。調合，則詞之聲情始合。」〔註2〕因此，本節便著手整理《藏春樂府》所使用

〔註1〕余毅恆《詞筌》，台北，正中書局，1966年，頁2～3。

〔註2〕沈祥龍《論詞隨筆》，收錄於唐圭璋《詞話叢編》，北京，中華書局，1986年，頁4060。

的詞調，分析劉秉忠選調的特色，並從中了解劉秉忠對於詞調聲情的態度。

一、選用之詞調

《藏春樂府》所選用的詞調，分列如下：

編號	詞調	體別	疊數	字數	闋數
1	木蘭花慢	一	雙疊	101 字	4
2	風流子	一	雙疊	109 字	1
3	永遇樂	一	雙疊	103 字	1
4	望月婆羅門引	一	雙疊	76 字	2
5	洞仙歌	一	雙疊	80 字	1
6	江城子	一	雙疊	70 字	3
7	三奠子	一	雙疊	68 字	1
8	玉樓春	一	雙疊	56 字	2
9	臨江仙	一	雙疊	60 字	6
10	小重山	一	雙疊	58 字	5
11	江月晃重山	一	雙疊	54 字	4
12	南鄉子	一	雙疊	56 字	8
13	鷓鴣天	一	雙疊	55 字	7
14	太常引	一	雙疊	50 字	6
15	秦樓月	一	雙疊	46 字	4
16	踏莎行	一	雙疊	58 字	2
17	訴衷情	一	雙疊	44 字	1
18	謁金門	一	雙疊	45 字	2
19	好事近	一	雙疊	45 字	2
20	清平樂	一	雙疊	46 字	4
21	卜算子	一	雙疊	44 字	1
22	浣溪沙	一	雙疊	42 字	1
23	朝中措	一	雙疊	48 字	2
24	桃花曲	一	雙疊	46 字	3
25	點絳唇	一	雙疊	41 字	8
26	桃源憶故人	一	雙疊	48 字	1

如表所列，劉秉忠運用詞牌共二十六種，其中寫作最多的是〈南鄉子〉、〈點絳唇〉，各八闋；其次為〈鷓鴣天〉七闋，〈臨江仙〉、〈太常引〉各六闋，〈小重山〉五闋，〈木蘭花慢〉、〈江月晃重山〉、〈秦樓月〉、〈清平樂〉各四闋，〈江城子〉、〈桃花曲〉各三闋，〈望月婆羅門引〉、〈玉樓春〉、〈踏莎行〉、〈謁金門〉、〈好事近〉、〈朝中措〉各二闋，〈風流子〉、〈永遇樂〉、〈洞仙歌〉、〈三奠子〉、〈訴衷情〉、〈卜算子〉、〈浣溪沙〉、〈桃源憶故人〉各一闋。

二、特　色

劉秉忠填詞最明顯的特色，就是選調多用小令。

明嘉靖時，顧從敬刻《類編草堂詩餘》，將宋本《草堂詩餘》原來的四季景色分類編排，改為依小令、中調、長調的分調編排。清初毛先舒《填詞名解》更承《類編草堂詩餘》之分類法定出：「凡填詞五十八字以內為小令，自五十九字始，至九十字止為中調，九十一字以外者俱長調也，此古人定例也。」〔註3〕然此種忽略詞與音樂之間關係，而單以字數多寡加以歸類的分法，向為學者批評。〔註4〕但樂譜失傳甚久，後人已難以音樂為詞調進行分類，而毛先舒等人的分法不僅流俗易解，又能包括眾題，〔註5〕因此本文基於分類之便利性與普遍，仍依詞調實際字數進行分類，計得劉秉忠詞小令十八調六十二闋，中調五調十三闋，長調三調七闋。由此數據顯示，劉秉忠對體製短小的詞牌特別情有獨鍾。然而，好填小令惟劉秉忠如此，抑或當時文風所致？這從金元著名詞人運用詞調的數據統計〔註6〕便可得知：

〔註3〕毛先舒《填詞名解》，收錄於查培繼輯《詞學全書》，台北，廣文書局，1971年，頁29。

〔註4〕朱彝尊《詞綜·發凡》：「宋人編集歌詞，長者曰慢，短者曰令，初無中調、長調之目，自顧從敬編《草堂詞》，以臆見分之，後遂相沿，殊屬牽率。」萬樹《詞律·發凡》：「若少一字為短，多一字為長，必無是理。如〈七娘子〉有五十八字者，有六十字者，將名之曰小令乎？抑中調乎？如〈雪獅兒〉有八十九字者，有九十二字者，將名之曰中調乎？抑長調乎？」《四庫全書總目提要·卷一九九·類編草堂詩餘》：「詞家小令、中調、長調之分，自此書始。後來詞譜依其字數以為定式，未免稍拘，故為萬樹《詞律》所譏。」

〔註5〕見宋翔鳳《樂府餘論》，同註2，頁2500～2501。

〔註6〕李向軍《劉秉忠藏春詞研究》第四章第一節中，即整理出金元重要詞人詞調使用情況一覽表，然其所錄之詞人未有一定的標準，如蔡松年、張之翰、張埜、張雨、張可久、許有壬、張翥、謝應芳、邵亨貞等重要詞人皆未收錄。故本文重新根據《全金元詞》取樣，以留存詞作達五十闋之詞人為主，加上

詞人	詞作	合計	用調頻率〔註7〕	小令	中調	長調	小令佔調率〔註8〕	小令使用率〔註9〕
蔡松年 1070～1159	調數	38	44.7%	17	8	13	44.7%	30.6%
	詞數	85〔註10〕		26	12	47		
王寂 1127～1196	調數	23	65.7%	10	7	4	43.5%	51.4%
	詞數	35		18	10	7		
李俊明 1176～1260	調數	18	26.1%	10	3	5	55.6%	65.2%
	詞數	69		45	7	17		
元好問 1190～1257	調數	81	21.7%	36	23	22	44.4%	53.5%
	詞數	374		200	93	81		
段克己 1196～1254	調數	20	29.9%	7	7	6	35%	34.3%
	詞數	67		23	24	20		
段成己 1199～1279	調數	19	30.2%	7	7	5	36.8%	42.9%
	詞數	63		27	26	10		
劉秉忠 1216～1274	調數	26	31.7%	18	5	3	69.2%	75.6%
	詞數	82		62	13	7		
白樸 1226～1307	調數	31	29.8%	7	3	21	22.6%	22.1%
	詞數	104		23	3	78		
王惲 1227～1304	調數	37	15.2%	15	10	12	40.5%	46.7%
	詞數	244		114	47	83		
魏初 1231～1292	調數	21	48.8%	8	3	10	38.1%	34.9%
	詞數	43		15	3	25		
姚燧 1238～1213	調數	26	53.1%	10	4	12	38.5%	46.9%
	詞數	49		23	7	19		

　　尚存三十闋以上詞作的王寂、魏初、姚燧、劉因、趙孟頫、袁易、朱晞顏等著名詞人，整理統計之。而以修道、練丹爲詞學創作主體之詞人，因其選用詞牌名多因內容而有所變更，恐使統計數據失準，故不採錄。

〔註7〕用調頻率＝總調數÷總詞數×100％，即詞調在詞人詞作中更換的比例。

〔註8〕小令佔調率＝小令調數÷總調數×100％，即詞人在選調時，選中小令的比例。

〔註9〕小令使用率＝小令詞數÷總詞數×100％，即小令在詞人詞作中出現的比例。

〔註10〕《全金元詞》共錄蔡松年詞86闋，但其中有一闋只錄一句，亦失其調名，故不計算在內。

張之翰	調數	22	31.9%	6	6	10	27.3%	17.4%
1243～1296	詞數	69		12	20	37		
劉敏中	調數	36	24.2%	18	8	10	50%	51.7%
1243～1318	詞數	149		77	23	49		
劉因	調數	16	45.7%	10	2	4	62.5%	77.1%
1249～1293	詞數	35		27	3	5		
程文海	調數	33	58.9%	13	9	11	39.4%	37.5%
1249～1318	詞數	56		21	17	18		
趙孟頫	調數	18	48.6%	9	2	7	50%	62.2%
1254～1322	詞數	37		23	2	12		
袁易	調數	19	63.3%	5	3	11	26.3%	36.7%
1262～1306	詞數	30		11	4	15		
虞集	調數	14	45.2%	6	3	5	42.9%	35.5%
1272～1348	詞數	31		11	4	16		
張埜	調數	23	35.9%	5	6	12	21.7%	14.1%
?～?	詞數	64		9	6	49		
張雨	調數	33	64.7%	12	4	17	36.4%	37.3%
1277～1348	詞數	51		19	6	26		
張可久	調數	16	24.2%	9	3	4	56.3%	63.6%
?～?	詞數	66		42	10	14		
沈禧	調數	16	29.1%	7	3	6	43.8%	43.6%
1284～?	詞數	55		24	23	8		
許有壬	調數	39	22.0%	13	8	18	33.3%	43.5%
1287～1364	詞數	177		77	19	81		
李齊賢	調數	15	28.3%	6	3	6	35.3%	79.2%
1287～1367	詞數	53		42	3	8		
張翥	調數	76	57.1%	20	13	43	26.3%	27.8%
1287～1368	詞數	133		37	24	72		
謝應芳	調數	24	37.0%	8	6	10	33.3%	30.8%
1296～1392	詞數	65		20	15	30		
邵亨貞	調數	67	46.9%	25	13	29	37.3%	47.6%
1309～1401	詞數	143		68	23	52		

　　由上表可知，劉秉忠無論是選中小令的比例，或小令在詞人詞作中出現的比例都相當高。金元著名的詞人，如白樸、張之翰、張埜、張翥等人之小令調數及其創作未達三分之一。而小令創作高達二分之一以上只有兩位：一是劉因，他是金元時期唯一一位小令創作與劉秉忠相近者，惜其現存詞作只有三十五闋；一是李齊賢，其小令出現頻率為眾詞人之冠，但其小令選用率卻相當低，有二十一闋詞皆使用〈巫山一段雲〉這個詞牌填寫，〔註11〕可見其喜愛單一詞牌，而不是好填小令。所以可推斷選填小令乃出於劉秉忠個人喜好，是他對詞學的堅持，非當時文壇主流。

　　金元詞人多喜以長調慢詞抒情寫意、寄贈唱和，但劉秉忠卻以「小令」為主體，企圖在詞壇中闢一新天地。張炎《詞源》曾云：「詞之難於令曲，如詩之難於絕句，不過十句，一句一字閑不得。末句最當留意，有『有餘不盡』之意始佳。當以唐花間集中韋莊、溫飛卿為則。又如馮延巳、賀方回、吳夢窗亦有妙處。……大抵前輩不留意於此，有一兩曲膾炙人口，餘多鄰乎率易。」〔註12〕詞人複雜的思想情感尚難以用四、五十言道盡，況又得有「有餘不盡」之意？再加上詞體應歌入樂功能的消失，詞之創作方式趨於詩化，按譜填詞、按律作詩實無區別，長調尚具有廣闊的表達空間，然小令卻與律絕無異，故取小令填詞之詞人日寡，甚至多率易之詞。在這種情形下，劉秉忠仍致力填寫小令，欲復唐五代、北宋之盛況，可見其用心。儘管劉秉忠這種主張並未在當時的詞壇中造成影響，但此種異於主流的詞學觀點確是詞人有別於其他金元詞人的特色。

　　劉秉忠所選填之二十六詞調中，有十八調為唐五代舊曲，如〈風流子〉、〈永遇樂〉、〈洞仙歌〉、〈江城子〉、〈玉樓春〉、〈臨江仙〉、〈小重山〉、〈南鄉子〉、〈鷓鴣天〉、〈太常引〉、〈秦樓月〉、〈訴衷情〉、〈謁金門〉、〈清平樂〉、〈卜算子〉、〈浣溪沙〉、〈點絳唇〉、〈桃源憶故人〉〔註13〕；有六調為北宋舊調，如〈木蘭花慢〉、〈望月婆羅門引〉、〈踏莎行〉、〈好事近〉、〈朝中措〉、〈桃花曲〉〔註14〕；〈江月晃重山〉則是合教坊舊曲〈西江月〉、〈小重山〉二曲之新

〔註11〕參見唐圭璋編《全金元詞》，北京：中華書局，1979年，頁1028～1031。
〔註12〕張炎《詞源》，同註2，頁265。
〔註13〕此十八調皆見於曾昭岷、曹濟平、王兆鵬、劉尊明等編《全唐五代詞》，北京：中華書局，1999年。《全唐五代詞》此書為目前收詞最多、考訂最精的一部唐五代詞總集。
〔註14〕此六調張先、晏殊、柳永、歐陽修、晁補之、曹組等人多有選填。見唐圭璋

聲；〈三奠子〉唐宋未有此調，應為金元新曲。由敘述可知，劉秉忠選用詞調
主要來自唐五代舊曲。然唐五代詞以「豔科」為題材，以娛賓遣興為目的，
詞調因此而生，故多宛轉柔媚，但劉秉忠卻以之詠物、抒情、懷古、酬答，
暢寫主觀的志向情懷。沿用唐五代之曲，卻跳脫代言體的性質，著眼於言志
詠懷，這與北方盛行的蘇軾「以詩為詞」之風有關，也是多數金元詞人的特
色。除了唐宋舊曲外，劉秉忠對於新興詞調的努力是金元詞人中少有的。〈明
月晃重山〉雖然是合二舊曲而成，但卻僅見於《全金元詞》，七千多闋金元詞
只得八闋，其中有四闋出於劉秉忠；〈三奠子〉首見於元好問〈錦機集〉，為
金元新聲，眾人皆為六十七字體，惟劉秉忠作六十八字體，足見其不囿於譜
律，這與「依約舊譜，仿其平仄，綴輯成章」〔註15〕的金元詞人相當不同。

　　蔣伯潛、蔣祖怡〈填詞與作曲〉云：「填詞上應注意的事項，首先是選擇
詞調。詞調的選取應注意前人對於此調的情意，是激昂還是幽婉的，如〈六
州歌頭〉後來已為雄壯一派所常用，便不宜再填幽婉之詞；如〈蝶戀花〉向
來填者都是淒婉曲折之詞，不能填入粗豪的句語。同時應注意詞調的來源，
如〈浪淘沙〉象徵豪壯，〈楊柳枝〉象徵纏綿的感情，選詞調時應加注意。」
〔註16〕可見詞調與聲情關係密切，習於音律的劉秉忠當然也會注意到這點。
雖唐宋宮調律譜，如今無從悉知，然詞調之聲情，尚可由調名分辨。〔註17〕
單就詞調與內容作分析，可發現劉秉忠六闋詠花詞集中選用〈臨江仙〉、〈點
絳唇〉二調，〈小重山〉、〈南鄉子〉、〈秦樓月〉三調則多用來表達思鄉懷友、
離情別意，至於〈太常引〉則寫其視富貴如浮雲之豁達。由於劉秉忠詞作內
容多半吟詠其盼歸未成的慨嘆，甚少慷慨激昂之氣，故其擇調多趨委婉，如：
〈花木蘭慢〉、〈清平樂〉、〈臨江仙〉、〈點絳唇〉等，至於〈永遇樂〉、〈賀新
郎〉、〈滿江紅〉等激越奔放之調則少選用，甚至根本不用。但因情擇調，並
非易事，劉秉忠有時也會忽略詞調與內容必須相符，如以豪壯激烈的〈永遇
樂〉寫會友哦詩遣興之閒情，以纏綿委婉〈臨江仙〉寫牽掛國家蒼生之懷抱。
歷來詞作中，有曲與詞聲情相合的，也有聲情不合甚至相互違迕的。後兩種

　　編《全宋詞》，北京：中華書局，1997年。
〔註15〕見虞集〈葉宋英自度曲譜序〉，見《道園學古錄·卷三十二》，收錄於紀昀編
　　　　《文津閣四庫全書》第四○三冊，〈集部·別集類〉，北京：商務印書館，2005
　　　　年，頁426。
〔註16〕見蔣伯潛、蔣祖怡《詞曲》，上海：上海書店出版社，1997年，頁206。
〔註17〕王易《詞曲史》，北京：東方出版社，1996年，頁235。

情況，有的是出於「不知」，有的是出於「不顧」。這種情形，在作詞只爲了抒情而不是爲了應歌的情況下，尤其如此。〔註 18〕劉秉忠作詞雖欲求聲情相合，但情之所至，有些時候實在難以顧及。不過，整體而言，劉秉忠算是北方詞人中少數會去注意詞調聲情的作者。

第二節　詞　律

《四庫全書總目》：「金元以來南北曲行，而詞律亡。作是體者，不過考証舊詞，知其句法平仄，參証同調之詞，知某句可長可短，某字可平可仄而已。當時宮調已茫然不省。」〔註 19〕金元時期，音譜散失，詞樂失傳，詞逐漸脫離音樂而成爲一種長短句的詩體，作詞者就只能依據前人作品的的格律，即句讀、平仄和押韻方式來塡寫，而描述和規範這些格式的文字便叫做「詞譜」。

現存較早詞譜有明張綖《詩餘圖譜》，該譜取宋人歌詞，擇聲調合節者一百十首，彙而譜之；後有程明善《嘯餘譜》，總載詞曲之式，全書凡十卷，其中有詞譜三卷，共收三百三十調，四百五十體，對後來的各種詞譜產生一定的影響；清初賴以邠則沿用張綖之《詩餘圖譜》體例作《塡詞圖譜》，亦取古詞爲譜，以黑白圈記其平仄爲圖〔註 20〕；清康熙二十六年，萬樹編《詞律》，〔註 21〕此書不僅糾正《嘯餘譜》及《塡詞圖譜》之訛，更進一步校正諸家詞集之舛異；又清康熙五十四年，王奕清等人奉敕編撰《御定詞譜》〔註 22〕（下文統稱《詞譜》），是譜翻閱群書，互相參訂，凡舊譜分調、分段及句讀音韻之誤，悉據唐、宋、元詞校定，爲參考價值相當高的詞譜；清朝嘉慶年間舒夢蘭編選《白香詞譜》，收一百個常用詞調，詳細標注每一字之平仄，又所選

〔註 18〕參見吳熊和《唐宋詞通論》，杭州：浙江古籍出版，1989 年，頁 129～130。

〔註 19〕見紀昀等人編《四庫全書總目・卷二百・塡詞名解》，臺北：藝文印書館，1979年，頁 4202。

〔註 20〕同註 19，頁 4203。

〔註 21〕此譜共收六百六十調，一千一百八十餘體，後又經增補爲八百二十五調，一千六百七十餘體。

〔註 22〕又稱《欽定詞譜》、《御製詞譜》、《康熙詞譜》，統稱《詞譜》，爲王奕清等編製，康熙五十四年聖祖仁皇帝御定，凡八百二十調，二千三百零六體。凡唐至元之遺篇，靡弗採錄；元人小令，其言近雅者，亦間附之；唐宋大曲，則彙爲一卷，綴於末。每調各注其源流，每字各圖其平仄，每句各注其韻葉，爲體製較完整的詞譜。

的例詞都是比較有名的佳作，對初學填詞者較易產生共鳴；近人龍榆生《唐宋詞格律》襲《白香詞譜》體例，收唐宋詞中常見之詞牌一百五十餘調，每一詞牌皆言其產生來歷及演變情況，間或指出適宜表達何種情感及其中某些特定的句法和字聲，爲近世較流傳之詞譜；而由學者潘愼編撰，一九九一年出版之《詞律辭典》，以《欽定詞譜》爲依據，共收錄一千二百四十種詞調，三千四百一十二體，後潘氏續編《中華詞律辭典》（下文稱《潘譜》），以《詞律辭典》爲基礎，《詞律》、《歷代詩餘》、《全唐五代詞》、《全宋詞》、《清名家詞》、《明詞綜》、《全金元詞》等有關方面書籍爲參考資料，增補爲二千五百五十六調，四千一百八十六體，爲收錄詞調最完備的著作。然《潘譜》各調異名皆獨立作譜，而不以源流爲序，且同名異調匯而稱又一體，或以明清之詞調校唐宋，因此，其收錄詞調雖齊，嚴謹度卻不及《詞譜》。因此，本節之詞作體例、平仄正譜，皆以《詞譜》爲據。

本節單純就《詞譜》〔註23〕所錄詞體之句讀、用韻、字數，參以《詞律》〔註24〕、《潘譜》，〔註25〕將《藏春樂府》之詞律分爲兩部分：一爲承襲舊調者，即參證唐宋同調之詞，據其句法、用韻、字數，填入字詞；一爲因舊創新者，即參考唐宋同調之詞，於歌辭上減少、增添字句，另成一新興之詞體。

每一詞調皆列劉秉忠所作詞一闋，下標該闋詞所據詞體之平仄正譜以茲對照。以「○」表平聲，「●」表仄聲，「⊙」表平可仄，「◒」表仄可平；以「、」表句中讀，「，」表句，「。」表韻。若出現必須補充者，則於按語處說明之，期能較全面地討論《藏春樂府》之詞律是否合於唐宋人填詞格律的實際情況。

一、承襲舊調者

（一）木蘭花慢，共四闋，錄一闋：

上片

到閑人閑處，更何必、問窮通。但遣興哦詩，洗心觀易，散步攜節。
◒ ⊙○○● ，●○○、 ●○○。 ●●●○○， ⊙○○● ， ⊙●○○。

〔註23〕王奕清等編《御定詞譜》，收錄於《文津閣四庫全書》第五○○冊，〈集部・詞曲類〉，北京：商務印書館，2005年，頁301～530。

〔註24〕萬樹《詞律》，收錄於《文津閣四庫全書》第五○○冊，同註23，頁531～642。

〔註25〕潘愼編《中華詞律辭典》，長春：吉林人民出版社，2005年。

浮雲不堪攀慕，看長空澹澹沒孤鴻。今古漁樵話裏，江山水墨圖中。
⊙ ⊙○○●，○●●○○○●○○。○●●○○●，○○○●○○。

下片

千年事業一朝空。春夢曉聞鐘。得史筆標名，雲臺畫像，多少成功。

⊙○⊙●○○。●○○●○。●●●○○，○○⊙●，⊙●○○。

歸來富春山下，笑狂奴何事傲三公。塵事休隨夜雨，扁舟好待秋風。
⊙ ⊙⊙○○●，●○○○●●○○。○●●○●●，○○●●○○。

調略：雙調，一百零一字。上片九句，五十字，四平韻；下片九句，五
十一字，五平韻。

按：劉秉忠〈木蘭花慢〉四闋之斷句、用韻，皆據《詞譜》卷二十九所
錄之程垓〈木蘭花慢〉（倩嬌鶯姹燕）體作。前三闋平仄皆合於詞譜，
惟第四闋（混一後賦）上片第六句「東風吹徧原野」作
「○○○●●●」，第四字之平仄與《詞譜》、《潘譜》稍異。

（二）望月婆羅門引，共二闋，錄一闋：

上片

午眠正美，覺來風雨滿紅樓。捲簾情思悠悠。望斷碧波煙渚，蘋蓼不勝
○○●●，●○○●●○○。●○○○○○。●●●○○●，○○●○

秋。但冥冥天際，難識歸舟。
○。●○○○●，○●○○。

下片

大夫骨朽，算空把、汨羅投。誰辨濁涇清渭，一任東流。
● ○○●，●○●、●○○。○●●○○●，●●○○。

而今不醉，苦一日、醒醒一日愁。薄薄酒、且放眉頭。
○○●●，●●●、●○●●○。●●●、●●○○。

調略：雙調，七十六字。上片七句，四平韻，三十七字；下片七句，三
十九字，四平韻。

按：〈望月婆羅門引〉，梅苑詞名〈婆羅門〉，段克己詞名〈望月婆羅門引〉，
劉秉忠此詞牌名乃據段氏。劉秉忠有二闋〈望月婆羅門引〉，皆換頭
不押韻，乃據《詞譜》卷十八所錄之李俊民〈婆羅門引〉（浮雲霽色）
體作，然其平仄則異於該體。劉秉忠〈望月婆羅門引〉（午眠正美），
上片首句第一字改平為仄，第二句第一字改平為仄，第三句第一字

改平爲仄，第三字改仄爲平，第四句第三字改平爲仄，第五字改仄爲平，第六句第二字改仄爲平，第七句第一字改仄爲平；下片第二句第二字改仄爲平，第三句第一字改仄爲平，第三字改平爲仄，第六句第二字改平爲仄，第七句第一字改平爲仄，第四字改平爲仄。又對照曹組〈婆羅門引〉（漲雲暮卷）體之平仄，劉秉忠兩闋詞之平仄卻與之相合。《詞譜》指出〈婆羅門引〉以曹氏爲正體，宋蔡伸、嚴仁、辛棄疾、吳文英、金元好問、李晏、段成己、段克己、李俊民、元張翥諸詞，俱與此同，而平仄稍異。可知劉秉忠〈望月婆羅門引〉亦同前人據曹組體塡寫，然換頭處不押韻，則學李俊明體。

（三）江城子，共三闋，錄一闋：

上片

平生行止懶編排。住蒿萊。走塵埃。社燕秋鴻，年去復年來。
◉　○◉●●○○。●○○。●○○。●●◉○，◉●●○○。

看盡好花春睡穩，紅與紫，任他開。
◉　●◉○○●，○●●，●○○。

下片

紫微天上列三台。問英才。幾沉埋。滄海遺珠，當著在鸞臺。
◉　○◉●●○○。●○○。●○○。◉●◉○，◉●●○○。

與世浮沉惟酒可，如有酒，且開懷。
◉　●●○○●，○●●，●○○。

調略：雙調，七十字。上片七句，三十五字，五平韻；下片七句，三十五字，五平韻。

按：《詞譜》表示唐詞單調以韋莊詞爲主，餘俱照韋詞添字，三十五字至三十七字不等；至宋人始作雙調，晁補之改名〈江神子〉，韓淲詞有「臘後春前村意遠」句，七十字，有平韻、仄韻兩體，故又名〈村意遠〉。劉秉忠此三闋之斷句、用韻，據《詞譜》卷二所錄之蘇軾〈江城子〉（鳳凰山下雨初晴）體作，平仄與《詞譜》、《潘譜》所錄皆合。

（四）玉樓春，共二闋，錄一闋：

上片

閑雲不肯狂馳騁。向晚自來棲岳頂。野人無事也關門，一炷古香焚小鼎。
●　○○◉●○○●。●●○○○●●。◉○○●●○○，●●◉○○●●。

下片

驚烏有恨無人省。飛去飛來明月影。夜闌萬籟寂中聞，破牖透風微覺冷。

⊙　○○●　○○●　﹒●●○○　●○○●・○○●●●○○，‧●●○○●●。

調略：雙調，五十六字。上片四句，二十八字，三仄韻；下片四句，二十八字，三仄韻。

按：花間集顧夐詞起句有「月照玉樓春漏促」句，又有「柳映玉樓春日晚」句，《尊前集》歐陽炯詞起句有「春早玉樓煙雨夜」句，又有「日照玉樓花似錦」，「樓上醉和春色寢」句，故取〈玉樓春〉為調名。李煜詞名〈惜春容〉，朱希真詞名〈西湖曲〉，康與之詞名〈玉樓春令〉，高麗史樂志詞名〈歸朝歡令〉。劉秉忠二闋〈玉樓春〉之上下片起句平仄，乃據《詞譜》卷十二所錄之李煜詞〈玉樓春〉（晚妝初了明肌雪）體作；上下片二、三、四句平仄，則照顧夐〈玉樓春〉（拂水雙飛來去燕）填。李、顧二體之斷句、用韻一致，惟平仄稍異。

（五）臨江仙，共六闋，錄一闋：

上片

同是天涯流落客，君還先到襄城。雲南關險夢猶驚。

●　●●○○●，○○○●○○。●○○●●○○。

記曾明月底，高枕遠江聲。

●　○○●●，⊙●●○○。

下片

年去年來人漸老，不堪苦思功名。傾開懷抱酒多情。

●　●○⊙○●，●○●○○。○○○●●○○。

幾時同一醉，揮手謝公卿。

⊙　○○●●，○●●○○。

調略：雙調，六十字。上片五句，三十字，三平韻；下片五句，三十字，三平韻。

按：〈臨江仙〉，唐教坊曲名。李煜詞名〈謝新恩〉；賀鑄詞有「人歸落鴈後」句，名〈鴈後歸〉；韓淲詞有「羅帳畫屏新夢悄」句，名〈畫屏春〉，李清照詞有「庭院深深深幾許」句，名〈庭院深深〉。劉秉忠六闋〈臨江仙〉之斷句、用韻，皆據《詞譜》卷十所錄之賀鑄〈臨江仙〉（巧翦合歡羅勝子）體作，惟平仄與賀詞稍異。劉秉忠〈臨江

仙〉（同是天涯流落客），下片第二句第三字改平爲仄；〈臨江仙〉（滿路紅塵飛不去），平仄則與賀體合；〈臨江仙〉（堂上簫韶人不奏），上片第二句第一字改平爲仄，第四句第一字改仄爲平，下片第二句第三字改平爲仄；〈臨江仙〉（冰雪肌膚香韻細），平仄變異與〈臨江仙〉（堂上簫韶人不奏）同；〈臨江仙〉（一別仙源無覓處），上片第四句第一字改仄爲平；〈臨江仙〉（十日狂風才是定），上片第二句第一字改平爲仄。又《詞譜》表示賀鑄詞體之上下片第四句校張詞各添一字，宋元詞俱照此塡；另對照張泌〈臨江仙〉（煙消湘渚秋江靜）體，發現劉秉忠〈臨江仙〉與賀體平仄相異之字，俱與張體合。因此，可知劉秉忠六闋〈臨江仙〉乃據賀鑄詞體斷句、用韻，而平仄乃參考張泌詞體。

（六）小重山，共五闋，錄一闋：

上片

詩酒休驚誤一生。黃塵南北路、幾功名。枝頭烏鵲夢頻驚。
⊙ ●○○○●○。○○○●●、●○○。○○○●●○○。

西州月、夜夜照人明。
⊙ ○●、⊙●●○○。

下片

枕上數寒更。西風殘漏滴、兩三聲。客中新感故園情。
⊙ ●●○○。○○○●●、●○○。⊙○○●●○○。

音書斷、天曉雁孤鳴。
⊙ ○●、⊙○●○○。

調略：雙調，五十八字。上片四句，三十字，四平韻；下片四句，二十八字，四平韻。

按：〈小重山〉，李邴詞名〈小沖山〉；姜夔詞名〈小重山令〉；韓淲詞有「點染煙濃柳色新」句，因此又名〈柳色新〉。劉秉忠五闋〈小重山〉之斷句、用韻，皆據《詞譜》卷十三所錄之薛昭蘊〈小重山〉（春到長門春草青）體作，平仄與《詞譜》、《潘譜》所錄皆合。

（七）江月晃重山，共四闋，錄一闋：

上片

芳草洲前道路，夕陽樓上欄干。碧雲何處望歸鞍。從軍客，耽樂不思還。
○ ● ○ ● ● ，● ○ ○ ● ○ 。● ○ ○ ● ● ○ ○ 。● ○ ● ，○ ● ● ○ ○ 。

下片

洞裏仙人種玉，江邊楚客滋蘭。鴛鴦沙煖鶺鴒寒。菱花鏡，不奈鬢毛班。
● ● ○ ○ ● ● ，○ ○ ● ● ○ ○ 。○ ○ ○ ● ● ○ ○ 。○ ○ ● ，● ● ● ○ ○ 。

調略：雙調，五十四字，上片五句，二十七字，三平韻；下片五句，二十七字，三平韻。

按：《詞律》有云：「用〈西江月〉、〈小重山〉串合，故名〈江月晃重山〉。此後世曲中用犯之嚆矢也。」〔註 26〕此調上下片第一、二、三句用〈西江月〉體，四、五句用〈小重山〉體。劉秉忠四闋〈江月晃重山〉之斷句、用韻，皆據《詞譜》卷十所錄之陸游〈江月晃重山〉（芳草洲前道路）體作，惟下片第二句第三字俱改平爲仄，而此字於《詞律》、《潘譜》皆言「平可仄」，故此四闋詞之格律大抵與平仄譜合。

（八）南鄉子，共八闋，錄一闋：

上片

南北短長亭。行路無情客有情。年去年來鞍馬上，何成。短鬢垂垂雪幾
● ● ● ○ ○ 。○ ● ○ ○ ● ● ○ 。○ ● ○ ○ ○ ● ● ，○ ○ 。● ● ○ ○ ● ● ●
莖。
○ 。

下片

孤舍一檠燈。夜夜看書夜夜明。窗外幾竿君子竹，淒清。時作西風散雨
○ ● ● ○ ○ 。● ● ○ ○ ● ● ○ 。○ ● ● ○ ○ ● ● ，○ ○ 。○ ● ○ ○ ● ●
聲。
○ 。

調略：雙調，五十六字。上片五句，二十八字，四平韻；下片五句，二十八字，四平韻。

按：〈南鄉子〉，唐教坊曲名，此詞有單調、雙調。單調者始自歐陽炯詞，馮延巳、李珣俱本此添字；雙調者始自馮延巳詞，太和正音譜注越調，歐陽修本此減字，王之道、黃機、趙長卿俱本此添字也。劉秉忠八闋〈南鄉子〉之斷句、用韻，皆據《詞譜》卷一所錄之馮延巳

〔註 26〕見萬樹《詞律》卷六，同註 24，頁 562。

〈南鄉子〉（細雨濕流光）體作，然平仄稍異。其〈南鄉子〉（南北短長亭）上片第三句第三字改仄為平，第五句第一字改平為仄，下片第五句第一字改仄為平；〈南鄉子〉（翠袖捧離觴）上片第二句第一字改平為仄，第三句第一字改平為仄，下片第二句第一字改仄為平；〈南鄉子〉（憔悴寄西州）上片第二句第一字改平為仄，下片第一句第一字改平為仄；〈南鄉子〉（遊子繞天涯）上片第二句第二字改仄為平，第三句第一字改平為仄，第三字改仄為平，第五句第一字改平為仄；〈南鄉子〉（李杜放詩豪）上片第二句第一字改平為仄，第三句第一字改平為仄，下片第三句第一字改仄為平；〈南鄉子〉（季子解縱橫）上片第二句第一字改平為仄，第三句第一字改平為仄，第五句第一字改平為仄；〈南鄉子〉（夜戶喜涼飆）上片第五句第一字改平為仄，下片第一句第一字改平為仄，下片第五句第一字改仄為平；〈南鄉子〉（檀板稱歌喉）上片第一句第一字改仄為平，第二句第一字改平為仄，第三句第一字改平為仄，第三字改仄為平。而將此八闋詞對照《詞律》五十六字體〈南鄉子〉之平仄譜，唯有〈南鄉子〉（遊子繞天涯）上片第二句「才離蠻煙又塞沙」作「○○○○●●○」，第二字與《詞律》之平仄譜不合，餘皆相合。

（九）鷓鴣天，共七闋，錄一闋：

上片

垂柳風邊拂萬絲。春光照眼惜花枝。鳳城好景誰來賞，忙殺悠悠世上兒。
⊙ ● ⊙ ○ ⊙ ● ○。⊙ ○ ⊙ ● ● ○ ○。⊙ ○ ⊙ ● ○ ○ ●，⊙ ● ○ ○ ⊙ ● ○。

下片

歌近耳，酒盈卮。十分勸飲卻推辭。人生休聽漁家曲，一日風波十二時。
⊙ ● ●，● ○ ○。⊙ ○ ⊙ ● ● ○ ○。⊙ ○ ⊙ ● ○ ○ ●，⊙ ● ○ ○ ● ● ○。

調略：雙調，五十五字。上片四句，二十八字，三平韻；下片五句，二十七字，三平韻。

按：〈鷓鴣天〉，趙令時詞名〈思越人〉；李元膺詞名〈思佳客〉；賀鑄詞有「翦刻朝霞釘露盤」句，故名〈翦朝霞〉；韓淲詞有「只唱驪歌一疊休」句，故名〈驪歌一疊〉；盧祖皋詞有「人醉梅花臥未醒」句，故名〈醉梅花〉。劉秉忠七闋〈鷓鴣天〉之斷句、用韻，皆據《詞譜》

卷十一所錄之晏幾道〈鷓鴣天〉（彩袖殷勤捧玉鍾）體作，其平仄與《詞譜》、《潘譜》所錄皆合。

（十）太常引，共六闋，錄一闋：

上片

長安三唱曉雞聲。誰不被、利名驚。攬鏡照星星。都老卻、當年後生。
●　○○●○○　○　　●　⊙●　、○　○○　○　●　○○　、○○●　○　

下片

山林蒼翠，江湖煙景，歸去沒人爭。休望濯塵纓。幾時得、滄浪水清。
●　○○●，●○○●，●●○○○。○●●○○。●○●、○○●○。

調略：雙調，五十字。上片四句，二十五字，四平韻；下片五句，二十
　　　五字，三平韻。

按：〈太常引〉，《太和正音譜》注仙呂宮，一名〈太清引〉；韓淲詞有「小
　　春時候臘前梅」句，故又名〈臘前梅〉。劉秉忠六闋〈太常引〉之斷
　　句、用韻，皆據《詞譜》卷七所錄之高觀國〈太常引〉（玉肌輕襯碧
　　霞衣）體作，然平仄多異。其〈太常引〉（長安三唱曉雞聲）上片第
　　三句第一字改平為仄，第四句第一字改仄為平，下片第一句第一字
　　改仄為平，第二句第一字改仄為平，第三句第一字改仄為平，第五
　　句第二字改仄為平；〈太常引〉（衲衣藤杖是吾緣）上片第三句第一
　　字改平為仄，下片第三句第一字改仄為平，第五句第一、二字皆改
　　仄為平；〈太常引〉（青山憔悴瑣寒雲）上片第一句第一字改仄為平，
　　第三句第一字改平為仄，第四句第二字改仄為平，下片第一句第一
　　字改仄為平，第二句第一字改仄為平，第五句第二字改仄為平；〈太
　　常引〉（桃花流水鱖魚肥）上片第一句第一字改仄為平；〈太常引〉（當
　　時六國怯強秦）上片第一句第一字改仄為平，第三字改平為仄，下
　　片第四句第一字改平為仄；〈太常引〉（至人視有一如無）上片第一
　　句第三字改平為仄，下片第五句第一字改仄為平。將此六闋詞另與
　　辛棄疾〈太常引〉（仙機似欲織纖羅）體對照，除上片第二句多辛體
　　一字外，平仄皆與之合。故可知劉秉忠雖據高觀國之詞體斷句、用
　　韻，但其平仄則循辛棄疾之詞體。

（十一）秦樓月，共四闋，錄一闋：

上片

杯休側。爲君送別城南陌。城南陌。茸茸芳草，萬家春色。

⊙　⊙●　。⊙○●●○○　●　。○○●　。⊙○●●　，●○○●　。

下片

陽關一曲愁腸結。吟鞭斜裊黃昏月。黃昏月。長安古道，洛陽遊客。

●○○●○○●　。○○○●○○●　。○○●　。○○○●　，●○○●　。

調略：雙調，四十六字。上片五句，二十一字，三仄韻，一疊韻；下片
　　　五句，二十五字，三仄韻，一疊韻。

按：即〈憶秦娥〉，此詞牌自唐迄元體各不一，溯其源皆從李白詞出也，
　　因詞有「秦娥夢斷秦樓月」句，故名〈秦樓月〉；蘇軾詞有「清光偏
　　照雙荷葉」句，故名〈雙荷葉〉；無名氏詞有「水天搖蕩蓬萊閣」句，
　　故名〈蓬萊閣〉；至賀鑄始易仄韻爲平韻；張輯詞有「碧雲暮合」句，
　　故名〈碧雲深〉；宋媛孫道絢詞有「花深深」句，故名〈花深深〉。
　　劉秉忠此四闋〈秦樓月〉之斷句、用韻，皆據《詞譜》卷五所錄之
　　李白〈憶秦娥〉（簫聲咽）體作，平仄與《詞譜》、《潘譜》所錄大致
　　相合，惟〈秦樓月〉（瓊花島）上片第五句「山圍水繞」作「○○●●」，
　　第三字之平仄與《詞譜》、《潘譜》異。

（十二）踏莎行，共二闋，錄一闋：

上片

白日無停，青山有暮。功名兩字將人誤。襀懷先著酒澆開，放心又被

⊙　●○○　，⊙○⊙●　。⊙○⊙●○○●　。⊙○⊙●●○○　，⊙○⊙●

書收住。

○　○●　。

下片

一味閑情，十分幽趣。夢哦芳草池塘句。東風吹徹滿城花，無人曾見

⊙　●○○　，⊙○⊙●　。⊙○⊙●○○●　。⊙○⊙●●○○　，⊙○⊙●

春來處。

○　○●　。

調略：雙調，五十八字。上片五句，二十九字，三仄韻；下片五句，二
　　　十九字，三仄韻。

按：〈踏莎行〉，曹冠詞名〈喜朝天〉，趙長卿詞名〈柳長春〉。劉秉忠此

二闋〈踏莎行〉之斷句、用韻，皆據《詞譜》卷十三所錄之晏殊〈踏莎行〉（細草愁煙）體作，其平仄與《詞譜》、《潘譜》所錄皆合。

（十三）訴衷情，共一闋，錄一闋：

上片

山河縈帶九州橫。深谷幾爲陵。千年萬年興廢，花月洛陽城。

⊙ ○ ○ ● ● ○ ○ 。 ⊙ ○ ● ○ ○ 。 ⊙ ○ ⊙ ● ○ ○ ， ⊙ ● ● ○ ○ 。

下片

圖富貴，論功名。我無能。一壺春酒，數首新詩，實訴衷情。

○ ● ● ， ● ○ ○ 。 ● ○ ○ 。 ⊙ ○ ○ ● ， ⊙ ● ○ ○ ， ● ● ○ ○ 。

調略：雙調，四十四字。上片四句，二十三字，三平韻；下片六句，二十一字，三平韻。

按：〈訴衷情〉，唐教坊曲名，毛文錫詞有「桃花流水漾縱橫」句，故又名〈桃花水〉，張元幹以黃庭堅詞曾詠漁父家風，故一名〈漁父家風〉；張輯詞有「一釣絲風」句，故又名〈一絲風〉。此調有兩體：單調者，或間入一仄韻，或間入兩仄韻；雙調者全押平韻。就詞牌格律判斷，劉秉忠此詞應爲雙調訴衷情令，其用韻、斷句據《詞譜》卷五所錄之晏殊〈訴衷情〉（青梅煮酒鬭時新）體作，其平仄與《詞譜》、《潘譜》所錄皆合。

（十四）謁金門，共二闋，錄一闋：

上片

春寒薄。睡起宿醒生惡。枕上家山都夢卻。東風吹月落。

⊙ ○ ● 。 ⊙ ● ● ○ ○ ● 。 ⊙ ● ○ ○ ○ ● ● 。 ○ ○ ○ ● ● 。

下片

留客定知西閣。有酒與誰同酌。別手臨岐曾記握。君心眞可託。

⊙ ● ⊙ ○ ○ ● 。 ⊙ ● ● ○ ○ ● 。 ⊙ ● ○ ○ ○ ● ● 。 ○ ○ ○ ● ● 。

調略：雙調，四十五字。上片四句，二十一字，四仄韻；下片四句，二十四字，四仄韻。

按：〈謁金門〉，唐教坊曲名。宋楊湜《古今詞話》因韋莊詞起句，故名〈空相憶〉；張輯詞有「無風花自落」句，故名〈花自落〉，又有「樓外垂楊如此碧」句，故一名〈垂楊碧〉；李清臣詞有「楊花落」句，

故名〈楊花落〉；韓淲詞有「東風吹酒面」句，故名〈東風吹酒面〉；
又有「不怕醉記取吟邊滋味」句，故又名〈不怕醉〉；又有「人已醉，
溪北溪南春意，擊鼓吹簫花落未」句，因此又名〈醉花春〉；又有「春
尚早，春入湖山漸好」句，故又名〈春早湖山〉。劉秉忠二闋〈謁金
門〉之斷句、用韻，皆據《詞譜》卷五所錄之韋莊〈謁金門〉（空相
憶）體作，其平仄與《詞譜》、《潘譜》所錄皆合。

（十五）好事近，共二闋，錄一闋：

上片

桃李盡飄零，風雨更休懷惡。細把牡丹遮護，怕因循吹落。
◉ ●●○○，◉●○○○● 。◉●○○●，●○○○● 。

下片

平蕪望斷更青山，樓外數峰削。野鳥不知歸處，把行雲隨著。
◉ ○○●●○○，◉○○○● 。●●●○○●，●○○○● 。

調略：雙調，四十五字。上片四句，二十二字，兩仄韻；下片四句，二
　　　十三字，兩仄韻。

按：〈好事近〉，張輯詞有「誰謂百年心事，恰釣船橫笛」句，故名〈釣
　　船笛〉；韓淲詞有「吟到翠圓枝上」句，故又名〈翠圓枝〉。劉秉忠
　　二闋〈好事近〉之斷句、用韻，皆據《詞譜》卷五所錄之宋祁〈好
　　事近〉（睡起玉屏風）體作，其平仄與《詞譜》、《潘譜》所錄皆合。

（十六）清平樂，共四闋，錄一闋：

上片

月明風勁。花弄窗間影。一夜玉壺秋水冷。梧葉乍凋金井。
◉ ○◉● 。○●○○● 。●●●○○●● 。○●●○○● 。

下片

世間日月如梭。人生會少離多。籬畔黃花開盡，相逢不醉如何。
◉ ●●○○ 。○○◉●○○ 。○●○○○● ，◉○◉●○○ 。

調略：雙調，四十六字。上片四句，二十二字，四仄韻；下片四句，二
　　　十四字，三平韻。

按：〈清平樂〉，《花庵詞選》名〈清平樂令〉；張輯詞有「憶著故山蘿月」
　　句，故名〈憶蘿月〉；張翥詞有「明朝來醉東風」句，故又名〈醉東

風〉。劉秉忠四闋〈清平樂〉之斷句、用韻,皆據《詞譜》卷五所錄之李白〈清平樂〉(禁闈清夜)體作,惟下片第一句第二字皆改仄為平。校之《詞律》、《潘譜》,李白此詞體之下片第一句第二字俱注「仄可平」,故劉秉忠四闋〈清平樂〉皆與平仄譜合。

(十七)卜算子,共一闋,錄一闋:

上片

曉角纔初弄。驚覺幽人夢。珠壓花梢的的圓,春露昨宵重。

● ● ● ○ ○ ● ● ○ ○ ● 。 ○ ● ○ ○ ● ● ○ , ● ● ● ○ ○ 。

下片

小鼎香浮動。閑把新詩誦。坐客同嘗碧月團,擘破雙飛鳳。

● ● ○ ○ ● 。 ○ ● ○ ○ ● 。 ● ● ○ ○ ● ● ○ , ● ● ○ ○ ● 。

調略:雙調,四十四字。上片四句,二十二字,三仄韻;下片四句,二十二字,三仄韻。

按:〈卜算子〉,元高拭詞注仙呂調;蘇軾詞有「缺月挂疎桐」句,故名〈缺月挂疎桐〉;秦湛詞有「極目煙中百尺樓」句,故又名〈百尺樓〉;僧皎詞有「目斷楚天遙」句,故又名〈楚天遙〉;無名氏詞有「蹙破眉峯碧」句,故又名〈眉峯碧〉。劉秉忠此闋〈卜算子〉之斷句、用韻,乃據《詞譜》卷五所錄之石孝友〈卜算子〉(見也如何暮)體作,惟平仄稍異。其〈卜算子〉,上片第二句第一字改仄為平,第三句第一字改仄為平,第四句第一字改仄為平,第三字改平為仄。以劉秉忠此詞平仄與上下片各四句、二仄韻之蘇軾〈卜算子〉(缺月挂疎桐)體的平仄譜相對照,除上片第四句第三字外,其餘皆合。由是可知,劉秉忠〈卜算子〉據石孝友詞體用韻,參考蘇軾詞體平仄填寫。

(十八)浣溪沙,共一闋,錄一闋:

上片

桃李無言一徑深。客愁春恨莫相尋。看花酌酒且開襟。

◎ ● ◎ ○ ● ● ○ 。 ◎ ○ ○ ● ● ○ ○ 。 ◎ ○ ● ● ● ○ ○ 。

下片

白雪浩歌眞快意,朱絃未絕有知音。月明千里故人心。

◎ ● ○ ○ ○ ● ● , ◎ ○ ● ● ● ○ ○ 。 ● ○ ◎ ● ● ○ ○ 。

調略：雙調，四十二字。上片三句，二十一字，三平韻；下片三句，二十一字，兩平韻。

按：〈浣溪沙〉，唐教坊曲名。張泌詞有「露濃香泛小庭花」句，故名〈小庭花〉；韓淲詞有「芍藥酴醾滿院春」句，故名〈滿院春〉；有「東風拂檻露猶寒」句，故名〈東風寒〉；有「一曲西風醉木犀」句，故名〈醉木犀〉；有「霜後黃花菊自開」句，故名〈霜菊黃〉；有「廣寒曾折最高枝」句，故名〈廣寒枝〉；有「春風初試薄羅衫」句，故名〈試香羅〉；有「清和風裏綠陰初」句，故名〈清和風〉；有「一番春事怨啼鵑」句，故又名〈怨啼鵑〉。劉秉忠此闋詞乃據《詞譜》卷四所錄之韓偓〈浣溪沙〉（宿醉離愁慢髻鬟）體作，其平仄與《詞譜》、《潘譜》所錄皆合。

（十九）朝中措，共二闋，錄一闋：

上片

衣冠零落暮春花。飄捲滿天涯。好把中原麟鳳，網來祥瑞皇家。
⊙ ○○⊙●。⊙○⊙○●○。●⊙●○○●，⊙○⊙●○○。

下片

白雲丹嶂，清泉綠樹，幾換年華。認取隨時達節，莫教繫定匏瓜。
⊙ ○⊙●，⊙○○●，⊙●○○。⊙●●○⊙●，⊙○⊙●○○。

調略：雙調，四十八字。上片四句，二十四字，三平韻；下片五句，二十四字，兩平韻。

按：〈朝中措〉，宋史樂志屬黃鍾宮。李祁詞有「初見照江梅」句，故名〈照江梅〉；韓淲詞名〈芙蓉曲〉；又有「香動梅梢圓月」句，故又名〈梅月圓〉。劉秉忠二闋〈朝中措〉之斷句、用韻，皆據《詞譜》卷七所錄之歐陽修〈朝中措〉（平山闌檻倚晴空）體作，其平仄與《詞譜》、《潘譜》所錄皆合。

（二十）桃花曲，共三闋，錄一闋：

上片

一川芳景，一壺春酒，一襟幽緒。今朝好天色，又無風無雨。
⊙ ○○●，⊙○○●，⊙○○●。○○●○●，●○○○●。

下片

水滿清溪花滿樹。有閑鷗、伴人來去。行雲望逾遠，更青山無數。

● ●○○● ●● · ⊙⊙⊙ 、 ●○○● · ⊙○●⊙● , ●○○⊙ ● 。

調略：雙調，四十六字。上片五句，二十二字，兩仄韻；下片四句，二十四字，三仄韻。

按：即〈憶少年〉，万俟咏詞有「上隴首凝眸天四闊」句，故名〈隴首山〉；朱敦儒詞名〈十二時〉；而劉秉忠詞有「恨桃花流水」句，故更名〈桃花曲〉。劉秉忠三闋〈桃花曲〉之斷句、用韻，皆據《詞譜》卷六所錄之晁補之〈憶少年〉（無窮官柳）體作，其平仄多與《詞譜》、《潘譜》合，惟〈桃花曲〉（青山千里）下片第一句第一字改仄爲平，與平仄譜稍異。該闋之韻腳也有商榷的部分。其開頭三句作「青山千里，滄波千里，白雲千里」，第三句之「里」字恰好是韻腳，然前二句末字也爲「里」字，故李向軍於《劉秉忠藏春詞研究》中，將此二字視爲韻腳，故得一「上片五句，四仄韻，下片四句，三仄韻」之新體。〔註 27〕但據觀察，可明顯發現劉秉忠填寫同一詞調時，不論用韻、斷句，俱劃一爲之，惟平仄稍有變異。而將前二句的「里」字當作韻腳，所牽涉的不僅只用韻，還有體例的問題，與劉秉忠填詞的習慣不符。故筆者傾向將此闋〈桃花曲〉第一、二句末之「里」字，視爲第一、二句末之仄聲字，不另將此闋詞歸爲新體。

（二十一）點絳唇，共八闋，錄一闋：

上片

十載風霜，玉關紫塞都遊遍。驛途方遠。夜雨留孤館。

⊙ ●○○ , ⊙○⊙●○○● · ⊙○⊙● · ⊙●○○● 。

下片

燈火青熒，莫把吳鉤看。歌聲頓。酒斟宜淺。三盞清愁散。

⊙ ●⊙○ , ⊙●○○● 。 ⊙○● · ●○○● · ○○○●● 。

調略：雙調，四十一字。上片四句，二十字，三仄韻；下片五句，二十一字，四仄韻。

<hr>

〔註27〕見李向軍《劉秉忠藏春詞研究》，暨南大學 2005 年碩士論文，頁 77。

按：徐釚《詞苑叢談》云：「〈點絳唇〉，取江淹白雪凝瓊貌，明珠點絳唇。」
〔註28〕按此名甚艷，蓋謂女郎口脂也，故又名〈點櫻桃〉；張宗瑞詞
有「邀月過南浦」句，故名〈南浦月〉；又有「遙隔沙頭雨」句，故
又名〈沙頭雨〉。劉秉忠八闋〈點絳唇〉之斷句、用韻，皆據《詞譜》
卷四所錄之馮延巳〈點絳唇〉（蔭綠圍紅）體作，其平仄與《詞譜》、
《潘譜》所錄皆合。

（二十二）桃源憶故人，共一闋，錄一闋：

上片

桃花亂落如紅雨。閃下西城碧樹。寂寞瑣窗朱戶。最是春深處。
⊙ ○ ○ ● ○ ○ ● · ● ● ○ ○ ● · ● ● ● ○ ○ ● · ○ ● ○ ○ ● ·

下片

一樽酒盡青山暮。樓外輕雲猶度。遠水悠悠不住。流得年光去。
● ○ ○ ● ○ ○ ● · ● ● ○ ○ ● · ⊙ ● ○ ○ ● ● · ○ ● ○ ○ ● ·

調略：雙調，四十八字。上片四句，二十四字，四仄韻；下片四句，二
十四字，四仄韻。

按：〈桃源憶故人〉，一名〈虞美人影〉。張先詞或名〈胡搗練〉；陸游詞
名〈桃源憶故人〉；趙鼎詞名〈醉桃源〉；韓淲詞有「杏花香裏東風
峭」句，故名〈杏花風〉。劉秉忠此闋詞乃據《詞譜》卷七所錄之歐
陽修〈桃源憶故人〉（梅梢弄粉香猶嫩）體作，其平仄與《詞譜》、《潘
譜》所錄皆合。

二、因舊創新者

（一）風流子，共一闋，錄一闋：

上片

書帙省淹留。人間事、一笑不須愁。紅日半窗，夢隨蝴蝶，碧雲千里，
○ ● ● ○ ○ · ○ ○ ● 、 ● ○ ● ○ ○ · ○ ● ● ○ · ● ○ ○ ● · ● ○ ○ ● ·

歸騄驊騮。酒杯裏、功名渾瑣瑣，今古兩悠悠。漢代典刑，蕭曹畫一，
○ ● ○ ○ · ● ○ ● 、 ○ ○ ○ ● ● · ○ ● ● ○ ○ · ● ● ● ○ · ○ ○ ● ● ·

〔註28〕徐釚《詞苑叢談·卷一》，收錄於《文津閣四庫全書》第五○○冊，同註23，
頁 243。

晉朝人物，王謝風流。

●　○○○●，○●○○。

下片

冠蓋照神州。春風弄絲竹，勝處追遊。詩興筆搖牙管，字字銀鈎。

○　●●○○。○○●○●，●●○○。○○●○○●，●●○○。

遇美景良辰，尋芳上苑，賞心樂事，取醉南樓。好在五湖煙浪，誰識

●　●●○○，○○●●，●○●●，●●○○。●●○○○●，○●

歸舟。

○　○○。

調略：雙調，一百零九字。上片十二句，五十八字，五平韻；下片十一

　　　句，五十一字，五平韻。

按：〈風流子〉，唐教坊曲名，後為詞牌。單調者，唐詞一體；雙調者，

　　宋詞三體，有前後段兩起句不用韻者，有前段起句用韻、後段起句

　　不用韻者，有前後段起句俱用韻者。〔註29〕劉秉忠此闋詞為前後段

　　起句俱用韻，其句讀與《詞譜》卷二所錄之賀鑄〈風流子〉（何處最

　　難忘）體相近：

上片

何處最難忘。方豪健、放樂五雲鄉。彩筆賦詩，禁池芳草，香鞴調馬，

○　●●○○。○○●、●●●○○。○●●○，●○○●，○○○●，

輦路垂楊。綺筵上、扇偎歌黛淺，汗裛舞衣香。蘭燭伴歸，繡輪同載，

●　●○○。●○●、●○○●●，●●●○○。○●●○，●○○●，

閉花別館，隔水深坊。

●　○○●●，●●○○。

下片

零落少年場。琴心漫流怨，帶眼偷長。無奈占牀燕月，欺鬢吳霜。

○　●●○○。○○●○●，●●○○。○●●○●●，○●○○。

塞北音塵，魚封永斷，便橋煙雨，鶴表相望。好在後庭桃李，應記劉

●　●○○，○○●●，●○○●，●●○○。●●●○○●，○●○

郎。

○　○。

　　仔細比較劉、賀二體，發現不同處有兩點。其一，是添字：劉秉忠〈風
流子〉下片第六句添一「遇」字，使得其下片後六句之句讀成「五四四四六

〔註29〕參見王奕清等編《御定詞譜》，同註23，頁312。

四」，句法與吳文英〈風流子〉（金谷已空塵）下片後六句「念碎劈芳心，縈思千縷，贈將幽素，偷翦重雲。終待鳳池歸去，催詠紅翻」，極為相似。惟吳體下片為十句四平韻之體例，其前四句之句法、用韻與劉秉忠詞相差甚遠，因此，可以確定劉秉忠此詞之格律，非據吳體變化。其二，是平仄：劉秉忠〈風流子〉上片第三句第一字、第五句第一字、第六句第一字、第七句第四字、第八句第一字、第九句第一字、第十句第一、三字、第十一句第一字、第十二句第三字，下片第五句第一字、第八句第三字，平仄異於賀體。又劉秉忠此詞的平仄、用韻、句讀與其他一百零九字體差異甚大，故可斷定劉秉忠此闋〈風流子〉乃據賀鑄詞體添字，另成一百零九字之新體。

（二）永遇樂，共一闋，錄一闋：

上片

山谷家風，蕭閑情味，只君能識。會友論文，哦詩遣興，此樂誰消得。
○　●○●，○○○●，●○○● 。●●○○，○○●●，●●○○● 。

室中天地，目前今古，今日還明日。似南華、蝶夢醒來，秋雨數聲殘
●○○●，●○○●，○●○○● 。●○○、●●○○，○●●○○

滴。
● 。

下片

詩書有味，功名應小，雲散碧空幽寂。北海洪鑪，南山佳氣，清賞今
○○●●，○○○●，○●●○○● 。●●○○，○○○●，○●○

猶昔。一天明月，幾行征雁，樓上有人橫笛。想醉中、八表神遊，不
○● 。●○○●，●○○●，○●●○○● 。●●○、●●○○，●

勞鳳翼。
○　●● 。

調略：雙調，一百零三字。上片十一句，五十一字，四仄韻；下片十一
　　　句，五十二字，四仄韻。

按：〈永遇樂〉，此調有平韻、仄韻兩體。仄韻者，始自北宋柳永，樂章
　　集注林鍾商，又晁補之詞名〈消息〉，自注越調；平韻者，始自南宋
　　陳允平創為之。劉秉忠此闋為仄韻體，其用韻、句讀與《詞譜》卷
　　三十二所錄之蘇軾〈永遇樂〉（明月如霜）體相近：

上片

明月如霜，好風如水，清景無限。曲港跳魚，圓荷瀉露，寂寞無人見。

⊙ ● ○ ○ ，⊙ ○ ⊙ ● ，⊙ ○ ⊙ ● 。● ● ○ ○ ，⊙ ○ ⊙ ● ，● ● ○ ○ ● 。

紞如五鼓，錚然一葉，黯黯夢雲驚斷。夜茫茫、重尋無處，覺來小園

● ● ○ ○ ，● ○ ⊙ ● ，⊙ ○ ⊙ ● 。● ○ ○ ● ，⊙ ○ ● ●

行徧。

○ ● 。

下片

天涯倦客，山中歸路，望斷故園心眼。燕子樓空，佳人何在，空鎖樓

⊙ ○ ○ ● ，⊙ ○ ⊙ ● ，● ● ○ ○ ● 。⊙ ● ○ ○ ，⊙ ○ ⊙ ● ，⊙ ● ○

中燕。古今如夢，何曾夢覺，但有舊歡新怨。異時對、南樓夜景，爲

○ ● 。● ○ ○ ● ，⊙ ○ ⊙ ● ，⊙ ● ⊙ ○ ● 。● ○ ● 、○ ○ ⊙ ● ，⊙

余浩歎。

○ ● ● 。

仔細比較劉、蘇二體，發現不同處有兩點。其一，是減字：劉秉忠〈永
遇樂〉上片第九句減一字。其二，是平仄：劉秉忠〈永遇樂〉上片第十句第
四、五、七字，下片第十句第二、七字，平仄異於蘇體。又《詞譜》認爲此
調押仄韻者，以一百零四字之蘇體詞爲正體，宋詞俱如此。故可知劉秉忠此
闋〈永遇樂〉乃據蘇軾詞體減字，另成一百零三字之新體。

（三）洞仙歌，共一闋，錄一闋：

上片

倉陳五斗，價重珠千斛。陶令家貧苦無畜。

○ ○ ● ● ，● ● ○ ○ ● 。○ ● ○ ○ ● ● 。

倦折腰、閭里棄印歸來，門外柳，春至無言綠。

● ● ○ 、○ ● ● ● ○ ○ ，○ ● ● ，○ ● ○ ○ ● 。

下片

山明水秀，清勝宜茅屋。二頃田園一生足。樂琴書雅意，

○ ○ ● ● ，○ ● ○ ○ ● 。● ● ○ ○ ● ○ ● 。● ○ ○ ● ● ，

無箇事、臥看北窗松竹。忽清風、吹夢破鴻荒，愛滿院秋香、數叢黃

○ ● ● 、● ● ● ○ ○ ● 。● ○ ○ 、○ ● ● ○ ○ ，● ● ● ○ ○ 、● ○ ○

菊。

● 。

調略：雙調，八十字。上片六句，三十三字，三仄韻；下片七句，四十
　　　七字，四仄韻。

按：〈洞仙歌〉，唐教坊曲名。潘牥詞名〈羽仙歌〉，袁易詞名〈洞仙詞〉，

《宋史‧樂志》名〈洞中仙〉注林鍾商調又歇指調。《詞譜》指出宋人〈塡洞仙歌令〉詞者，句讀、韻腳雖互有異同，惟蘇辛兩體塡者最多，故以蘇辛二詞為初體，其餘添字減字各以類聚，共分四十體。劉秉忠此闋詞用韻、平仄與《詞譜》卷二十所錄蘇軾〈洞仙歌〉（冰肌玉骨）體最相近：

上片

冰肌玉骨，自清凉無汗。水殿風來暗香滿。

⊙　○●● ，●○○○●　。●○○●●○●　。

繡簾開、一點明月窺人，人未寢，敧枕釵橫鬢亂。

●　○○ 、●●○●○○ ，○●● ，⊙●○○●●　。

下片

起來攜素手，庭戶無聲，時見疏星渡河漢。試問夜如何、夜已三更，

⊙　○○●● ，○●○○ ，○●○○●○●　。●●●○○ 、●●○○ ，

金波淡、玉繩低轉。但屈指、西風幾時來，又不道、流年暗中偷換。

⊙　○● 、●○○●　。●●● 、○○●○○ ，●●● 、○○●○○●　。

仔細比較劉、蘇二體，用韻、句讀、字數皆有些許不同。用韻方面：劉秉忠〈洞仙歌〉換頭第二句便用韻。句讀方面：蘇軾〈洞仙歌〉下片首句五字，次句四字，然劉秉忠下片首句則為四字，次句則為五字；蘇體詞下片末句為三六句式，而劉秉忠卻與張炎〈洞仙歌〉（野鵑啼月）體同為五四句式。字數方面：劉秉忠〈洞仙歌〉與蘇體相較，可發現劉秉忠此詞上片末句減一字，第四句減四字，第五句增二字，得八十字。又劉秉忠此詞之體例未見於《詞譜》、《潘譜》、《詞律》，應是因舊調變化之新體。

（四）三奠子，共一闋，錄一闋：

上片

念我行藏有命，煙水無涯。嗟去雁，羨歸鴉。半生人累影，一事鬢生

●　●○● ，○●●　○○ 。●●● ，●○○　。●○○●● ，●●●○

華。東山客，西蜀道，且還家。

○　。○○● ，○●● ，●○○　。

下片

壺中日月，洞裏煙霞。春不老，景長嘉。功名眉上鎖，富貴眼前花。

●　○●● ，●●○○　。○●● ，●○○　。○○○●● ，●●●○○　。

三杯酒，一覺睡，一甌茶。
○ ○ ● ，● ● ● ，● ○ ○ 。

調略：雙調，六十八字。上片九句，三十五字，四平韻；下片九句，三
十三，四平韻。

按：〈三奠子〉，唐宋未有此調，調首見於元好問《錦機集》，有二闋。三
奠，奠酒、奠穀、奠璧也。今以《詞譜》卷十五所錄之王惲〈三奠
子〉（悵神光弈弈）體校之：

上片

悵神光弈弈，天上良宵。花露濕，翠釵翹。風回鸞扇影，愁滿紫雲軺。
● ◎ ○ ● ● ，○ ● ● ○ 。○ ● ● ，● ○ ○ 。◎ ○ ○ ● ● ，◎ ● ● ○ ○ 。

恨相望，雖一水，隔三橋。
● ○ ● ，◎ ● ● ，● ○ ○ 。

下片

朱絃寂寂，心思迢迢。人未老，鬢先彫。翻騰驚世故，機巧到鮫綃。
◎ ○ ● ● ，○ ● ● ○ 。○ ● ● ，● ○ ○ 。◎ ○ ○ ● ● ，◎ ● ● ○ ○ 。

涼夜永，簫聲咽，篆煙飄。
◎ ● ● ，○ ○ ● ，● ○ ○ 。

兩相對照，發現劉秉忠〈三奠子〉上片第一句明顯多添一字。《全金元詞》
共收〈三奠子〉十闋：高憲一闋、元好問二闋、楊弘道一闋、劉秉忠一闋、
王惲五闋。此五人當中，只有劉秉忠為六十八字體，且全闋詞出現八組對句，
居十闋〈三奠子〉之冠，故《潘譜》以之為另一新體。〔註30〕

三、特　色

綜上論述，可知劉秉忠詞作之格律有以下三特色：

其一，同一詞調不作二體。由劉秉忠詞作較多之詞調，如〈點絳唇〉、〈鷓
鴣天〉、〈臨江仙〉、〈太常引〉、〈小重山〉、〈江城子〉等之詞律分析顯示，劉
秉忠同一詞調之詞作通常據一體例填寫，未有出現二體之現象。此種情形可
能與劉秉忠本身對詞調體例的堅持有關。

其二，沿用舊調者多，有二十二種詞調，其中又以小令居多；因舊創新
者少，只有四種詞調，多為長調或新興詞調。

〔註30〕 參見潘慎編《中華詞律辭典》，同註 25，頁 949。

蔡嵩雲《柯亭詞論》：「北宋尚無守四聲之說。通音律之詞家，大都能按宮製譜，審音用字。南渡後，此法漸失傳。於是始有守四聲詞派出，以求於律不迕。」〔註 31〕由劉秉忠填詞的情形，也可以發現北方與南方一樣，在詞樂日亡的狀況下，詞人填詞不僅嚴守前人之句讀、用韻、字數，也開始注意四聲平仄，以求協律。

然前文對於劉秉忠詞律之論述裡，或有平仄稍異，卻未列於「因舊創新」者，如〈木蘭花慢〉（倩嬌鶯姹燕）之上片第六句第五字，〈南鄉子〉（遊子繞天涯）之上片第二句第二字，〈秦樓月〉（瓊花島）之上片第五句第三字，〈卜算子〉（曉角纔初弄）之上片第四句第三字，〈桃花曲〉（青山千里）下片第一句第一字。此乃因為《詞譜》對於四聲平仄之於格律體例的態度，並非如想像中嚴苛。《詞譜》提要即表示：「今之詞譜皆取唐宋舊詞。以調名相同者互校，以求其句法、字數；取句法、字數相同者互校，以求其平仄。其句法、字數有異同者，則據而注，為又一體，其平仄有異同者，則據而注，為可平可仄。自嘯餘譜以下，皆以此法。」〔註 32〕又云：「近刻詞律，時有發明，然亦得失並見。是譜繙閱群書，互相參訂，凡舊譜分調分段及句讀音韻之誤，悉據唐宋元詞校定。」〔註 33〕指出該譜之平仄，乃據前人之詞作互校，其可平可仄，全取決於所對照之詞。若該體採錄之詞多，其平仄狀況描述便更加詳盡，反之則略。因此，在詞樂亡佚的背景下，詞人之詞作合不合格律，不能單憑著《詞譜》所圖之平仄譜判斷，若一字之平仄與《詞譜》不同，便不合格律，為免太過。畢竟唐宋有太多同一體例的詞作，《詞譜》無法逐一校勘，其平仄標示難免不夠完善。且劉秉忠詞之平仄與譜相異處，皆僅是詞作中之一二字，而同一詞牌之詞作平仄與譜相符者多，加上劉秉忠作詞嚴謹，同一詞調不作二體，應不可能忽略這麼一字，故筆者將它規範在「承襲舊調者」。

劉將孫〈胡以實詩詞序〉云：「發乎情性，淺深疏密，各自極其中之所欲言。若必兩兩而並，若花紅柳綠、江山水石，斤斤為格律，此豈復有情性哉！至於詞，又特以塗歌俚下為近情，不知詩詞與文同一機軸。果如世俗所云，則天地間詩僅百十對，可以無作；淫哇調笑，皆可譜以為宮商。此論未洗，

〔註 31〕蔡嵩雲《柯亭詞論》，同註 2，頁 4901。
〔註 32〕紀昀《御定詞譜總目提要》，收錄於《武英殿本四庫全書總目提要》第五冊，臺北：臺灣商務印書館，1983 年，頁 326～327。
〔註 33〕見〈御定詞譜凡例〉，同註 23，頁 301。

詩詞無本色。」〔註34〕劉秉忠未按前人體例、嚴守填詞法度的詞體有四:〈風流子〉、〈永遇樂〉、〈太常引〉、〈三奠子〉。上述多屬於體製較長的詞調,其情感之抒發與鋪陳比起小令來得複雜,為了追隨創作者主體的情性,擺脫詞律之拘束是一定的結果。劉秉忠因舊調添減字,另成一新體者雖不多,但從此處可以明白作者致力於詞律之際,仍不忽略情志的抒發,以避免過度以律害意,以法制情之情形況發生。

其三,添字的功能與襯字相當,在元詞曲化的趨勢下,詞作常使用襯字。然劉秉忠詞中只有兩闋出現添字,其餘皆據舊譜填寫,可見其堅守詞、曲創作分野,未和當時文人起舞。

況周頤《蕙風詞話》云:「元人製曲,幾於每句皆有襯字,取其能達句中之意,而付之歌喉,又抑揚頓挫,悅人聽聞。所謂遲其聲以媚之也。兩宋人詞,間亦有用襯字者。」〔註35〕此處兩宋人詞之襯字,即俗稱之添字。曲體本起於民間,元初不少文人音律方面較為隨意,字句增損、平仄不拘、大量使用襯字等相當普遍,〔註36〕當然這種觀念難免會影響當時的詞作。但劉秉忠八十二闋詞中,只有兩闋出現添字:一是〈風流子〉,一是〈三奠子〉。然而,仔細審度唐宋詞作,可發現劉秉忠〈風流子〉下片後六句:「遇美景良辰,尋芳上苑,賞心樂事,取醉南樓。好在五湖煙浪,誰識歸舟。」與吳文英〈風流子〉(金谷已空塵)下片後六句:「念碎劈芳心,縈思千縷,贈將幽素,偷翦重雲。終待鳳池歸去,催詠紅翻。」二者不僅句法相似,於前也都有一仄聲之領字。而「遇」字,是劉秉忠〈風流子〉惟一的添字,顯然是習吳體之手法。〈三奠子〉,唐宋未有此曲,應是金元新聲,根據創作數量來看,流傳並不是很廣,也不是創作主流,但劉秉忠仍填寫此調,並嘗試變舊調而作新聲,著實難得。

第三節 用 韻

孫麟趾《詞徑》:「作詞尤須擇韻,如一調應十二個字作韻腳者,須有十三四字方可擇用。若僅有十一個字可用,必至一韻牽強。詞中一字未妥,通

〔註34〕 劉將孫《養吾齋集·卷十一》,收錄於紀昀《文津閣四庫全書》第四〇〇冊,〈集部·別集類〉,北京:商務印書館,2005年,頁596。

〔註35〕 見況周頤《蕙風詞話輯注》之卷二「宋詞用襯字」條,南昌:江西人民出版社,2000年,頁63。

〔註36〕 參見陶然《金元詞通論》,上海:上海古籍出版社,2001年,頁276。

體且爲之減色，況押韻不妥乎。是以作詞先貴擇韻。」〔註37〕歷來詞人塡詞擇韻與其需要表達的內容及創作的風格有關。因此，想要了解劉秉忠詞作的風格，考察其用韻是必要的。

馮煦《蒿庵詞話》：「近戈氏載撰《詞林正韻》，列平上去爲十四部，入聲爲五部，參酌審定，盡去諸弊，視以前諸家，誠爲精密。」〔註38〕以下便以戈載《詞林正韻》類列劉秉忠詞作之用韻情形，進而分析《藏春樂府》用韻的特色。

一、押韻情形

《藏春樂府》使用之韻字共五百七十七個，現將劉秉忠八十二闋詞，依《詞林正韻》之規範，分列如下：

詞牌	起句	韻數	韻字	韻部	韻目	聲調
木蘭花慢	到閑人閑處	9	通、鴻、中、空、功、公、風	一	一東	平聲
			筇、鐘	一	三鐘	平聲
	既天生萬物	9	排、埋、懷	五	十四皆	平聲
			萊、開、來、埃、台、臺	五	十六咍	平聲
	笑平生活計	9	舟、丘、流、州、愁、遊、秋	十二	十八尤	平聲
			樓、頭	十二	十九侯	平聲
	望乾坤浩蕩	9	雲、紛、文	六	二十文	平聲
			春、綸	六	十八諄	平聲
			人、伸、塵、麟	六	十七眞	平聲
風流子	書帙省淹留	10	留、愁、驑、悠、流、州、遊、舟	十二	十八尤	平聲
			鈎、樓	十二	十九侯	平聲
永遇樂	山谷家風	8	識、翼	十七	二十四職	入聲
			得	十七	二十五德	入聲
			日	十七	五質	入聲

〔註37〕見孫麟趾《詞逕》，同註2，頁2553。
〔註38〕見馮煦《蒿庵詞話》，同註2，頁3599。

			昔	十七	二十二昔	入聲
			滴、寂、笛	十七	二十三錫	入聲
望月婆羅門引	午眠正美	8	悠、秋、舟、流、愁	十二	十八尤	平聲
			樓、投、頭	十二	十九侯	平聲
	年來懶看	8	張、常、廂、牀、忘、羊、香	二	十陽	平聲
			忙	二	十一唐	平聲
洞仙歌	倉陳五斗	7	斛、畜、屋、竹、菊	十五	一屋	入聲
			綠、足	十五	三燭	入聲
江城子	平生行止懶編排	10	排、埋、懷	五	十四皆	平聲
			萊、埃、來、開、台、才、臺	五	十六咍	平聲
	瓊華昔日賀新成	10	成、盈、晴、清、情	十一	十四清	平聲
			生、平、明	十一	十二庚	平聲
			溟、亭	十一	十五青	平聲
	松蒼竹翠歲寒天	10	天、前、邊、年、煙、眠、賤	七	一先	平聲
			圓、然、聯	七	二仙	平聲
三奠子	念我行藏有命	8	涯	十	十三佳	平聲
			鴉、華、家、霞、嘉、花、茶	十	九麻	平聲
玉樓春	閑雲不肯狂馳騁	6	騁	十一	四十靜	上聲
			頂、鼎	十一	四十一迥	上聲
			省、影、冷	十一	三十八梗	上聲
	翠微掩映農家住	6	住、樹、趣	四	十遇	去聲
			去、處	四	九御	去聲
			路	四	十一暮	去聲
臨江仙	同是天涯流落客	6	城、聲、名、情	十一	十四清	平聲
			驚、卿	十一	十二庚	平聲
	滿路紅塵飛不去	6	顛、前、年	七	一先	平聲
			全、鞭、連	七	二仙	平聲
	堂上簫韶人不奏	6	鳴、橫、生	十一	十二庚	平聲
			城、輕	十一	十四清	平聲
			耕	十一	十三耕	平聲

冰雪肌膚香韻細	6	干、寒、殘、看	七	二十五寒	平聲
		環	七	二十七刪	平聲
		慳	七	二十八山	平聲
一別仙源無覓處	6	絲、時、司	三	七之	平聲
		差、兒、枝	三	五支	平聲
十日狂風才是定	6	紛、神、人	六	二十文	平聲
		嗔、眞	六	十七眞	平聲
		春	六	十八諄	平聲
小重山	詩酒休驚誤一生	8	生、驚、明、更、鳴	十一	十二庚	平聲
		名、聲、情	十一	十四清	平聲
	雲去風來雨乍晴	8	晴、征、情、城	十一	十四清	平聲
		明、橫、行	十一	十二庚	平聲
		亭	十一	十五青	平聲
	曉起清愁酒盎空	8	空、中、同、紅、風、東	一	一東	平聲
		重、濃	一	三鍾	平聲
	漠北雲南路九千	8	千、年、邊、先、天、前	七	一先	平聲
		鞭、圓	七	二仙	平聲
	一片殘陽樹上明	8	明、行、橫、嶸、生	十一	十二庚	平聲
		晴、聲	十一	十四青	平聲
		汀	十一	十五青	平聲
江月晃重山	芳草洲前道路	6	干、鞍、蘭、寒	七	二十五寒	平聲
		還、斑	七	二十七刪	平聲
	杜宇聲中去住	6	嬴、清、情	十一	十四清	平聲
		爭	十一	十三耕	平聲
		明、驚	十一	十二庚	平聲
	太白詩成對酒	6	悠、秋、舟、流、愁	十二	十八尤	平聲
		樓	十二	十九侯	平聲
	紅雨斜斜作陣	6	堆、迴	三	十五灰	平聲
		迷	三	十二齊	平聲
		臺、埃、來	五	十六咍	平聲

南鄉子	南北短長亭	8	亭	十一	十五青	平聲
			情、成、清、聲	十一	十四清	平聲
			莖	十一	十三耕	平聲
			燈	十一	十七登	平聲
			明	十一	十二庚	平聲
	翠袖捧離觴	8	觴、娘、涼、腸、長、鄉、霜	二	十陽	平聲
			忙	二	十一唐	平聲
	憔悴寄西州	8	州、悠、秋、愁、由、休	十二	十八尤	平聲
			樓、頭	十二	十九侯	平聲
	遊子繞天涯	8	涯	十	十三佳	平聲
			沙、家、花、霞、華、鴉、茶	十	九麻	平聲
	李杜放詩豪	8	豪、濤、騷、高、醪	八	六豪	平聲
			寥	八	三蕭	平聲
			教	八	五爻	平聲
			霄	八	四宵	平聲
	季子解縱橫	8	橫、卿、生、明	十一	十二庚	平聲
			成、聲、清、晴	十一	十四清	平聲
	夜戶喜涼飆	8	飆、消、宵、蕉	八	四宵	平聲
			鷯、寥	八	三蕭	平聲
			梢、敲	八	五爻	平聲
	檀板稱歌喉	8	喉、頭、樓	十二	十九侯	平聲
			幽	十二	二十幽	平聲
			流、憂、愁、收	十二	十八尤	平聲
鷓鴣天	垂柳風邊拂萬絲	6	絲、辭、時	三	七之	平聲
			枝、兒、扅	三	五支	平聲
	酒酌花開對月明	6	明、兵	十一	十二庚	平聲
			醒	十一	十五青	平聲
			陵	十一	十六蒸	平聲

		名	十一	十四清	平聲
		爭	十一	十三耕	平聲
花滿樽前酒滿卮	6	卮、兒、枝	三	五支	平聲
		詞、時	三	七之	平聲
		脂	三	六脂	平聲
清夜哦詩對月明	6	明、鳴	十一	十二庚	平聲
		清、聲、晴、城	十一	十四清	平聲
水滿清溪月滿樓	6	樓、頭	十二	十九侯	平聲
		愁、秋、悠、牛	十二	十八尤	平聲
柳映清溪漾玉流	6	流、秋、舟、洲、游	十二	十八尤	平聲
		樓	十二	十九侯	平聲
殘月低簷挂玉鈎	6	鈎、稠、樓	十二	十九侯	平聲
		秋、騮、悠	十二	十八尤	平聲
太常引	長安三唱曉雞聲	7	聲、纓、清	十一	十四清	平聲
		驚、生	十一	十二庚	平聲
		星	十一	十五青	平聲
		爭	十一	十三耕	平聲
	衲衣藤杖是吾緣	7	緣、泉、鞭	七	二仙	平聲
		先、年、田、天	七	一先	平聲
	青山憔悴瑣寒雲	7	雲	六	二十文	平聲
		神、塵、人、新	六	十七眞	平聲
		筠、春	六	十八諄	平聲
	桃花流水鱖魚肥	7	肥、衣、歸、非、機	三	八微	平聲
		為	三	五支	平聲
		遲	三	六脂	平聲
	當時六國怯強秦	7	秦、身、人	六	十七眞	平聲
		紛、軍、君、雲	六	二十文	平聲
	至人視有一如無	7	無、扶、夫	四	十虞	平聲
		盧、圖、枯、吳	四	十一模	平聲
秦樓月	杯休側	8	側、色	十七	二十四職	入聲
		陌、陌、客	十七	二十陌	入聲
		結	十八	十六屑	入聲
		月、月	十八	十月	入聲

	斜陽暮	8	暮、路、路	四	十一暮	去聲
			去	四	九御	去聲
			樹	四	十遇	去聲
			取	四	九麌	上聲
			古、古	四	十姥	上聲
	調羹手	8	手、柳、柳、首、首、酒	十二	四十四有	上聲
			瘦、皺	十二	十九宥	去聲
	瓊花島	8	島、老、老、草	八	三十二皓	上聲
			曉、曉、杳	八	二十九篠	上聲
			繞	八	三十小	上聲
踏莎行	白日無停	6	暮、誤	四	十一暮	去聲
			住、趣、句	四	十遇	去聲
			處	四	九御	去聲
	碧水東流	6	去、處	四	九御	去聲
			雨	四	九麌	上聲
			故、暮	四	十一暮	去聲
			緒	四	八語	上聲
訴衷情	山河縈帶九州橫	6	橫	十一	十二庚	平聲
			陵	十一	十六蒸	平聲
			城、名、情	十一	十四清	平聲
			能	十一	十七登	平聲
謁金門	春寒薄	8	薄、惡、落、閣、託	十六	十九鐸	入聲
			卻、酌	十六	十八藥	入聲
			握	十六	四覺	入聲
	醪雖薄	8	薄、惡、落、閣、託	十六	十九鐸	入聲
			卻、酌	十六	十八藥	入聲
			握	十六	四覺	入聲
好事近	桃李盡飄零	4	惡、落	十六	十九鐸	入聲
			削、著	十六	十八藥	入聲
	酒醒夢回時	4	滅、說、雪	十八	十七薛	入聲
			月	十八	十月	入聲

清平樂	月明風勁	7	勁	十一	四十五勁	去聲
			影、冷	十一	三十八梗	上聲
			并	十一	四十靜	上聲
			多、何	九	七歌	平聲
			梭	九	八戈	平聲
	夜來霜重	7	重	一	三用	去聲
			動	一	一董	上聲
			弄、夢	一	一送	去聲
			何、多、娥	九	七歌	平聲
	漁舟橫渡	7	渡、暮	四	十一暮	去聲
			主、雨	四	九噳	上聲
			衣、歸、機	三	八微	平聲
	彩雲盤結	7	結、噎	十八	十六屑	入聲
			闕、月	十八	十月	入聲
			明、更	十一	十二庚	平聲
			情	十一	十四清	平聲
卜算子	曉角纔初弄	6	弄、夢、鳳	一	一送	去聲
			重、誦	一	三用	去聲
			動	一	一董	上聲
浣溪沙	桃李無言一徑深	5	深、尋、襟、音、心	十三	二十一侵	平聲
朝中措	衣冠零落暮春花	5	花、家、華、瓜	十	九麻	平聲
			涯	十	十三佳	平聲
	布衣藍縷曳無裾	5	裾、書	四	九魚	平聲
			珠	四	十虞	平聲
			塗、枯	四	十一模	平聲
桃花曲	一川芳景	5	緒	四	八語	上聲
			雨	四	九噳	上聲
			樹、數	四	十遇	去聲
			去	四	九御	去聲

青山千里	5	里	三	六止	上聲
		水	三	五旨	上聲
		紙、此、紫	三	四紙	上聲
茸茸芳草	5	李、里	三	六止	上聲
		醉、悴	三	六至	去聲
		水	三	五旨	上聲
點絳唇	十載風霜	7	遍	七	三十二霰	去聲
			遠	七	二十阮	上聲
			館	七	二十九換	去聲
			看、散	七	二十八翰	去聲
			頓、淺	七	二十八獮	上聲
	古寺蕭條	7	路、暮	四	十一暮	去聲
			句、趣、樹	四	十遇	去聲
			處	四	九御	去聲
			雨	四	九麌	上聲
	客夢初驚	7	曉	八	二十九篠	上聲
			草、道、掃、老	八	三十二皓	上聲
			到	八	三十七號	去聲
			嘯	八	三十四嘯	去聲
	寂寂朱簾	7	住、句、樹	四	十遇	去聲
			處	四	九御	去聲
			暮	四	十一暮	去聲
			許	四	八語	上聲
			雨	四	九麌	上聲
	天上春來	7	路	四	十一暮	去聲
			浦	四	十姥	上聲
			雨	四	九麌	上聲
			侶	四	八語	上聲
			去、處	四	九御	去聲
			樹	四	十遇	去聲
	立盡黃昏	7	處	四	九御	去聲
			樹	四	十遇	去聲
			雨	四	九麌	上聲
			語、許、渚	四	八語	上聲

			訴	四	十一暮	去聲
策杖尋芳	7		路、度	四	十一暮	去聲
			處、去	四	九御	去聲
			趣、句	四	十遇	去聲
			許	四	八語	上聲
恰破黃昏	7		共、重	一	三用	去聲
			汞、動	一	一董	上聲
			種	一	二腫	上聲
			送、夢	一	一送	去聲
桃源憶故人	桃花亂落如紅雨	8	雨	四	九麌	上聲
			樹、住	四	十遇	去聲
			戶	四	十姥	上聲
			處、去	四	九御	去聲
			暮、度	四	十一暮	去聲

二、特　色

　　由《藏春樂府》各闋詞用韻表可知，單純押一平聲韻的有十四種詞調，〔註39〕得五十闋；單純押一仄聲韻的有十一種詞調，〔註40〕得二十六闋；平仄韻轉換的有一種詞調，〔註41〕得四闋詞。又可知除〈江月晃重山〉及〈秦樓月〉各有一闋出韻外，其餘押韻字多屬於同一韻部。

　　劉秉忠共填四闋〈江月晃重山〉，惟有起句「紅雨斜斜作陣」一闋，於翻查《詞林正韻》後得知：此闋詞於換頭後，即換押另一平聲韻部，將第三部「堆、迴、迷」和第五部「臺、埃、來」作同一闋詞之韻腳，而這六字於《中原音韻》〔註42〕、《平水韻》〔註43〕亦不屬同一韻部。其四闋〈秦樓月〉，也

〔註39〕押平聲韻的有十四種詞調：〈木蘭花慢〉、〈風流子〉、〈望月婆羅門引〉、〈江城子〉、〈三奠子〉、〈臨江仙〉、〈小重山〉、〈江月晃重山〉、〈南鄉子〉、〈鷓鴣天〉、〈太常引〉、〈訴衷情〉、〈浣溪沙〉、〈朝中措〉等。
〔註40〕押仄聲韻的有十一種詞調：〈永遇樂〉、〈洞仙歌〉、〈玉樓春〉、〈秦樓月〉、〈踏莎行〉、〈謁金門〉、〈好事近〉、〈卜算子〉、〈桃花曲〉、〈點絳唇〉、〈桃源憶故人〉等。
〔註41〕平仄韻轉換的有一種詞調：〈清平樂〉。
〔註42〕《中原音韻》將「堆、迴、迷」列在齊微部，「臺、埃、來」列在皆來部。
〔註43〕《平水韻》將「堆、迴、臺、埃、來」同列在十灰韻，「迷」列在八齊韻。

只有起句「杯休側」一闋，出現中途更換韻部的現象，將《詞林正韻》中屬於第十七部「側、色、陌、客」和第十八部「結、月」同作一闋詞之韻腳，此六字在《中原音韻》〔註 44〕、《平水韻》〔註 45〕也同樣不屬於同韻部。根據劉秉忠同一詞調不作二體的填詞習慣判斷，作者換韻此舉應非故意為之。馮煦在評論《詞林正韻》時曾說過：「綺筵舞席，按譜尋聲，初不暇取《禮部韻略》逐句推敲，始付歌板。而土風各操，又詎能與後來撰著逐字吻合邪？今所甄錄，就各家本色，擷精舍粗。其用韻之偶爾出入，有未忍概從屏棄者，姑且一二以見例。如：竹山《永遇樂》詞，以水、袂叶聚、去；竹屋《風入松》詞，以陰、及、根叶晴、情；龍州《賀新郎》詞，以悴、淚叶路、雨之屬，皆是。匪獨《老學庵筆記》引山谷〈念奴嬌〉詞『愛聽臨風笛』，謂『笛』乃蜀中方音，為不合《中州音韻》也。是在讀者折衷今古，去短從長，固無庸執後儒論辨，追貶曩賢。亦不援宋人一節之疏，自文其脫略。斯兩得之。」〔註 46〕風土口音各異，詞人臨情創作抒發胸臆，只能就口語取其音。「堆、迴、迷、臺、埃、來」皆為齊齒音，「側、色、陌、結、月、客」皆為短促之塞音，其聲相近，毋怪乎劉秉忠吟詠自抒懷抱時會取之為韻。由是可知，劉秉忠作詞並非依韻書逐字推敲，乃隨情之所致，任性歌詠。

劉秉忠兩闋〈謁金門〉依序押相同的八個韻：「薄、惡、卻、落、閣、酌、握、託」為自次韻之詞作，為金元詞中少見。吳喬《答萬季埜詩問》：「和詩之體不一，意如答問而不同韻者，謂之和詩；同其韻而不同其字者，謂之和韻；用其韻而次第不同者，謂之用韻；依其次第者，謂之步韻（亦稱次韻）。步韻最困人，如相敺而自繫手足也。蓋心思為韻所束，而命意佈局，最難照顧。」〔註 47〕劉秉忠自作次韻詞，或許為醉酒戲謔之作，藉以撫慰自己思鄉憂煩的情緒，但從這裡也可看出劉秉忠用韻之精熟。

據王易《詞曲史》云：「韻與文情關係至切：平韻和暢，上去韻纏綿，入韻迫切，此四聲之別也；東董寬洪，江講爽朗，支紙縝密，魚語幽咽，佳蟹開展，真軫凝重，元阮清新，蕭篠飄灑，歌哿端莊，麻馬放縱，庚梗振厲，

〔註 44〕《中原音韻》將「側、陌、色、客」列在皆來部，「結、月」車遮部。

〔註 45〕《平水韻》將「側、色」列在十三職韻，「陌、客」列在十一陌韻，「月」列在六月韻，「結」列在九屑韻。

〔註 46〕同註 38。

〔註 47〕見吳喬《答萬季埜詩問》，收錄於王夫之《清詩話》，上海：上海古籍出版，1999 年，頁 25。

龍有盤旋，侵寢沈靜，覃感蕭瑟，屋沃突兀，覺藥活潑，質術急驟，勿月跳脫，合盍頓落，此韻部之別也。此雖未必切定，然韻近者情亦相近，其大較可審辨得知。」〔註48〕我們試著將其說法與《藏春樂府》各部用韻結合：

《藏春樂府》各部用韻		《詞曲史》	
韻　部	用韻次數	韻　目	聲情
第一部	34	東董	寬洪
第二部	16	江講	爽朗
第三部	41	支紙	縝密
第四部	90	魚語	幽咽
第五部	22	佳蟹	開展
第六部	29	眞軫	凝重
第七部	50	元阮	清新
第八部	31	蕭篠	飄灑
第九部	6	歌哿	端莊
第十部	21	麻馬	放縱
第十一部	106	庚梗	振厲
第十二部	75	尤有	盤旋
第十三部	5	侵寢	沉靜
第十四部	0	覃咸	蕭瑟
第十五部	7	屋沃	突兀
第十六部	20	覺藥	活潑
第十七部	13	質術	急驟
第十八部	11	物月	跳脫

　　由統計表可看出劉秉忠用韻次數前三名分別爲：第十一部、第四部、第十二部。又王驥德《曲律》云：「各韻爲聲，亦各不同。如東鍾之洪，江陽皆來蕭豪之響，歌戈家麻之和，韻之最美麗者；寒山桓歡先天之雅，庚青之清，尤候之幽，次之；齊微之弱，魚模之混，眞文之緩，車遮之用雜入聲，又次之；支思之萎而不振，聽之令人不爽；至侵尋監咸廉纖，開之則非其字，閉

〔註48〕見王易《詞曲史》，北京，東方出版社，1996年，頁246。

之則不宜口吻，勿多用可也。」〔註49〕周濟《介存齋論詞雜著》云：「東眞韻寬平，支先韻細膩，魚歌韻纏綿，蕭尤韻感慨。」〔註50〕可見劉秉忠用韻呈現清新振厲，又不失婉轉幽咽之風格，與王鵬運評劉秉忠詞「雄廓而不失之儉楚，醞藉而不流於側媚」〔註51〕相合。

　　況周頤《蕙風詞話》云：「作詠物詠事詞，須先選韻。選韻未審，雖有絕佳之意、恰合之典，欲用而不能。」〔註52〕〈木蘭花慢〉（笑平生活計）用盤旋感慨的尤侯韻，描繪不堪往事湧至心頭的苦悶；〈臨江仙〉（冰雪肌膚香韻細）用清雅細膩的寒山韻，呈現梨花清新淡雅的體態；〈點絳唇〉（寂寂朱簾）用幽咽婉轉的遇語韻，感慨世外桃源無尋處的無奈。不同的韻字具有不同的表情達意的效果，可見劉秉忠擇韻是相當用心的。

小　結

　　劉秉忠在詞調選用方面，不僅注意詞調聲情相合，更致力填寫小令，欲復唐五代、北宋之盛況；詞律安排部份，除了沿用前人舊譜外，也能變舊調而作新聲，足見其對音律之精熟；其擇韻也相當謹慎，務求聲與情相符合，然其用韻並非依韻書逐字推敲，乃因物起興、隨情歌詠。由上述討論可知，劉秉忠無論在擇調、詞律、用韻方面，皆能「周旋於法度之中，而聲情識力常若有餘於法度之外」，〔註53〕可堪稱填詞之當行。

〔註49〕見王驥德《曲律》，收錄於《續修四庫全書》第一七五八冊，上海：上海古籍出版社，2002年，頁472。

〔註50〕周濟《介存齋論詞雜著》，北京：人民文學出版社，1998年，頁14。

〔註51〕見《四印齋所刻詞》所收錄的《藏春樂府》王鵬運序，上海：上海古籍出版社，1989年，頁856。

〔註52〕見「詞需選韻」條，同註35，頁37。

〔註53〕同註51。

第六章　《藏春樂府》與山谷家風

　　劉秉忠於詩詞中，不只一次透露出對「山谷家風」的傾慕，如〈讀山谷詩〉：「清奇雅淡破工夫，句句冰霜字字珠。並舉鴻方上霄漢，相忘魚已得江湖。筆頭應有神靈助，言外全無翰墨拘。酒醒夢回秋氣爽，似看明月在蓬壺。」〈續山谷焚香〉：「險心萬仞晝冥冥，躁欲紛紛動五兵。誰會焚香黃魯直，出門一笑大江橫。」〈永遇樂〉：「山谷家風，蕭閒情味，只君能識。會友論文，哦詩遣興，此樂誰消得。」有鑑於此，本章試著從黃庭堅之詩論切入，將劉秉忠之詩詞理論及詞作與之相互對照，釐清二者間的承繼關係，並從中確定《藏春樂府》之文學價值。

第一節　黃庭堅之詩論

　　黃庭堅之詩論，歷來多有人探討研究。〔註1〕以下便根據黃氏論詩之文

〔註1〕有關黃庭堅詩論之研究著作相當多，博碩士論文有：王源娥《黃庭堅詩論探微》，東吳大學中國文學研究所碩士，1983年。林錦婷《蘇軾與黃庭堅詩論異同之比較》，中央大學中國文學研究所碩士論文，1994年。吳幸樺《黃庭堅律詩的語言風格研究：以詞彙的運用現象為例》，成功大學中國文學研究所碩士論文，1996年。陳慷玲《山谷詞及其詞論研究》，東吳大學中國文學研究所碩士，1997年。許奎文《黃庭堅詞研究》，臺灣師範大學國文研究所碩士論文，2002年。廖鳳君《蘇軾與黃庭堅詩論及其比較》，東海大學中國文學研究所碩士論文，2004年。張輝誠《黃庭堅詩美學研究》，臺灣師範大學國文研究所碩士論文，2004年。陳雋弘《黃庭堅論詩意見之研究》，高雄師範大學國文研究所碩士論文，2005年。林湘華《江西詩派研究》，成功大學中國文學研究所博

字，參考歷來研究，並配合詩詞實踐之部分，將其詩論稍作說明，〔註2〕期能了解山谷家風大致的輪廓。

一、以俗爲雅、以故爲新

據陳師道《後山詩話》所載：「閩士有好詩者，不用陳語常談，寫投梅聖俞。答書曰：『子詩誠工，但未能以故爲新，以俗爲雅爾。』」〔註3〕宋人首先提出「以故爲新，以俗爲雅」當爲梅聖俞，他認爲作詩除了必須詞句工整外，詩作內容還要有新意，文辭必須深入淺出，力求暢達。蘇軾承其意，於論柳宗元詩時說道：「詩須要有爲而後作，當以故爲新，以俗爲雅。好奇而新，乃詩之病。」〔註4〕指出凡詩當要秉其情志而作，將前人的作品化爲己用，以通俗暢達爲要，千萬不可爲奇險晦澀之語。黃庭堅肯定此一論點，於〈再次韻楊明叔小序〉云：

> 因明叔有意於斯文，試舉一綱而張萬目。蓋以俗爲雅，以故爲新，
> 百戰百勝，如孫、吳之兵，棘端可以破鏃，如甘蠅、飛衛之射，此
> 詩人之奇也。公，眉人，鄉先生之妙語，震耀一世。我昔從公得之
> 爲多，故今以此事相付。（卷六，〈再次韻楊明叔小序〉，頁 181）

「以俗爲雅」就是擴充詩歌的題材與語彙，將許多俗語、口語入詩，使描述生動自然，即是在橫的方面尋求詩歌新的題材與語彙；「以故爲新」是縱的繼承與翻新，利用前人作品中的題材、體式、表現手法與用語辭彙，創造出屬

士論文，2006 年。專書則有：傅璇琮《黃庭堅和江西詩派卷》，高雄：麗文文化出版，1993 年。吳晟《黃庭堅詩歌創作論》，南昌：江西人民出版社，1998年。錢志熙《黃庭堅詩學體系研究》，北京：北京大學出版社，2003 年。傅璇琮編《黃庭堅和江西詩派資料彙編》，北京：中華書局，2004 年。黃啓方《黃庭堅與江西詩論論集》，臺北：國家，2006 年。期刊論文更是多如繁星，鑑於前人研究成果豐碩，故以前人研究爲基礎，配合黃庭堅詞作實踐之部分，對其詩論稍加說明，以便釐清秉忠之詩詞理論及其詞作與山谷家風，二者間的關係。

〔註2〕以下黃庭堅之詩詞文多從《文津閣四庫全書》第三七二冊，《山谷集》、《山谷詞》中節錄出來的，爲了不使註腳有繁複之感，詩詞文引自《山谷集》者，皆於其後標明卷次、篇章、頁碼，引自《山谷詞》者，則標明篇章、頁碼，不另作註。

〔註3〕陳師道《後山詩話》，收錄於紀昀編《文津閣四庫全書》第四九四冊，〈集部·詩文評類〉，北京：商務印書館，2005 年，頁 432。

〔註4〕蘇軾〈評柳子厚詩〉，見《柳先生集附錄·卷二》，收錄於紀昀編《文津閣四庫全書》第三六○冊，〈集部·別集類〉，北京：商務印書館，2005 年，頁 97。

於自己的風格。〔註5〕

「以俗爲雅」，主張在詩歌創作上，應打破雅、俗的界線。黃庭堅認爲所援引之俗事、方言，通過詩人的雅懷鎔鑄，必能化俗爲雅，因此，其詩中大量地以平常瑣事入詩，諸如民俗、疾病、技藝、飲食、起居、乞贈等，〔註6〕有別於文人間的風月雅事。而此理論也在詞作中實踐：

> 對景還銷瘦。被箇人、把人調戲，我也心兒有。憶我又喚我，見我嗔我，天甚教人怎生受。　　看承幸廝勾，又是尊前眉峰皺。是人驚怪，冤我忒攔就。拚了又捨了，定是這回休了，及至相逢又依舊。（〈歸田樂引〉，頁428）

> 三十年來無孔竅。幾回得眼還迷照。一見桃花參學了。呈法要。無絃琴上單于調。　　摘葉尋枝虛半老。拈花特地重年少。今後水雲人欲曉。非玄妙。靈雲合破桃花笑。（〈漁家傲〉，頁433）

> 黃菊枝頭生曉寒。人生莫放酒杯乾。風前橫笛斜吹雨，醉裡簪花倒著冠。　　身健在，且加餐。舞裙歌板盡清歡。黃花白髮相牽挽，付與時人冷眼看。（〈鷓鴣天〉，頁430）

> 酒闌命友閒爲戲。打揭兒、非常愜意。各自輸贏只賭是。賞罰采、分明須記。　　小五出來無事。卻跋翻和九底。若要十一花下死。管十三、不如十二。（〈鼓笛令‧戲詠打揭〉，頁428）

> 鳳舞團團餅。恨分破、教孤令。金渠體淨，隻輪慢碾，玉塵光瑩。湯響松風，早減了、二分酒病。　　味濃香永。醉鄉路、成佳境。恰如燈下，故人萬里，歸來對影。口不能言，心下快活自省。（〈品令‧茶詞〉，頁427）

由上述之例子，我們可以發現黃庭堅之詞作題材是相當多樣的，打破了傳統詞爲倚紅偎翠、遣賓娛興的狹隘觀念，舉凡男女愛戀、世情不滿、禪理體悟、市井博戲、品茗情趣等，皆可入詞，題材可謂相當廣闊。又在詞中使用方言俗語，使得描述更加生動自然。如此擴大詞之題材，增加詞之辭彙，與其「以俗爲雅」的文學主張相當契合。

〔註5〕參見郭玉雯〈有關奪胎換骨法若干問題的探討〉，收錄於《宋代文學與思想》，台北：學生書局，頁175、176。

〔註6〕此些「以俗爲雅」之題材可參見張輝誠《黃庭堅詩美學研究》，同註1，頁84～88。

　　「以故爲新」，主張要學古，但不應落入前人之窠臼，所以黃庭堅主張創新，力避陳詞濫調，即要對前人創作成果加以改造與創新。在創作之時，可取前人現成詩句、語詞或立題命意，加以鎔鑄，化爲己有，賦予其新的涵義與生命力，〔註7〕具體的方法就是「點鐵成金」、「奪胎換骨」。

　　黃庭堅〈答洪駒父書〉稱：「自作語最難，老杜作詩，退之作文，無一字無來處。蓋後人讀書少，故謂韓、杜自作此語耳。古之能爲文章者，眞能陶冶萬物，雖取古之陳言入於翰墨，如靈丹一粒，點鐵成金也。」〔註8〕書中推崇杜甫、韓愈，強調行文無一字無來歷，故其認爲要作好詩，必須先博覽群書，累積學問及熟悉前人之佳字善句，以備寫作點化之用。

　　「不易其意而造其語，謂之換骨法。規模其意而形容之，謂之奪胎法。」〔註9〕奪胎，謂取前人詩語中所含之意，如奪人腹中之胎，意在能加意形容，令詩意深於原作，特重在意的深入挖掘。至於換骨，只專在語言上的變造。奪胎換骨以陳言務去爲宗旨，以轉他人胎血成自家骨肉爲手段，所關注的仍是言、意的雙重考慮。奪胎，貴在意深；換骨，貴在語工。〔註10〕詩文以自作語爲貴，但自作語著實困難，如老杜作詩、退之作文所用之文字，也並非全然自鑄偉詞，偶然也各有其來處。因此，黃庭堅提出從前人之創作著手，鎔鑄古語爲自己所用，以故爲新，在語言形式上創造另一番新奇的效果。

　　此種「奪胎換骨」的手法，在黃庭堅的詞作中也常出現：

> 坐玉石，敧玉枕，拂金徽。謫仙何處，無人伴我白螺杯。我爲靈芝仙草，不爲朱脣丹臉，長嘯亦何爲。醉舞下山去，明月逐人歸。（節錄〈水調歌頭〉下片，頁424）

> 自斷此生休問天。白頭波上泛膠船。老去文章無氣味，憔悴，不堪驅使菊花前。（節錄〈定風波・次高左藏韻〉上片，頁426）

> 西塞山邊白鳥飛。桃花流水鱖魚肥。朝廷尚覓玄眞子，何處如今更有詩。　　青篛笠、綠簑衣。斜風細雨不須歸。人間底事風波險，

〔註7〕參見白政民《黃庭堅詩歌研究》，寧夏：人民出版社，2001年，頁110。

〔註8〕黃庭堅〈答洪駒父書〉，見《山谷集・卷十九》，收錄於紀昀編《文津閣四庫全書》第三七二冊，〈集部・別集類〉，北京：商務印書館，2005年，頁225。

〔註9〕見魏慶之《詩人玉屑》引黃山谷語。見魏慶之《詩人玉屑》卷八，台北：世界書局，1960年，頁190。

〔註10〕參見龔鵬程《江西詩社宗派研究》，台北：文史哲出版社，1983年，頁194～196。

一日風波十二時。（〈鷓鴣天〉，頁 430）

第一闋末句「醉舞下山去，明月逐人歸」，化用李白〈下終南山過斛斯山人宿置酒〉：「暮從碧山下，明月逐人歸。」描寫自己獨飲無伴，只有明月隨著之悵然，與李白灑脫無羈之情，迥然不同。第二闋首句「自斷此生休問天」，則直接挪用杜甫〈曲江三章章五句〉：「自斷此生休問天，杜曲幸有桑麻田。」表達其年華漸去之感慨，與杜甫之志在歸隱不同。第三闋則整闋化用張志和〈漁歌子〉：「西塞山前白鷺飛，桃花流水鱖魚肥。青箬笠，綠簑衣。斜風細雨不須歸。」隨遇而安、不慕榮利之情懷，與張志和所表達的完全相同，惟文字上稍作變動。

劉克莊〈山西詩派小序〉云：「豫章稍後出，會萃百家句律之長，究極歷代體製之變，蒐獵奇書，穿穴異聞，作爲古律，自成一家，雖隻字半句不輕出，遂爲本朝詩家宗祖。」〔註 11〕力讚黃庭堅不僅熟練點鐵成金、奪胎換骨之技巧，更會萃百家句律之長處，對字句斟酌再三，隻字半句不輕出。黃庭堅也於於詩文中屢屢提及用字、句法、結構的重要：

> 余聞雷太簡才氣高邁，觀此詩，信如所聞也。……是得意處其用字穩實，句法刻厲而有和氣，它人無此功也。（卷二十六，〈跋雷太簡梅聖俞詩〉，頁 254）

> 詩來清吹拂衣巾，句法詞鋒覺有神。（卷十，〈次韻奉答文少激推官紀贈二首〉，頁 190）

> 李侯詩律嚴且清，諸生賡載筆縱橫。句中稍覺道戰勝，胸次不使俗塵生。（卷六，〈再次韻兼簡履中南玉三首〉，頁 180）

> 作詩正如雜劇，初時布置，臨了須打諢，方是出場。〔註12〕

可知黃庭堅學習化用前人佳句的同時，對於用字之謹慎，句法之變造，結構之佈置也相當重視。

二、援引古事

　　研究黃庭堅詩論的相關論文多將「無一字無來處」、「點鐵成金」視爲黃

〔註11〕見劉克莊《後村集·卷二十四》，收錄於紀昀編《文津閣四庫全書》第三九四冊，〈集部·別集類〉，北京：商務印書館，2005 年，頁 357。

〔註12〕見《王直方詩話》引山谷語，收錄於吳文治編《宋詩話全編》，南京：江蘇古籍出版社，1998 年，頁 1148。

庭堅強調用典之證據，進一步發揮推論黃庭堅主張字字用典。〔註13〕然援引
事典與「點鐵成金」、「奪胎換骨」事實上是有差異的，王源娥《黃庭堅詩論
探微》提到：「古來詩話，摹擬、鎔鍊、用典常混爲一談，事實上是有很大
的分別。譬如詠月，襲用模仿前人的句、意，或取用他人的詩格，這是摹擬。
詩中用嫦娥、漢武故事，則是用典。至於清風明月諸詞，是大家習知慣用的，
如何取爲己用，造成新的形象，即是鎔鍊。……鎔鍊與用典的不同是：前者
的重點在取用古人詞藻，詞藻其後並不一定包含特別的事件、典故。」〔註
14〕「奪胎換骨」強調詞語的轉化，援引古事則著重在特別事件的典故引用。
〔註15〕

黃庭堅〈跋高子勉詩〉中指出：

> 高子勉作詩，以杜子美爲標準。用一事如軍中之令，置一字如關門
> 之鍵，而充之以博學，行之以溫恭，天下士也。（卷二十六，〈跋高
> 子勉詩〉，頁255）

「用一事如軍中之令」，強調用事的重要。用事可使詩作言語簡練、意蘊綿密，
猶如軍令一句便可驅使千軍萬馬。然如何讓事典用得純熟巧妙？黃庭堅認爲
博學是相當必要的。

詩之好壞與否，固然跟天賦才性有關，但要作出好詩，只有個人天分是
不夠的，故黃庭堅主張要多讀書，惟有博覽眾書，才能從古籍中挑選出好材
料來運用：

> 所送新詩皆興寄高遠，但語生硬不諧律呂，或詞氣不逮初造意時，
> 此病亦只是讀書未精博耳。（卷十九，〈與王觀復書〉，頁224）

> 二十年來，學士大夫有功于翰墨者爲不少，求其卓然名家者則未多，
> 蓋嘗深求其故，病在欲速成耳。〔註16〕

黃庭堅認爲要矯正速成的弊端，使詩作更佳，就要多讀書，讓自己才學充實

〔註13〕論及黃庭堅之用典時並無將兩者作一區別者：徐裕源《黃山谷詩研究》，政治
大學中文研究所碩士論文，1986年；李英華《黃庭堅詠物詩研究》，高雄師範
大學國文研究所碩士論文，2002年；余純卿《黃山谷詩論與詩的教學》，高雄
師範大學教學碩士班碩士論文，2002年；廖鳳君《蘇軾與黃庭堅詩論及其比
較》，東海大學中國文學研究所碩士論文，2004年等論文。

〔註14〕見王源娥《黃庭堅詩論探微》，東吳大學中文研究所碩士論文，1983年，頁
30。

〔註15〕陳雋弘《黃庭堅論詩意見之研究》亦贊同此觀點。

〔註16〕見黃庭堅《山谷別集》卷十六，〈答秦少章帖〉，同註8，頁395。

了之後，才能在法度技巧之外達到自由的境界。這與嚴羽《滄浪詩話》所說的：「夫詩有別材，非關書也，詩有別趣，非關理也，然非多讀書，多窮理，則不能極其至，所謂不涉理路，不落言銓者，上也。」〔註17〕極爲相似，若只想著快速運用前人的經驗融入自己的創作，詩歌只會變得「語生硬不諧律呂」、毫無生氣罷了。所以，若是要使自己的詩歌境界提升，成爲第一流的作品，必須把握「讀書精博」的原則，而非一味地想速成。

由於黃庭堅淵博的學識，因此他能將經史子集的故實順手拈來，其涉獵之廣泛，舉凡儒、釋、道、諸子百家經典，歷代文集、史書、方志、筆記雜著，甚至稗官野史、民間傳說等等無不涵蓋，成爲黃詩事典材料來源：

> 愛酒醉魂在，能言機事疏。平生幾兩屐，身後五車書。物色看王會，勳勞在石渠。拔毛能濟世，端爲謝楊朱。（卷九，〈和答錢穆父詠猩猩毛筆〉，頁187）

> 能迴趙璧人安在，已入南柯夢不通。賴有霜鍾難席卷，袖椎來聽響玲瓏。（卷十一，〈湖口人李正臣蓄異石九峰〉，頁192）

> 白璧明珠多按劍，濁涇清渭要同流。〔註18〕

第一首五律第一句典出《華陽國志》：「猩猩嗜酒，又喜著屐，獵者輒設而誘之，猩猩飲酒逮醉，因取屐而著之，乃爲人所擒獲。」第二句「猩猩能言」則典出《禮記‧曲禮上》：「猩猩能言，不離禽獸。」第三句「幾兩屐」典出《晉書‧阮孚傳》，阮孚愛著屐，嘗自爲之，云：「未知一生能著幾兩屐？」第四句「五車書」典出《莊子‧天下》：「惠施多方，其書五車。」第五句「王會」典出《逸周書‧王會篇》，正玄曰：「王城既成，大會諸侯及四夷也。」第六句「石渠」典出班固〈西都賦〉：「天祿、石渠，典籍之府。」第七句「拔毛」典出《孟子‧盡心上》：「楊氏爲我，拔一毛而利天下，不爲也。」第八句「楊朱」典出《列子‧楊朱》：「禽子問楊朱曰：『去子體之一毛以濟一世，汝爲之乎？』楊子曰：『世固非一毛之所濟。』」〔註19〕充分運用猩猩嗜酒被人捕獲，製成毛筆，人得以用之，因而留下五車書，言猩猩拔毛製筆可利天

〔註17〕見嚴羽《滄浪詩話‧詩辨》，收錄於陳定玉輯校《嚴羽集》，鄭州：中州古籍出版社，1997年，頁4。

〔註18〕見黃庭堅《山谷外集》卷六，〈閏月訪同年李夷伯子真于河上，子真以詩謝，次韻〉，同註8，頁294。

〔註19〕典故參見《山谷內集詩注》卷三，〈和答錢穆父詠猩猩毛筆〉任淵之註解，同註8，頁505。

下，更勝楊朱。其中「幾兩屐」、「五車書」、「楊朱」、「拔毛」的典故與猩猩無關，黃庭堅卻通過巧妙的聯想將之串聯。又如第二首裡「趙璧」、「南柯」兩個典故，黃氏不拘泥於字句表面的用法，採取異於常人的思路，不是表現物歸原主或人生如夢的意義，而以一塊奇石的得失遭遇，傷悼蘇軾之死。又如第三首「濁涇清渭」，其典出《晉書・王濛傳》載與王導箋：「夫軍國殊用，文武異容，豈可令涇渭混流，汙清穆之風。」原意為涇水濁、渭水清，界線分明。但黃詩卻反其意而用之，勸李子真隨俗從眾，與波逐流。可見黃詩用典範圍之廣、頻率之繁、手法之巧。

　　其援引古事的特色，也表現在他的詞作中：

　　　　阿連高秀。千萬里來忠孝有。豈謂無衣。歲晚先寒要弟知。(〈減字
　　　　木蘭花・用前韻示知命弟〉，頁 431)

典出《宋書・謝靈運傳》：「惠連幼有才悟，而輕薄不為父方明所知。靈運去永嘉還始寧，時方明為會稽郡。靈運嘗自始寧至會稽造方明，過視惠連，大相知賞。時長瑜教惠連讀書，亦在郡內，靈運又以為絕倫，謂方明曰：『阿連才悟如此，而尊作常兒遇之。何長瑜當今仲宣，而飴以下客之食。尊既不能禮賢，宜以長瑜還靈運。』 靈運載之而去。」〔註20〕謝靈運有從弟謝惠連，善長詩歌，為靈運所愛，常呼之阿連。黃庭堅引用謝惠連來表示自己與弟知命手足之情深厚。於〈鷓鴣天〉：

　　　　龍山落帽千年事，我對西風猶整冠。(〈鷓鴣天・重九日集句〉，頁
　　　　430)

反用「龍山落帽」之典。《晉書・孟嘉傳》記載，陶淵明的外祖父孟嘉擔任桓溫之參軍時，極受賞識與器重。一年重陽節，桓溫在龍山宴請幕僚，吟詩作對，正當酒酣耳熟際，突然刮起一陣風，吹落孟嘉的官帽，然孟嘉卻渾然不覺，仍津津有味地和別人飲酒賦詩。桓溫見此情景，暗中命孫盛趁孟嘉如廁所時，將帽子拿到孟嘉座位上，並作文章嘲笑他，孟嘉回座後，笑而請筆，即時以答，四座嘆服，後傳為雅事。〔註21〕「君子死，冠不可免」，官帽落地沒有察覺，有傷大雅，然孟嘉卻不以為意，巧妙應對，後人便把「孟嘉落帽」

〔註20〕見張元濟《宋書・卷六十七・謝靈運傳》，臺北：臺灣商務印書館，1988 年，頁 1021。

〔註21〕參見房喬《晉書・卷九十八・孟嘉傳》，臺北：臺灣商務印書館，1988 年，頁 705。

比喻文人不拘小節，風度瀟灑，縱情詩文娛樂的神態。但黃庭堅詞卻云整冠，不使帽落，戲謔之情油然而生。另外還有：

> 不得文章力，白首防秋，誰念雲中上功守。正注意，得人雄，靜掃河山，應難縱、五湖歸棹。問持節馮唐幾時來，看再策勳名，印窠如斗。（節錄〈洞仙歌・瀘守王補之生日〉，頁 428）
>
> 楚山千里暮雲，鎮鎖離人情抱。記取江州司馬，座中最老。（節錄〈品令・送黔守曹伯達〉，頁 427）
>
> 不是白頭新。周郎舊可人。（節錄〈菩薩蠻〉，頁 429）
>
> 詩有淵明語，歌無子夜聲。論文思見老彌明。坐想羅浮山下、羽衣輕。（節錄〈南歌子〉，頁 431）
>
> 劉郎恨，桃花片片，隨水染塵埃。（節錄〈滿庭芳〉，頁 425）
>
> 襄王夢裏，草綠煙深何處是、宋玉臺頭。暮雨朝雲幾許愁。（節錄〈減字木蘭花〉，頁 430）
>
> 萬里嫁、烏孫公主。對易水、明妃不渡。（節錄〈憶帝京・贈彈琵琶妓〉，頁 425）
>
> 深鎖三關。不要樊姬與小蠻。（節錄〈採桑子〉，頁 429）
>
> 史君那裏，千騎塵中依約是、拂我眉頭。無處重尋庾信愁。（節錄〈減字木蘭花〉，頁 430）
>
> 東山小妓攜絲竹。家裏樂天，村裏謝安石。（節錄〈醉落魄〉，頁 426）
>
> 庾郎三九常安樂。使有萬錢無處著。（節錄〈木蘭花令〉，頁 427）
>
> 宋玉短牆東畔，桃源落日西斜。（節錄〈西江月〉，頁 427）

不難發現黃庭堅在內容裡大量援引古事，如范蠡、馮唐、白居易、周瑜、陶淵明、彌明、劉禹錫、襄王、宋玉、烏孫公主、王昭君、樊姬、小蠻、庾信、謝安、庾杲等皆屢見於詞中，可見黃氏塡詞也同作詩，好使用古人之故實典例。

三、抒發情志

　　黃庭堅創作雖講究字句的經營鍛鍊，但他更認為作詩必須辭情相符，自然渾成，達到平淡卻意涵深遠的境界：

　　文章惟不構空強作，詩遇境而生，便自工耳。〔註22〕

　　好作奇語，自是文章病。但當以理爲主，理得而辭順，文章自然出
　　群拔萃。觀杜子美到夔州後詩、韓退之自潮州還朝後文章，皆不煩
　　繩削而自合矣。（卷十九，〈與王觀復書〉三首之一，頁225）

　　熟觀杜子美到夔州後古律詩，便得句法簡易而大巧出焉，平淡而山
　　高水深，似欲不可企及。文章成就更無斧鑿痕，乃爲佳作耳。（卷十
　　九，〈與王觀復書〉三首之二，頁225）

好的詩作絕不能刻意追求，必須「遇境而生」，儘管句法簡易平淡，毫無雕琢
工巧，但若能詞淺意深、理得辭順，自然能有無意爲文而意已至之佳作。《文
心雕龍・情采》也提到：「情者文之經，辭者理之緯；經正而後緯成，理定而
後辭暢，此立文之本源也。」〔註23〕情與采必須相配合，文章才會有強大的
藝術感染力。黃庭堅〈道臻師畫墨竹序〉亦云：「夫吳生之超其師，得之於心
也，故無不妙。張長史之不治它技，用智不分也，故能入於神。」（卷十六，
頁213）藝術想要有所超越，必須「得心入神」。繪畫如此，文學亦是如此。
每個人的境遇不同，對於人生的感悟自然也會有所差異，此差異並非熟練字
句、推砌辭藻、仿傚前人即可彌補。因此，黃庭堅雖講求學古、句法，但也
強調若是一味地攀附前代之作，空把韻語麗辭堆砌成文，文理固然通順，然
筆力柔弱，內容必定缺乏感動人心的力量，所以他堅持詩文要遇境而生、清
新自然，隨其情志而興發，才能達詩作的最高境界。

　　黃庭堅詩歌中，可見其緣情而生、簡易平淡原則之實踐：

　　我居北海君南海，寄雁傳書謝不能。桃李春風一杯酒，江湖夜雨十
　　年燈。持家但有四立壁，治病不蘄三折肱。想得讀書頭已白，隔溪
　　猿哭瘴溪藤。（卷九，〈寄黃幾復・乙丑年德平鎮作〉，頁186）

　　昨夜風雷震海隅，天心急擬活焦枯。去年席上蛟龍語，未委先生記
　　得無。（卷十，〈謝應之〉，頁190）

　　中年畏病不舉酒，孤負東來數百觴。喚客煎茶山店遠，看人秧稻午
　　風涼。但知家裏俱無恙，不用書來細作行。一百八盤攜手上，至今
　　猶夢遶羊腸。（卷十一，〈新喻道中寄元明用觴字韻〉，頁192）

〔註22〕見黃庭堅《山谷別集》卷六，〈論作詩文〉，同註8，頁358。
〔註23〕見范文瀾注《文心雕龍》，香港：商務印書館，1995年，頁538。

霜鬢八十期同老，酌我仙人九醞觴。明月灣頭松老大，永思堂下草
荒涼。千林風雨鶯求友，萬里雲天雁斷行。別夜不眠聽鼠齧，非關
春茗攪枯腸。（卷十一，〈宜陽別元明用觴字韻〉，頁 194）

醉鄉閒處日月，鳥語花中管絃。有興勤來把酒，與君端欲忘年。（卷
十二，〈再用前韻贈子勉四首〉，頁 196）

詩中所記，或因寄雁傳書不易而感慨萬千，或因昨晚雷震海隅而引發遙想，
或因得知家中無恙而語帶輕鬆，或因思念友人而輾轉難眠，或因與有把酒同
歡而醉欲忘年，在在都是因情而發，而非刻意堆砌之語。

其詞亦多「遇境而生」之自然語，如：

萬事令人心骨寒。故人墳上土新乾。淫坊酒肆狂居士，李下何妨也
整冠。　金作鼎，玉爲餐。老來亦失少時歡。茱萸菊蕊年年事，
十日還將九日看。（〈鷓鴣天〉，頁 430）

將自己宦海沉浮的感慨於詞中盡情宣洩，而詞中皆直抒其憤鬱之情，無一景
語，眞率自然，不假雕飾。又如：

苑邊花外。記得同朝退。飛騎軋，鳴珂碎。齊歌雲繞扇，趙舞風回
帶。嚴鼓斷，杯盤狼藉猶相對。　灑淚誰能會。醉臥藤陰蓋。人
已去，詞空在。兔園高宴悄，虎觀英遊改。重感慨，波濤萬頃珠沉
海。（〈千秋歲〉，頁 432）

當時黃庭堅貶官宜州，路經衡陽，見秦觀之遺作〈千秋歲〉詞，感慨不已，
故作此詞以悼念之。又如：

天涯也有江南信。梅破知春近。夜闌風細得香遲。不道曉來開遍、
向南枝。　玉臺弄粉花應妒。飄到眉心住。平生箇裡願杯深。去
國十年老盡、少年心。（〈虞美人・宜州見梅作〉，頁 424）

藉多梅爲眾花所妒之情景，含蓄表現自己被誣以「幸災謗國」的罪名，夜闌
人靜時，更深感委屈、心酸與無奈。又如：

煙中一線來時路。極目送、歸鴻去。第四陽關雲不度。山胡新囀，
子規言語。正在人愁處。　憂能損性休朝暮。憶我當年醉時句。
渡水穿雲心已許。暮年光景，小軒南浦。同捲西山雨。（〈青玉案・
至宜州次韻上酬七兄〉，頁 432）

黃庭堅貶官宜州，因年已六十歲，加上嶺南乃屬窮荒僻遠之地，心情自是愁
苦萬分。因其臨行前，其兄黃大臨曾作〈青玉案〉以「送山谷弟貶宜州」，希

望「異日同歸」，因此一到宜州後黃庭堅便依原韻作詞答之，藉以抒解羈旅他鄉之痛苦，並應和其兄「異日同歸」的心願。又如：

> 臥稻雨餘收。處處遊人簇遠洲。白髮又挨紅袖醉，戎州。亂摘黃花插滿頭。　　青眼想風流。畫出西樓一頓秋。却憶去年歡意舞，梁州。塞鴈西來特地愁。（〈南鄉子・重陽日寄懷永康彭道微使君，用東坡韻〉，頁 431）

因見遊人處處，歡愉相聚，不禁想起遠方的友人，雖於重陽佳節，然心中不免重染愁緒。

由上述分析可知，黃庭堅之詞亦同詩，描寫的是自己所見所感，舉凡有志難伸、悼亡友人、思鄉懷友、離情別意、懷古慨嘆、閒散平淡等，皆可為詩詞之內容。其詩詞遇境而生、自然而發，以抒發情志為主，可謂黃氏詩詞的一大特色。

第二節　劉秉忠詩詞理論承繼與實踐

劉秉忠著作大多亡佚，其中是否有特定探討詩詞理論的文章，如今已無從得知。因此，關於劉秉忠詩詞理論是否承繼黃庭堅的部分，僅能就目前留存下來的詩詞內容中，尋求線索，並進而探究其詞作之實踐情形。

一、詩詞理論

劉秉忠詩詞之內容涉及詩詞文章作法的論述，大抵分為兩大部分，一是針對文章句法的態度，一是對於創作內容的看法。〔註24〕

（一）字句定推敲，詩章須新變

劉秉忠認為創作首先必須注意用字、句法及佈局：

> 七情荒逸難追雅，六義繽紛始到騷。句穩先須辨長短，字工端要定

〔註24〕尹紅霞《論劉秉忠的學術與文學》提出秉忠之詩論以自然為宗，為詩必須心中無滯、言貴辭達、詩意貴圓，忽略了秉忠「字句定推敲，詩章須新變」之主張；李向軍《劉秉忠藏春詞研究》則較為完整，他認為秉忠雖強調法乎自然，但也必須精於推敲，也點出秉忠詞論受到黃庭堅詩歌理論之影響，可惜他對於《藏春集》中所提及的詩詞作法，以及承繼黃庭堅詩論之情形，並未多作闡釋。因此，筆者以此二人之研究為基礎，翻查秉忠詩詞議論詩文的部分，加上個人之理解，重新整理，並補充說明。

推敲。言非精當功應少，意不包含氣漫高。出手若能圓似彈，千迴
萬轉任吟嘲。（卷一，〈吟詩〉，頁176）〔註25〕

青雲高興入冥搜，一字非工未肯休。直到雪消冰泮後，百川春水自
東流。（卷四，〈讀遺山詩十首〉之六，頁200）

詩如雜劇要鋪陳，遠自生疎近自新。本欲出場無好絕，等閒章句笑
翻人。（卷四，〈近詩〉，頁205）

他認為風雅離騷之所以「無言價自高」，遺山詩之所以暢達清新如「春水自東
流」，乃在於其句穩、字工。劉秉忠強調鍊字、鑄句，是作詩為文的根本，指
出一篇詩文若是「言非精當」，便無法真切、準確地抒發懷抱，用字遣詞技巧
若不純熟，便無法「千迴萬轉任吟嘲」。他更引用黃庭堅「作詩如雜劇」之論
述，說明內容之結構佈局也必須謹慎，沒有適當的鋪陳，佳言麗辭終淪為一
堆情緒或理念的「等閒章句」，所呈現的只不過是一篇「笑翻人」的作品。

「無一字無來處」，化用前人字句，也是劉秉忠詩論之著眼處：

挐雲心事倚樓邊，鏡髮星星過少年。學步誰知翻失故，效顰自笑不
成妍。詩章騷雅唐新變，字體風流晉舊傳。吟寫總為閒伎倆，且將
消遣日長天。（卷二，〈夏日遣懷〉，頁181）

清雄騷雅因題賦，古律篇章逐變生。一字莫教無下落，有情還似不
能情。（卷四，〈為大覺中言詩四首〉之三，頁203）

不論是唐詩新聲、篇章風流，並非時人自作語，而是以前人詩篇文章為基礎，
而變生出來的，因此，劉秉忠強調學古，作詩為文「一字莫教無下落」。但化
用前人作品並不是單純抄襲，生吞活剝，而是要將其字句悟入，為己所用。
劉秉忠〈夏日遣懷〉中便明確指出，惟有學古而創新，才能使詩文散發新輝；
囫圇吞棗，不求變通，一逕地「學步」、「效顰」，只會使詩文變成消遣的閒技
倆。杜詩之所以「規矩方圓稱物施，運斤風度見工師。干霄氣象動高興，際
海波濤生遠思」；山谷詩之所以「清奇雅淡破工夫，句句冰霜字字珠。筆頭應
有神靈助，言外全無翰墨拘」，〔註26〕都是因為杜、黃二人在推敲鍊鑄文句、
化用他人詩詞之餘，能創造屬於自己的作品。

〔註25〕劉秉忠之詩篇皆從《北京圖書館古籍珍本叢刊》收錄之《藏春詩集》中節錄
　　　　出來的，為了不使註腳有繁複之感，以下詩文引自《藏春詩集》者，皆於其
　　　　後標明卷次、篇章、頁碼，不另作註。

〔註26〕語見劉秉忠〈再讀杜詩〉、〈讀山谷詩〉，同註25，頁185、186。

（二）文章貴辭達，托物成騷雅

除了力求語言形式的精美，講究字句的經營鍛鍊外，劉秉忠也強調「須因規矩忘規矩，才得縱橫似古人」：〔註27〕

> 編排一字有高卑，就者功夫作者知。自古文章貴辭達，蘇黃意不在新奇。（卷四，〈讀遺山詩十首〉之三，頁200）

> 水平忽有驚人浪，蓋是因風擊起來。造語若能知此意，不須特地騁奇才。（卷四，〈爲大覺中言詩四首〉之一，頁203）

好的創作之所以流傳千古，是因爲文字自然而然地從胸臆流出，並不是毫無目的地鍊字鑄句，作新奇語。故劉秉忠主張「文章貴辭達」，因理而生，爲情而發，不須無風起浪，特地騁其奇才。

顧易生《宋金元文學批評史》指出：「元初北方文學批評的新的特點便是重視詩文的內容。就內容而言又可分爲兩方面，一是紀實言理，以事功教化爲目的；另一是抒發個人情志，因而帶有自適自娛的傾向。大致說來，劉秉忠、郝經、王惲、姚燧等偏於前者，李治、胡祇遹偏於後者。」〔註28〕論及劉秉忠詩文的內容多紀實言理，以事功教化爲目的，實屬偏頗之言。殊不知因物興發、抒懷暢情乃是劉秉忠創作論述中的重點：

> 大道荒蕪沒草萊，一回翹首一回哀。論文須謂可方可，言志豈拘才不才。美錦幾時無善製，好花隨季有新開。風人托物成騷雅，未必初心在物來。（卷一，〈有感〉，頁176）

他在〈有感〉中提到，論文言志、詠懷抒情乃因心而生，非因物而來。「美錦」、「好花」只是文人興發的媒介、情感的襯托，心境的抒發才是創作內容的目的。劉秉忠詩詞中亦有跡可尋：

> 一別陽關金曲卮，深秋節物動離思。蝶飛籬畔菊開後，雁滿江頭楓落時。才大難爲鸚鵡賦，情親易感鷓鴣詩。願將村老眞誠語，寄謝悠悠世上兒。（卷三，〈寄友弟〉，頁194）

> 李杜放詩豪。萬丈晴虹吸海濤。六義不傳風雅變，離騷。金玉無言價自高。　　春日對春醪。短詠長歌慰寂寥。幽鳥落來花裏語，從教。彩鳳飄飄上九霄。（〈南鄉子〉）

〔註27〕語見劉秉忠〈爲宋義甫言書三首〉之一，同註25，頁201。
〔註28〕見顧易生《宋金元文學批評史》下冊，上海：上海古籍出版社，1996年，頁904。

婉曲巧妙地藉由外在事物烘托內心之情志，不僅可以製造美感，更能夠提升詩詞之境界。但若沒有離情依依，陽關金厄、深秋節物、蝶飛籬畔、雁滿江頭、菊開楓落等無情之景，怎能得鸚鵡賦、鶺鴒詩之類的真誠語？如不是惆悵難當，面對明媚春光、美酒佳餚，怎須短詠長歌慰寂寥？劉秉忠更進一步藉著幽鳥在花裡語，彩鳳於九霄飛，皆是必然之理，來說明唯有自然地從胸臆抒發之作，才屬上乘，而李杜之詩歌、屈原之離騷就是個好例子。因此，劉秉忠所重視是可以抒發個人情志的詩文內容。此與黃庭堅強調創作不能刻意追求，必須「遇境而生」之理論，相當契合。

二、詞作實踐

　　劉秉忠之詩詞理論與黃庭堅之詩論十分相似，可見其理論承繼的關係。以下我們另外從劉秉忠之詞作著手，確定其創作實際落實黃庭堅詩論之情形。

（一）使用口語方言

　　黃庭堅之詩論主張「以俗為雅」，打破了雅、俗的界線，將許多俗語、口語入詩，使描述生動自然。而此種使用方言口語，使詩文通俗白話的情形，在劉秉忠詞作中也常見到。

　　《藏春樂府》常運用日常方言俚詞，試舉數例如下：

　　酒杯裏、功名渾瑣瑣，今古兩悠悠。〈風流子〉
　　　　　　　△△△

　　閒殺堦前好月，不肯照西廂。〈望月婆羅門引之二〉
　　　△△

　　無箇事、臥看北窗松竹。〈洞仙歌〉
　　△△△

　　十日狂風才是定，滿園桃李紛紛。〈臨江仙之六・海棠〉
　　　　　　　△△△

　　別離渾是苦、奈西征。〈小重山之二〉
　　　　△△△

　　清愁緣底事、別離中。〈小重山之三〉
　　　　△△△

見說世間離別苦，休休。〈南鄉子之三〉
　　　　　　　　　△△

勾引客情緣底物，鷦鷯。〈南鄉子之七〉
　　　　　　　△△△

鳳城好景誰來賞，忙殺悠悠世上兒。〈鷓鴣天之一〉
　　　　　　　　　△△

無花無酒仍無月，愁殺耽詩杜少陵。〈鷓鴣天之二〉
　　　　　　　　　△△

管甚做、人間是非。〈太常引之四〉
△△△

本是箇、江湖散人。〈太常引之五‧魯仲連〉
△△△

眞箇是、男兒丈夫。〈太常引之六‧武侯〉
△△△

《藏春樂府》也常見不假修飾的口語敘述：

而今不醉，苦一日、醒醒一日愁。〈望月婆羅門引之一〉

圖富貴，論功名。我無能。〈訴衷情〉

起來情緒如何。開門月色猶多。照我如常如舊，更誰能似姮娥。〈清
平樂之二〉

自任飛來飛去，伴他鷗鷺忘機。〈清平樂之三〉

有閑鷗、伴人來去。〈桃花曲之一〉

江山閱人多矣，計古來英物總沉埋。(《木蘭花慢》之二〉

龍蛇一屈一還伸。未信喪斯文。〈木蘭花慢之四‧混一後賦〉

桃花水，流入不流迴。〈江月晃重山之四〉

花滿樽前酒滿巵。不開笑口是癡兒。〈鷓鴣天之三〉

長安三唱曉雞聲。誰不被、利名驚。〈太常引之一〉

青山憔悴瑣寒雲。站路上、最傷神。〈太常引之三〉

使用口語方言，除了遊戲、調情外，尚有兩種特色：一是「藉俗語抒寫了對
農村生活的一份親切質樸的感情」，另一則是「藉俗語之遊戲性質表現了自己
的一份嘲諷和悲慨。」〔註29〕姑且不管劉秉忠詞作使用口語方言的目的，是

〔註29〕參見繆鉞、葉嘉瑩《靈谿詞說》，台北：國文天地雜誌社，1989年，頁434～

爲了抒發其對嚮往田園之心情，還是藉之傳達自己身處仕隱矛盾之中的無奈，就整體觀之，口語方言的使用不僅使整闋詞的表現形式更爲自由、表現意境更爲活潑，更豐富了詞作的內容。

（二）善用故事典例

典故是一種進入詩歌的特殊詞匯，是一種濃縮的語言符號，其中蘊含著巨大的歷史人文信息量，其暗示、比喻、象徵諸義可傳達出作者內心難以言傳的感受，使讀者與作者能產生共鳴，還可增強詩歌的凝鍊程度與暗示性、含蓄性和知識趣味性，使作品具有博奧典雅的藝術風神。〔註30〕因此，黃庭堅主張作詩爲文必須能將經史子集之故實順手拈來，塡詞也不例外。劉秉忠塡詞深受山谷家風影響，故而詞作中亦多故實。劉秉忠四闋〈木蘭花慢〉就有三闋使用故事典例：

> 到閑人閑處，更何必、問窮通。但遣興哦詩，洗心觀易，散步攜筇。
> 浮雲不堪攀慕，看長空澹澹沒孤鴻。今古漁樵話裏，江山水墨圖中。
> 　　千年事業一朝空。春夢曉聞鐘。得史筆標名，雲臺畫像，多少
> 成功。歸來富春山下，笑狂奴何事傲三公。塵事休隨夜雨，扁舟好
> 待秋風。

劉秉忠此闋〈木蘭花慢〉便用了兩個歷史事例。下片第四句「雲臺畫像」，典出於《後漢書・馬武傳》：「永平中，顯宗追感前世功臣，乃圖畫二十八將於南宮雲臺。」〔註31〕劉秉忠此處言「得史筆標名，雲臺畫像，多少成功」，借以感慨那些後來受君主感念，圖畫於雲臺之功臣名將，至今有幾人。「歸來富春山下，笑狂奴何事傲三公」，典出自《後漢書・嚴光傳》：「嚴光字子陵，一名遵，會稽餘姚人也。少有高名，……司徒侯霸與光素舊，遣使奉書。使人因謂光曰：『公聞先生至，區區欲即詣造，迫於典司，是以不獲。願因日暮，自屈語言。』光不荅，乃投札與之，口授曰：『君房足下：位至鼎足，甚善。懷仁輔義天下悅，阿諛順旨要領絕。』霸得書，封奏之。帝笑曰：『狂奴故態也。』車駕即日幸其館。光臥不起，帝即其臥所，撫光腹曰：『咄咄子陵，不可相助爲理邪？』光又眠不應，良久，乃張目熟視，曰：『昔唐堯著德，巢父

436。
〔註30〕參見白政民《黃庭堅詩歌研究》，寧夏：人民出版社，2001年，頁321。
〔註31〕見范曄《後漢書・卷二十二・馬武傳》，臺北：臺灣商務印書館，1981年，頁351。

洗耳。士故有志，何至相迫乎！』帝曰：『子陵，我竟不能下汝邪？』於是升
輿歎息而去。……除爲諫議大夫，不屈，乃耕於富春山，後人名其釣處爲嚴
陵瀨焉。」〔註32〕借用嚴光寧幽居不肯出仕，說明隱居山林比起追名逐利來
得好。又另一闋〈木蘭花慢〉：

> 既天生萬物，自隨分、有安排。看鷟鷟雲霄，驊騮道路，斥鷃蒿萊。
> 東君更相料理，著春風吹處百花開。戰馬頻投北望，賓鴻又自南來。
> 　　紫垣星月隔塵埃。千載拆中台。歎麟出非時，鳳歸何日，草滿
> 金臺。江山閱人多矣，計古來英物總沉埋。鏡裏不堪看鬢，樽前且
> 好開懷。

下片第二句之「拆中台」，典出於《晉書‧天文志》：「永康元年三月，中台星
坼，太白晝見。占曰：『台星失常，三公憂。太白晝見，爲不臣。』是月，賈
后殺太子，趙王倫尋廢殺后，斬司空張華。」〔註33〕又《晉書‧張華傳》：「張
華，字茂先，范陽方城人也。……少自修謹，造次必以禮度。勇於赴義，篤
於周急。器識弘曠，時人罕能測之。……少子韙以中台星坼，勸華遜位。華
不從，曰：『天道玄遠，惟修德以應之耳。不如靜以待之，以俟天命。』及倫、
秀將廢賈后，秀使司馬雅夜告華曰：『今社稷將危，趙王欲與公共匡朝廷，爲
霸者之事。』華知秀等必成篡奪，乃距之。雅怒曰：『刃將加頸，而吐言如此！』
不顧而出。……是夜難作，詐稱詔召華，遂與裴頠俱被收。……須臾，使者
至曰：『詔斬公。』華曰：『臣先帝老臣，中心如丹。臣不愛死，懼王室之難，
禍不可測也。』遂害之於前殿馬道南，夷三族。」〔註34〕此處用「千載拆中
台」，感嘆古來賢臣多爲人所害。下片第五句之「金臺」，位今河北省易水縣
境內。戰國時燕昭王欲報復齊人滅國的仇恨，於是以郭隗爲師，爲之築臺，
布金於上，以招納四方豪傑，〔註35〕故稱之爲黃金臺，簡稱金臺，又稱燕臺。
劉秉忠此云「草滿金臺」，直指昔日招賢之處，早被蔓草給湮沒了，感慨士人
多懷才不遇、有志難伸。又另一闋〈木蘭花慢〉：

> 笑平生活計，渺浮海、一虛舟。任紫塞風沙，烏蠻瘴霧，即處林丘。
> 天地幾番朝暮，問夕陽無語水東流。白首王家年少，夢魂正繞揚州。

〔註32〕見范曄《後漢書‧卷八十三‧嚴光傳》，同註31，頁1259～1260。
〔註33〕見房喬《晉書‧卷十三‧天文志》，臺北：臺灣商務印書館，1988年，頁92。
〔註34〕見房喬《晉書‧卷三十六‧張華傳》，同註33，頁277～279。
〔註35〕見司馬遷《史記‧卷三十四‧燕召公世家》，臺北：臺灣商務印書館，1981
　　　年，頁496。

　　　　鳳城歌舞酒家樓。肯管世間愁。奈麋鹿疎情，煙霞痼疾，難與
同遊。桃花爲春憔悴，念劉郎雙鬢也成秋。舊事十年夜雨，不堪重
到心頭。

上片第二句「渺浮海，一虛舟」，即典出自《論語・公冶長》：「子曰：『道不
行，乘桴浮于海。從我者其由與？』」〔註36〕劉秉忠藉由孔子「道不行，乘桴
浮于海」之言論，表明自己想要退出官場，過著悠遊自適的生活。下片第四
句「煙霞痼疾」，典出於《舊唐書・田遊巖傳》：「遊巖山衣田冠出拜，帝令左
右扶止之，謂曰：『先生養道山中，比得佳否？』遊巖曰：『臣泉石膏肓，煙
霞痼疾，既逢聖代，幸得逍遙。』」〔註37〕劉秉忠借遊巖熱愛山水成癖，說明
自己安於平淡之性情。「桃花爲春憔悴，念劉郎雙鬢也成秋」，典出《舊唐書・
劉禹錫傳》：「禹錫銜前事未已，復作遊玄都觀詩序曰：『予貞元二十一年爲尚
書屯田員外郎，時此觀中未有花木，是歲出牧連州，尋貶朗州司馬。居十年，
召還京師，人人皆言有道士手植紅桃滿觀，如爍晨霞，遂有詩以志一時之事。
旋又出牧，于今十有四年，得爲主客郎中。重遊茲觀，蕩然無復一樹，唯兔
葵燕麥，動搖於春風，因再題二十八字，以俟後遊。』其前篇有『玄都觀裏
桃千樹，總是劉郎去後栽』之句，後篇有『種桃道士今何在，前度劉郎又到
來』之句，人嘉其才而薄其行。」〔註38〕與自己同姓的劉禹錫出仕十數載後，
重遊玄都觀，見昔日桃樹蕩然無存，感嘆自己年華老去，但卻仍在官場無法
抽身，想必自己到時也會同劉禹錫一樣，再也覓不著桃源路。

　　或沿用典故意義，或反用故事意涵，或用之感嘆世道，或將之抒發己思，
無論秦漢人物、隋唐史事皆可爲劉秉忠筆下的內容。他使用故事典例範圍廣
泛、手法巧妙，與黃庭堅「善用事典」的主張，不謀而合。〔註39〕

（三）化用前人詩句

　　黃庭堅主張「以故爲新」，在創作之時，若能取前人現成詩句、語詞或立題
命意，加以鎔鑄，化爲己有，便可以在語言形式上創造另一番新奇的效果。此
論於《藏春樂府》更加彰顯。茲將劉秉忠詞作化用唐詩詩句之情形表列如下：

〔註36〕見《論語・公冶長》，收錄於阮元《十三經注疏》，台北：藝文印書館，1976
　　　　年，頁 42。
〔註37〕見劉昫《舊唐書・卷一百九十二・田遊巖傳》，臺北：臺灣商務印書館，1981
　　　　年，頁 1474。
〔註38〕見劉昫《舊唐書・卷一百六十・劉禹錫傳》，同註37，頁 1208～1209。
〔註39〕除了歷史故實，秉忠詞亦引用不少神話傳說，詳見第四章。

詞調	起句	詞句	作者	詩題、詩句〔註40〕
木蘭花慢	到閑人閑處	洗心觀易，散步攜筇	白居易	〈新昌新居書事四十韻因寄元郎中張博士〉：「緩步攜筇杖，徐吟展蜀箋。」（卷442，頁4940）
		長空澹澹沒孤鴻	杜牧	〈登樂遊原〉：「長空澹澹孤鳥沒，萬古銷沈向此中。」（卷521，頁5954）
		扁舟好待秋風	杜甫	〈送裴二虬作尉永嘉〉：「扁舟吾已就，把釣待秋風。」（卷224，頁2396）
	既天生萬物	千載拆中台	杜甫	〈秋日荊南述懷三十韻〉：「漢庭和異域，晉史拆中台。」（卷232，頁2562）
		鏡裏不堪看鬢	岑參	〈下外江舟懷終南舊居〉：「顏容老難赬，把鏡悲鬢髮。」（卷198，頁2045）
	笑平生活計	烏蠻瘴霧	杜甫	〈孟冬〉：「巫峽寒都薄，烏蠻瘴遠隨。」（卷231，頁2537）
		問夕陽無語水東流	高蟾	〈秋日北固晚望〉：「何事滿江惆悵水，年年無語向東流。」（卷668，頁7647）
		舊事十年夜雨，不堪重到心頭	崔道融	〈秋夕〉：「一夜雨聲多少事，不思量盡到心頭。」（卷714，頁8208）
	望乾坤浩蕩	曾際會、好風雲	杜甫	〈夔府書懷四十韻〉：「社稷經綸地，風雲際會期。」（卷230，頁2517）
		花月流連醉客，江山憔悴醒人	杜甫	〈送孟十二倉曹赴東京選〉：「藻鏡留連客，江山憔悴人。」（卷231，頁2549）
風流子	書帙省淹留	書帙省淹留	李世民	反用〈帝京篇〉：「韋編斷仍續，縹帙舒還卷。對此乃淹留，欹案觀墳典。」（卷1，頁3）
		夢隨蝴蝶	李白	〈古風〉：「莊周夢胡蝶，蝴蝶爲莊周。」（卷161，頁1679）
		王謝風流	杜甫	〈壯遊〉：「王謝風流遠，闔廬丘墓荒。」（卷222，頁2359）
		樓上有人橫笛	杜甫	〈宴戎州楊使君東樓〉：「樓高欲愁思，橫笛未休吹。」（卷229，頁2488）
		誰辨濁涇清渭	杜甫	〈秋雨歎〉：「去馬來牛不復辨，濁涇清渭何當分。」（卷216，頁2256）

〔註40〕以下唐詩詩句皆錄自《全唐詩》，北京：中華書局，1960年。恐註腳之繁複，故於詩句後，直標明所引用之卷次、頁碼，不另作註。

		年來懶看，古今文字紙千張。酒中悟得天常	王績	〈薛記室收過莊見尋率題古意以贈〉：「散誕時須酒，蕭條懶向書。」（卷37，頁480）
		名途利場	白居易	〈常樂里閒居偶題十六韻〉：「帝都名利場，雞鳴無安居。」（卷428，頁4712）
		臥看北窗松竹	白居易	〈玩松竹〉：「坐愛前簷前，臥愛北窗北。窗竹多好風，簷松有嘉色。」（卷434，頁4809）
	年來懶看	年去復年來	駱賓王	〈代女道士王靈妃贈道士李榮〉：「梅花如雪柳如絲，年去年來不自持。」（卷77，頁839）
		看盡好花春睡穩	譚用之	〈幽居寄李秘書〉：「看盡好花春臥穩，醉殘紅日夜吟多。」（卷764，頁8670）
		滄海遺珠	车融	〈寄永平友人〉：「青蠅點玉原非病，滄海遺珠世所嗟。」（卷467，頁5317）
		惟有酒多情	韋莊	〈與東吳生相遇〉：「老去不知花有態，亂來唯覺酒多情。」（卷699，頁8040）
三奠子	念我行藏有命	煙水無涯	白居易	〈海漫漫戒求仙也〉：「蓬萊今古但聞名，煙水茫茫無覓處。」（卷426，頁4691）
		一事鬢生華	白居易	〈除夜寄微之詩〉：「鬢毛不覺白毿毿，一事無成百不堪。」（卷446，頁5002）
		壺中日月，洞裏煙霞	李中	〈贈重安寂道者〉：「壺中日月存心近，島外煙霞入夢清。」（卷747，頁8502）
		一覺睡，一甌茶	白居易	〈食後〉：「食罷一覺睡，起來兩甌茶。」（卷430，頁4750）
玉樓春	閒雲不肯狂馳騁	野人無事也關門，一炷古香焚小鼎	白居易	〈贈朱道士〉：「盡日窗間更無事，唯燒一炷降真香。」（卷449，頁5059）
	翠微掩映農家住	水滿玉溪花滿樹	儲光羲	〈寄孫山人〉：「新林二月孤舟還，水滿清江花滿山。」（卷139，頁1419）
		黃鳥背人穿竹去	沈彬	〈錦繡萬花谷〉：「幽鳥喚人穿竹去，野猿尋果出雲來。」（卷743，頁8459）
臨江仙	同是天涯流落客	同是天涯流落客	白居易	〈琵琶引〉：「同是天涯淪落人，相逢何必曾相識。」（卷435，頁4822）
		記曾明月底，高枕遠江聲	杜甫	〈客夜〉：「卷簾殘月影，高枕遠江聲。」（卷227，頁2459）
		年去年來人漸老	杜荀鶴	〈秋宿臨江驛〉：「南來北去二三年，年去年來兩鬢斑。」（卷692，頁7951）

	傾開懷抱酒多情	杜甫	〈蘇端薛復筵簡薛華醉歌〉：「千里猶殘舊冰雪，百壺且試開懷抱。」（卷217，頁2270）
滿路紅塵飛不去	馬頭山色翠相連	水神	〈雪溪夜宴詩〉：「山勢縈迴水脈分，水光山色連雲。」（卷864，頁9771）
	何日是歸年	李白	〈奔亡道中〉：「萬重關塞斷，何日是歸年。」（卷181，頁1843）
堂上簫韶人不奏	堂上簫韶人不奏	劉禹錫	〈平齊行〉：「魯人皆解帶弓箭，齊人不復聞簫韶。」（卷356，頁3998）
	布穀勸春耕	杜甫	〈洗兵馬〉：「田家望望惜雨乾，布穀處處催春種。」（卷217，頁2279）
冰雪肌膚香韻細	玉容春寂寞	白居易	〈長恨歌〉：「玉容寂寞淚闌干，梨花一枝春帶雨。」（卷435，頁4820）
	休向雨中看	宋雍	反用〈春日〉：「黃鳥不堪愁裏聽，綠楊宜向雨中看。」（卷771，頁8751）
一別仙源無覓處	一別仙源無覓處	王維	〈桃源行〉：「春來遍是桃花水，不辨仙源何處尋。」（卷125，頁1257）
	蘭昌千樹碧參差	白居易	〈天宮閣秋晴晚望〉：「霞光紅泛豔，樹影碧參差。」（卷457，頁5193）
	杏花容冶沒人司，東家深院宇，牆外有橫枝	吳融	〈途中見杏花〉：「一枝紅杏出牆頭，牆外人行正獨愁。」（卷687，頁7891）
十日狂風才是定	應有惜花人	崔道融	〈春題〉：「別有惜花人，東風莫吹散。」（卷714，頁8205）
小重山 詩酒休驚誤一生	枝頭鳥鵲夢頻驚	戴叔倫	〈客夜與故人偶集〉：「風枝驚暗鵲，露草覆寒蛩。」（卷273，頁3073）
	枕上數寒更	劉瑤	〈古意曲〉：「綠窗寂寞背燈時，暗數寒更不成寢。」（卷801，頁9015）
雲去風來雨乍晴	別離渾是苦	許渾	〈送元晝上人歸蘇州兼寄張厚〉：「經歲別離心盡苦，何堪黃葉落清漳。」（卷536，頁6113）
	東流水、幾日到襄城	崔湜	〈襄城即事〉：「為問東流水，何時到玉京。」（卷54，頁664）
曉起清愁酒盞空	登臨無地與君同	陳子昂	反用〈登澤州城北樓讌〉：「復來登此國，臨望與君同。」（卷83，頁901）
	落盡海棠紅	歐陽炯	〈鳳樓春〉：「海棠零落，鶯語殘紅。」（卷896，頁10131）

	一片殘陽樹上明	一片殘陽樹上明	薛能	〈重遊德星亭感事〉：「殘陽照樹明於旭，猶向池邊把酒杯。」（卷559，頁6486）
		前山青未了	杜甫	杜甫〈望嶽〉：「岱宗夫如何，齊魯青未了。」（卷216，頁2253）
江月晃重山	芳草洲前道路	洞裏仙人種玉	施肩吾	〈訪松嶺徐鍊師〉：「千仞峰頭一謫仙，何時種玉已成田。」（卷494，頁5605）
	杜宇聲中去住	蝸牛角上輸贏	白居易	〈對酒〉：「蝸牛角上爭何事，石火光中寄此身。」（卷449，頁5067）
		湖水鏡般明	李白	〈與賈至舍人於龍興寺剪落梧桐枝望灉湖〉：「水閒明鏡轉，雲繞畫屏移。」（卷180，頁1839）
		楊柳煙凝露重	劉滄	〈秋日望西陽〉：「風入蒹葭秋色動，雨餘楊柳暮煙凝。野花似泣紅妝淚，寒露滿枝枝不勝。」（卷586，頁6788）
		鄰家笛，夜夜故園情	李白	〈春夜洛城聞笛〉：「誰家玉笛暗飛聲，散入春風滿洛城。此夜曲中聞折柳，何人不起故園情。」（卷184，頁1877）
	太白詩成對酒	黃塵路，風雨鬢驚秋	劉氏婦	〈明月堂〉：「蟬鬢驚秋華髮新，可憐紅隙盡埃塵。」（卷801，頁9018）
		三島雲隨鶴馭	李紳	〈憶放鶴〉：「羽毛似雪無瑕點，顧影秋池舞白雲。開整素儀三島近，迴飄清唳九霄聞。」（卷481，頁5474）
		五湖月載歸舟	李郢	〈贈羽林將軍〉：「五湖歸去孤舟月，六國平來兩鬢霜。」（卷590，頁6848）
	紅雨斜斜作陣	武陵溪口幾人迷	孟浩然	〈登望楚山最高頂〉：「雲夢掌中小，武陵花處迷。」（卷159，頁1625）
		夏日薰風殿閣	柳公權	〈夏日聯句〉：「薰風自南來，殿閣生微涼。」（卷4，頁49）
南鄉子	南北短長亭	短鬢垂垂雪幾莖	司空曙	〈翫花與衛象同醉〉：「衰鬢千莖雪，他鄉一樹花。」（卷293，頁3333）
	翠袖捧離觴	今古利名忙。誰信長安道路長	無名氏	〈賀聖朝〉：「長安道上行客，依舊利深名切。改變容顏，消磨今古。隴頭殘月。」（卷899，頁10163）

		昔日去家年正少，還鄉。故國驚嗟兩鬢霜	賀知章	〈回鄉偶書〉：「少小離家老大回，鄉音難改鬢毛衰。」（卷 112，頁 1147）
	遊子繞天涯	遊子繞天涯	孟郊	〈遊子〉：「萱草生堂階，遊子行天涯。」（卷 374，頁 4197）
		閑客臥煙霞	許渾	〈題蘇州虎丘寺僧院〉：「世間誰似西林客，一臥煙霞四十春。」（卷 534，頁 6101）
		驚破石泉槐火夢，啼鴉	李商隱	〈西南行卻寄相送者〉：「明朝驚破還鄉夢，定是陳倉碧野雞。」（卷 540，頁 6191）
	李杜放詩豪	春日對春醪。短詠長歌慰寂寥	杜甫	〈狂歌行贈四兄〉：「樓頭喫酒樓下臥，長歌短詠還相酬。」（卷 234，頁 2583）
		彩鳳飄飄上九霄	羅隱	〈淮南送盧端公歸臺〉：「鳳鸞勢逸九霄寬，北去南來任羽翰。」（卷 657，頁 7553）
	季子解縱橫	季子解縱橫。六印纍纍拜上卿	杜甫	〈暮冬送蘇四郎徯兵曹適桂州〉：「飄飄蘇季子，六印佩何遲。」（卷 233，頁 2574）
	夜戶喜涼飆	一點青燈照寂寥	崔塗	〈秋夕與王處士話別〉：「微燈照寂寥，此夕正迢迢。」（卷 679，頁 7775）
		暮雨夜深猶未住，芭蕉	杜牧	〈雨〉：「一夜不眠孤客耳，主人窗外有芭蕉。」（卷 524，頁 5996）
	檀板稱歌喉	一串驪珠不斷頭	白居易	〈小童薛陽陶吹觱栗歌〉：「急聲圓轉促不斷，欒欒轔轔似珠貫。」（卷 444，頁 4971）
鷓鴣天	垂柳風邊拂萬絲	垂柳風邊拂萬絲	戴叔倫	〈堤上柳〉：「垂柳萬條絲，春來織別離。」（卷 274，頁 3100）
		春光照眼惜花枝	杜甫	〈酬郭十五受判官〉：「藥裏關心詩總廢，花枝照眼句還成。」（卷 233，頁 2579）
	花滿樽前酒滿卮	花滿樽前酒滿卮	令狐楚	〈春思寄夢得樂天〉：「花滿中庭酒滿樽，平明獨坐到黃昏。」（卷 334，頁 3752）
		山林鐘鼎都休問	杜甫	〈清明〉：「鐘鼎山林各天性，濁醪粗飯任吾年。」（卷 233，頁 2578）
	清夜哦詩對月明	欲成小夢還驚破	陸龜蒙	〈五歌〉：「我有愁襟無可那，繞成好夢剛驚破。」（卷 621，頁 7149）

水滿清溪月滿樓	風迴玉宇三更夜，露滴金莖八月秋	趙休	〈？〉：「金莖來白露，玉宇起清風。」（卷795，頁8953）
	星河織女隔牽牛	駱賓王	〈豔情代郭氏答盧照鄰〉：「傳聞織女對牽牛，相望重河隔淺流。」（卷77，頁838）
殘月低簷挂玉鉤	青山隱隱水悠悠	杜牧	〈寄揚州韓綽判官〉：「青山隱隱水迢迢，秋盡江南草木凋。」（卷523，頁5982）
太常引	長安三唱曉雞聲	休望濯塵纓	白居易	〈江州赴忠州至江陵已來舟中示舍弟五十韻〉：「忽愁牽世網，便欲濯塵纓。」（卷440，頁4913）
	衲衣藤杖是吾緣	富貴任爭先。總不較、諸公著鞭	杜甫	〈秋日夔府詠懷奉寄鄭監李賓客一百韻〉：「富貴空迴首，喧爭懶著鞭。」（卷230，頁2514）
		鶴歸華表	許渾	〈經故丁補闕郊居〉：「鵬上承塵繞一日，鶴歸華表已千年。」（卷535，頁6109）
		滄海變桑田	儲光羲	〈獻八舅東歸〉：「獨往不可群，滄海成桑田。」（卷136，頁1377）
	青山憔悴瑣寒雲	頹波世道	劉禹錫	〈詠史〉：「世道劇頹波，我心如砥柱。」（卷364，頁4106）
	桃花流水鱖魚肥	桃花流水鱖魚肥。青箬笠、綠簑衣。風雨不須歸	張志和	〈漁父歌〉：「西塞山前白鷺飛，桃花流水鱖魚肥。青箬笠，綠簑衣。斜風細雨不須歸。」（卷308，頁3491）
		管甚做、人間是非	徐夤	〈閒〉：「不管人間是與非，白雲流水自相依。」（卷710，頁8182）
		兩肩雲衲，一枝筇杖	李商隱	〈華師〉：「孤鶴不睡雲無心，衲衣筇杖來西林。」（卷540，頁6200）
	當時六國怯強秦	滿懷冰雪	沈佺期	〈枉繫〉：「我無毫髮瑕，苦心懷冰雪。」（卷95，頁1025）
		談笑卻三軍	李白	〈奔亡道中〉：「談笑三軍卻，交游七貴疏。」（卷181，頁1843）
		富貴若浮雲	杜甫	〈狂歌行贈四兄〉：「兄將富貴等浮雲，弟切功名好權勢。」（卷234，頁2583）
	至人視有一如無	遺恨失吞吳	杜甫	〈八陣圖〉：「江流石不轉，遺恨失吞吳。」（卷229，頁2504）

秦樓月	杯休側	茸茸芳草	韓翃	〈宴楊駙馬山池〉：「垂楊拂岸草茸茸，繡戶簾前花影重。」（卷245，頁2753）
		陽關一曲愁腸結	馮延巳	〈蝶戀花〉：「醉裏不辭金爵滿。陽關一曲腸千斷。」（卷898，頁10158）
	斜陽暮	我歌一曲君聽取	白居易	〈短歌行〉：「為君舉酒歌短歌，歌聲苦，詞亦苦，四座少年君聽取。」（卷435，頁4810）
	調羹手	殘枝莫折離亭柳	戴叔倫	〈留別宋處士〉：「莫折園中柳，相看惜暮春。」（卷273，頁3087）
		年年春盡，為誰消瘦	白居易	〈春盡日宴罷感事獨吟〉：「金帶縋腰衫委地，年年衰瘦不勝衣。」（卷458，頁5204）
	瓊花島	龍盤虎踞	李白	〈永王東巡歌〉：「龍盤虎踞帝王州，帝子金陵訪古丘。」（卷167，頁1725）
踏莎行	白日無停	青山有暮	劉長卿	〈瓜洲道中送李端公南渡後歸揚州道中寄〉：「惆悵江南北，青山欲暮時。」（卷147，頁1480）
		褊懷先著酒澆開	杜甫	〈蘇端薛復筵簡薛華醉歌〉：「千里猶殘舊冰雪，百壺且試開懷抱。」（卷217，頁2270）
		東風吹徹滿城花	獨孤及	〈同岑郎中屯田韋員外花樹歌〉：「東風動地吹花發，渭城桃李千樹雪。」（卷247，頁2770）
	碧水東流	碧水東流，白雲西去	劉長卿	〈潁川留別司倉李萬〉：「白雲西上催歸念，潁水東流是別心。」（卷151，頁1575）
		青山如故	白居易	〈曲江感秋〉：「池中水依舊，城上山如故。」（卷434，頁4809）
訴衷情	山河縈帶九州橫	深谷幾為陵	張又新	〈帆遊山〉：「君看深谷為陵後，翻覆人間未肯休。」（卷479，頁5453）
		花月洛陽城	白居易	〈閒吟〉：「看雪尋花玩風月，洛陽城裏七年閒。」（卷453，頁5125）
		圖富貴，論功名。我無能	白居易	〈東溪種柳〉：「富貴本非望，功名須待時。」（卷434，頁4804）
謁金門	春寒薄	留客定知西閣	杜甫	〈不離西閣〉：「不知西閣意，肯別定留人。」（卷229，頁2496）
		有酒與誰同酌	劉禹錫	〈秋日書懷寄河南王尹〉：「不知桑落酒，今歲與誰傾。」（卷355，頁3990）

		別手臨岐曾記握	杜甫	〈發同谷縣〉:「臨岐別數子,握手淚再滴。」(卷218,頁2299)
	醪雖薄	杯到面前須飲卻	韓愈	〈贈鄭兵曹〉:「杯行到君莫停手,破除萬事無過酒。」(卷338,頁3787)
好事近	桃李盡飄零	平蕪望斷更青山	白居易	〈登郢州白雪樓〉:「白雪樓中一望鄉,青山蔟蔟水茫茫。」(卷438,頁4872)
		野鳥不知歸處,把行雲隨著	劉長卿	〈入白沙渚夤緣二十五里至石窟山下懷天台陸山人〉:「浮雲去寂寞,白鳥相因依。」(卷149,頁1541)
	酒醒夢回時	幽處更難說	白居易	〈秋池〉:「閒中得詩境,此境幽難說。」(卷445,頁4991)
清平樂	月明風勁	梧葉乍凋金井	張籍	〈楚妃怨〉:「梧桐葉下黃金井,橫架轆轤牽素綆。」(卷382,頁4290)
		相逢不醉如何	王績	〈贈學仙者〉:「相逢寧可醉,定不學丹砂。」(卷37,頁483)
	夜來霜重	夜來霜重	溫庭筠	〈回中作〉:「夜來霜重西風起,隴水無聲凍不流。」(卷578,頁6724)
		簾外寒風動	張繼	〈會稽郡樓雪霽〉:「簾櫳向晚寒風度,睥睨初晴落景斜。」(卷242,頁2720)
		驚破綠窗幽夢	秦系	〈曉雞〉:「不嫌驚破紗窗夢,卻恐為妖半夜啼。」(卷260,頁2901)
	漁舟橫渡	雲淡西山暮	張繼	〈郵亭〉:「雲淡山橫日欲斜,郵亭下馬對殘花。」(卷242,頁2725)
		狼籍一江秋雨	陸龜蒙	〈和襲美重題薔薇〉:「更被夜來風雨惡,滿階狼籍沒多紅。」(卷628,頁7211)
		隨身篛笠簑衣。斜風細雨休歸	張志和	〈漁父歌〉:「西青篛笠,綠簑衣。斜風細雨不須歸。」(卷308,頁3491)
		伴他鷗鷺忘機	牟融	〈送沈翔〉:「謾有才華嗟未達,閒尋鷗鳥暫忘機。」(卷467,頁5315)
	彩雲盤結	掉下塢前明月	杜牧	〈盆池〉:「白雲生鏡裏,明月落階前。」(卷523,頁5989)
		月華千古分明	崔塗	〈牛渚夜泊〉:「數吟人不遇,千古月空明。」(卷679,頁7776)
卜算子	曉角纔初弄	曉角纔初弄。驚覺幽人夢	賈島	〈上邠寧邢司徒〉:「春風欲盡山花發,曉角初吹客夢驚。」(卷574,頁6685)

浣溪沙	桃李無言一徑深	看花酌酒且開襟	馮延巳	杜甫〈蘇端薛復筵簡薛華醉歌〉:「安得健步移遠梅,亂插繁花向晴昊。千里猶殘舊冰雪,百壺且試開懷抱。」(卷217,頁2270)
		白雪浩歌真快意,朱絃未絕有知音	韋應物	〈簡盧陟〉:「可憐白雪曲,未遇知音人。」(卷188,頁1924)
朝中措	衣冠零落暮春花	飄捲滿天涯	李洞	〈客亭對月〉:「游子離魂隴上花,風飄浪卷遶天涯。」(卷723,頁8300)
		好把中原麟鳳,網來祥瑞皇家	陳陶	〈閒居雜興〉:「中原莫道無麟鳳,自是皇家結網疏。」(卷746,頁8491)
	布衣藍縷曳無裾	驪龍吐出明珠	李白	〈贈僧行融〉:「海若不隱珠,驪龍吐明月。」(卷171,頁1763)
桃花曲	一川芳景	水滿清溪花滿樹	儲光羲	〈寄孫山人〉:「新林二月孤舟還,水滿清江花滿山。」(卷139,頁1419)
	青山千里	滄波千里	岑參	〈送王大昌齡赴江寧〉:「澤國從一官,滄波幾千里。」(卷198,頁2033)
		白雲千里	岑參	〈送韓巽入都覲省便赴舉〉:「青門百壺送韓侯,白雲千里連嵩丘。」(卷199,頁2054)
		桃源覓無路	杜甫	〈不寐〉:「多壘滿山谷,桃源無處求。」(卷230,頁2525)
	茸茸芳草	莫惜千金沽一醉	白居易	〈和微之詩二十三首和知非〉:「須憑百杯沃,莫惜千金費。」(卷445,頁4987)
點絳唇	十載風霜	夜雨留孤館	宋之問	〈答李司戶夔〉:「駟馬留孤館,雙魚贈故人。明朝散雲雨,遙仰德為鄰。」(卷52,頁636)
	古寺蕭條	古寺蕭條	白居易	〈二十四先輩昆季〉:「衡門寂寞朝尋我,古寺蕭條暮訪君。」(卷435,頁4813)
		斜陽暮。淡煙疏雨	白居易	〈江樓晚眺景物鮮奇吟翫成篇寄水部張員外〉:「澹煙疏雨間斜陽,江色鮮明海氣涼。」(卷443,頁4962)

客夢初驚	客夢初驚	許渾	〈南海府罷南康阻淺行侶稍稍登陸而邁主人燕餞至頻暮宿東溪〉：「離歌不斷如留客，歸夢初驚似到家。」（卷533，頁6089）
	為我君應掃	劉長卿	〈集梁耿開元寺所居院〉：「到君幽臥處，為我掃莓苔。」（卷147，頁1499）
寂寂朱簾	寂寂朱簾	李白	〈怨情〉：「請看陳后黃金屋，寂寂珠簾生網絲。」（卷184，頁1881）
	斷腸詩句	白居易	〈楊柳枝二十韻〉：「纏頭無別物，一首斷腸詩。」（卷455，頁5156）
天上春來	楚山湘浦。朝暮誰雲雨	李端	〈古別離〉：「巫峽通湘浦，迢迢隔雲雨。」（卷284，頁3232）
	劉郎去。碧桃千樹。世外無尋處	王渙	〈惆悵詩〉：「晨肇重來路已迷，碧桃花謝武陵溪。仙山目斷無尋處，流水潺湲日漸西。」（卷690，頁7920）
立盡黃昏	雪香凝樹	許渾	〈聞薛先輩陪大夫看早梅因寄〉：「素艷雪凝樹，清香風滿枝。」（卷529，頁6047）
桃源憶故人	桃花亂落如紅雨	李賀	〈將進酒〉：「桃花亂落如紅雨，勸君終日酩酊醉。」（卷393，頁4434）
	一樽酒盡青山暮	許渾	〈京口閑居寄京洛友人〉：「一尊酒盡青山暮，千里書回碧樹秋。」（卷533，頁6085）

由表列得知，劉秉忠有十分之九以上之詞作鎔鑄化用唐人詩句，其中又以杜甫、白居易為最，此與劉秉忠以才學為詞、以口語入詞之風格相關，更與黃庭堅推崇杜甫、以俗為雅的觀念相符。

除了唐人詩句之外，劉秉忠也借了不少宋人詩句為己所用，甚至隻字未改，如〈風流子〉「一笑不須愁」句，借用楊萬里〈悶歌行〉：「風氣掀天浪打頭，只須一笑不須愁。」[註41]〈江城子〉「與世浮沉惟酒可」，借用黃庭堅〈再次韻兼簡履中南玉〉：「與世浮沉惟酒可，隨時憂樂以詩鳴。」[註42]〈浣溪沙〉「月明千里故人心」句，借用趙必璸〈和自村同年韻寄南山劉義車〉：「空

[註41] 楊萬里〈悶歌行〉，見《誠齋集·卷三十五》，收錄於紀昀編《文津閣四庫全書》第三八七冊，〈集部·別集類〉，北京：商務印書館，2005年，頁683。

[註42] 黃庭堅〈再次韻兼簡履中南玉〉，見《山谷集·卷六》，收錄於紀昀編《文津閣四庫全書》第三七二冊，〈集部·別集類〉，北京：商務印書館，2005年，頁180。

谷寥寥絕足音，月明千里故人心。」〔註 43〕也化用了不少宋人詞句，如〈玉樓春〉「驚烏有恨無人省」句，化用了蘇軾〈卜算子〉：「驚起却回頭，有恨無人省。」〔註 44〕〈鷓鴣天〉「一日風波十二時」句，借用黃庭堅〈鷓鴣天〉：「人間底事風波險，一日風波十二時。」〔註 45〕〈鷓鴣天〉「紅蓼岸，白蘋洲」句，化用了劉學箕〈烏夜啼〉：「紅蓼岸，白蘋洲。浴輕鷗。」〔註 46〕〈點絳唇〉「衡皋暮。客愁何許。梅子黃時雨」句，化用了賀鑄〈青玉案〉：「飛雲冉冉蘅皋暮，綵筆新題斷腸句。若問閑情都幾許，一川煙草，滿城風絮，梅子黃時雨。」〔註 47〕連與其時代相近的金元詩詞，也是劉秉忠學習的對象，如〈江城子〉「揮醉墨，灑雲牋」句，化用蔡松年〈江城子〉：「揮醉墨，洒行雲。」〔註 48〕〈鷓鴣天〉「夢魂不被楊花攪」句，反用蔡松年〈石州慢〉：「夢魂應被楊花覺，梅子雨絲絲，滿江千樓閣。」〔註 49〕〈南鄉子〉「時作西風散雨聲」句，化用元好問〈詠懷〉：「涼葉蕭蕭散雨聲，虛堂淅淅掩霜清。」〈臨江仙〉「幾時同一醉」句，化用元好問〈有寄〉：「南渡詩人吾未老，幾時同醉鳳凰城。」〔註 50〕

　　從以上種種跡象來看，劉秉忠著實於詞作中實踐黃庭堅「以故為新」、「無一字無來處」的理論。〔註 51〕

（四）抒發個人情志

　　不同於其他金元詞人將詞當作吟詠花月、唱和祝壽的工具，劉秉忠《藏春樂府》八十二闋詞，多是抒發自己的情志。如〈南鄉子〉：

> 翠袖捧離觴。濟楚兒郎窈窕娘。別曲一聲雙淚落，悲涼。縱不關情
> 也斷腸。　　今古利名忙。誰信長安道路長。昔日去家年正少，還
> 鄉。故國驚嗟兩鬢霜。

〔註 43〕趙必璩〈和自村同年韻寄南山劉義車〉，見《覆瓿集・卷一》，收錄於紀昀編《文津閣四庫全書》第三九六冊，〈集部・別集類〉，北京：商務印書館，2005年，頁 672。
〔註 44〕蘇軾〈卜算子〉，見唐圭璋編《全宋詞》，北京：中華書局，1997 年，頁 381。
〔註 45〕黃庭堅〈鷓鴣天〉，同註 44，頁 509。
〔註 46〕劉學箕〈烏夜啼〉，同註 44，頁 3122。
〔註 47〕賀鑄〈青玉案〉，同註 44，頁 659。
〔註 48〕蔡松年〈江城子〉，見唐圭璋編《全金元詞》，北京：中華書局，1979 年，頁 25。
〔註 49〕蔡松年〈石州慢〉，同註 48，頁 24。
〔註 50〕元好問〈詠懷〉（又題秋懷）、〈有寄〉，收錄於《全金詩增補中州集》卷六十五、卷六十九，上海：上海古籍出版社，1994 年，頁 841、922。
〔註 51〕劉秉忠化用前人詩詞之詳情，可參閱附錄：藏春樂府箋注。

眼見年輕男女因別離而落淚感傷，其情之切，連與之毫無關聯的作者都爲之
黯然，繼而發出古今人奮力地追求名利，少小離家老大回之慨嘆。表面描寫
兒女久離別之淒切，實際敘述自己離鄉背井，於官場打滾多年，如今雙鬢斑
白仍不能還家之哀傷。又如〈永遇樂〉：

> 山谷家風，蕭閑情味，只君能識。會友論文，哦詩遣興，此樂誰消
> 得。室中天地，目前今古，今日還明日。似南華、蝶夢醒來，秋雨
> 數聲殘滴。　　詩書有味，功名應小，雲散碧空幽寂。北海洪罇，
> 南山佳氣，清賞今猶昔。一天明月，幾行征雁，樓上有人橫笛。想
> 醉中、八表神遊，不勞鳳翼。

從前三句「山谷家風，蕭閑情味，只君能識」推斷，此闋詞應是劉秉忠寄予
友人之詞，但因其未言明，如今已無從考證。惟能從其敘述得知，劉秉忠最
欣賞黃庭堅創作中蕭疏閑淡的情致韻味。其實作者本身之詞作亦隱涵此一情
味，如〈太常引〉（桃花流水鱖魚肥）化用張志和〈漁父歌〉之詩句，希望自
己能著「兩肩雲衲」，持「一枝筇杖」，不管人間是非，過著盡日忘機的日子〔註
52〕；又〈三奠子〉（念我行藏有命）指出功名富貴皆虛幻，只會讓人煩憂，「三
杯酒，一覺睡，一甌茶」的蕭閑生活，才令人欽羨，〔註53〕一再地透露淡泊
閑散的情味。只有徜徉在詩書「蕭閑情味」之中，醉遊八表，「今日還明日」，
才能令自己暫時忘記「一天明月，幾行征雁，樓上有人橫笛」之情景所帶給
他的思鄉情懷。內容雖書寫遣興哦詩、讀書神遊之樂，但何嘗不是想藉著研
讀山谷詩書之閒情，忘卻現實生活中無法返家之苦悶？又如〈鷓鴣天〉：

> 殘月低簷挂玉鈎。東風簾幎思如秋。夢魂不被楊花攪，池面還添翠
> 壓綢。　　紅叱撥，翠驊騮。青山隱隱水悠悠。行人更在青山外，
> 不許朝朝不上樓。

殘月當空，風動簾幕，令人緣景生情，夜有所夢。夢魂隨著紅叱撥、翠驊騮，
快馬加鞭，怎奈距離遙遠，雖兼程趕路，仍無法抵達目的地，慌亂之情緒使
得劉秉忠不禁以命令的語氣，指使人須朝朝上樓盼歸返。除了因物起興、觸

〔註52〕 參見劉秉忠〈太常引〉：「桃花流水鱖魚肥。青箬笠、綠蓑衣。風雨不須歸。
　　　　管甚做、人間是非。　　兩肩雲衲，一枝筇杖，盡日可忘機。之子欲何爲。
　　　　快去來、山猿怪遲。」
〔註53〕 參見劉秉忠〈三奠子〉：「念我行藏有命，煙水無涯。嗟去雁，羨歸鴉。半生
　　　　人累影，一事鬢生華。東山客，西蜀道，且還家。　　壺中日月，洞裏煙霞。
　　　　春不老，景長嘉。功名眉上鎖，富貴眼前花。三杯酒，一覺睡，一甌茶。」

景生情外，劉秉忠詞亦好發直抒胸臆之自然語，如〈太常引〉：

> 衲衣藤杖是吾緣。好歸去、舊林泉。富貴任爭先。總不較、諸公著
> 鞭。雁飛汾水，鶴歸華表，人事又千年。滄海變桑田。誰知有、壺
> 中洞天。

詞中無任何麗辭美句，直接指出自己欲著僧衣、持藤杖，悠遊林泉，遁隱世
外，不同眾人爭名奪利，不理俗世滄海桑田。又〈臨江仙〉：

> 同是天涯流落客，君還先到襄城。雲南關險夢猶驚。記曾明月底，
> 高枕遠江聲。　　年去年來人漸老，不堪苦思功名。傾開懷抱酒多
> 情。幾時同一醉，揮手謝公卿。

與自己有著相同際遇、作客他鄉的友人，已先行離開，返回襄城，然自己仍
隨軍征戰在外，顛沛奔波，使得劉秉忠心中興起年漸衰老，力有未逮，欲「揮
手謝公卿」的念頭。詞中不假修飾，直抒其思念之情。

　　詞中不書寫自己之想望，而是藉著歷史人物之事跡反覆詠嘆，此乃劉秉
忠抒發情志的另一種方式：

> 大夫骨朽，算空把、汨羅投。誰辨濁涇清渭，一任東流。而今不醉，
> 苦一日醒醒一日愁。薄薄酒、且放眉頭。（〈望月婆羅門引〉之一）

> 倉陳五斗，價重珠千斛。陶令家貧苦無畜。倦折腰閭里、棄印歸來，
> 門外柳，春至無言綠。　　山明水秀，清勝宜茅屋。二頃田園一生
> 足。樂琴書雅意，無箇事，臥看北窗松竹。忽清風、吹夢破鴻荒，
> 愛滿院秋香、數叢黃菊。（〈洞仙歌〉）

> 當時六國怯強秦。使群策、日紛紛。談笑卻三軍。算自古、誰如此
> 君。　　一心忠義，滿懷冰雪，功就便抽身。富貴若浮雲。本是箇、
> 江湖散人。（〈太常引‧魯仲連〉之五）

> 至人視有一如無。見義處、便相扶。三顧出茅廬。莫不是、先生有
> 圖。　　拯危當世，覺民斯道，佩玉已心枯。遺恨失吞吳。真箇是、
> 男兒丈夫。（〈太常引‧武侯〉之六）

藉著屈原投江明其心志，但君主意念也沒有因此有所改易之史實，感嘆自古
世事是非難辨；藉著陶淵明不願為微薄俸祿卑躬屈膝，諂媚奉迎，因而棄官
隱居之典型，表達自己對田園生活的羨慕；藉著魯仲連不慕榮利、淡泊灑脫，
擊退秦軍後，便急流勇退之作風，暗示自己想和他一樣，功就便抽身；藉著

諸葛亮出茅廬扶助劉備，竭盡心力，濟弱扶傾，鞠躬盡瘁死而後已之故實，點出自己渴望扶危濟困的心情。

　　由此可知，劉秉忠《藏春樂府》所描寫的，盡是自己內心之情志，〔註54〕無論是緣物起興、見景生情、藉史詠懷，都是遇境而生、自然而發，以抒發情志為主，與黃庭堅作詩為文力求緣情而生的原則相符。

小　結

　　劉秉忠無論是詩詞理論或是詞作實踐，都依「山谷家風」，即黃庭堅之詩論而行。其理論部分：在文章句法方面，劉秉忠繼承黃庭堅講究「無一字無來處」、「點鐵成金」、「奪胎換骨」之技巧，認為「字句定推敲，詩章須新變」；在創作內容方面，則繼承黃庭堅「理得辭順」、「遇境而生」之理論，強調「文章貴辭達，托物成騷雅」。其實踐部分：《藏春樂府》常使用口語方言，描述生動自然，和黃庭堅詩論主張打破了雅、俗的界線，「以俗為雅」之觀點相合；也善用故事典例，內容凝鍊含蓄，與黃庭堅「點鐵成金」之主張相符；且好化用前人詩句，以舊為新，實踐自己「字句定推敲，詩章須新變」和黃庭堅「奪胎換骨」之理論；又多因理而生，為情而發，以抒發個人情志為主，落實自己「文章貴辭達，托物成騷雅」和黃庭堅「理得辭順」、「遇境而生」之主張。足見劉秉忠為詞以黃氏詩論為宗，其《藏春樂府》更是金元之際延續江西詩風的重要著作。

〔註54〕劉秉忠詞作抒發個人情志之情形，亦可參見本文第四章之論述。

第七章 結 論

　　如緒論所述，劉秉忠爲元初名臣，其詞作雖有人論及，但僅止於隻字片語，對於《藏春樂府》歷代版本之存廢、家世際遇對其詞風之影響、詞作內容之分析、所用詞牌格律之特色，以及對於山谷詩論之繼承等，並無較深入的觀照。因此，本文便從《藏春樂府》版本校訂、生平交遊、內容風格、形式特色、山谷詩論之承繼五個方面，作一更完整的呈現。

一、版本校訂方面

　　《藏春集》於元世祖至元二十四年（西元 1287 年）刊刻行世，所刻之內容、卷數皆不詳，只能根據閻復所言，推斷此集應爲自娛之詩詞文集，而非章奏政論之屬。至明代，共有三次刻印，分別爲：天順五年（西元 1641 年）、弘治元年（西元 1488 年）、正德年間。天順、弘治本爲馬偉、林子敬所刻，正德本因未留存，故其刊刻人不詳。但明刻本已非元本之舊式，只是將散落於世之作品「彙而輯之」，故而詩僅七言律詩，七言絕句及詩餘，而無古詩、五言律絕及雜文。清代刻本則多根據明刻本重新刻印，其卷次內容與明刻本大致相同。唯四印齋王鵬運於清光緒十九年（1893 年），據「繆大史雲自在盦抄本錄副」之藏春散人詞，補元代盧陵鳳林書院輯《名儒草堂詩餘》中收錄之劉秉忠詞〈木蘭花慢·混一後賦〉和〈朝中措·書懷〉兩闋，刻《藏春樂府》一卷，較爲特別，是現存最早的詞集專著。而鈔本分成六卷本、四卷本，多爲清人所鈔。六卷本內容乃據明本而來，四卷本則是併明本前五卷爲四卷。另還有《劉文貞公全集》三十二卷之鈔本，惜流傳不廣，至於其詩詞之收錄是否比《藏春詩集》六卷本更爲齊全，卷一至十二之詩是否包含詞，就無從

得知。

　　劉秉忠遺集於至元二十四年由商挺彙編，閻復作序，卷數不詳，惜不復傳世。現存錄有劉秉忠《藏春樂府》之善本只剩：藏春詩集六卷（明弘治元年順德府刊本）、藏春集六卷（四庫全書本）、藏春樂府一卷（清光緒十九年臨桂王氏家塾四印齋刊本）、劉太傅藏春集六卷（清鈔本）、藏春集六卷（清乾隆間寫文淵閣四庫全書本）、藏春詩集六卷（清初曹氏倦圃抄本）、藏春詩集六卷（清彭氏知聖道齋抄本）、藏春集四卷（清抄本）、藏春詞一卷（又次齋詞編）等。近人唐圭璋則據丁丙所藏四庫抄本，校補臨桂四印齋王鵬運所刻之《藏春樂府》，將劉秉忠詞作八十一闋收錄於《全金元詞》中。

　　筆者則根據現存較完整的刻本及鈔本，參酌唐圭璋《全金元詞》所收錄之詞，再補上《析津志輯佚》所錄〈秦樓月〉一闋，從詞譜、唐宋文人詩詞、文意銜接著手，以弘治刻本為底本，校對考訂，共得劉秉忠《藏春樂府》八十二闋。

二、生平交遊方面

　　劉秉忠自號藏春散人，積極方面乃期許自己能修身潛伏，待時機而起，如諸葛待蜀昭烈之三顧；消極方面則以自我修持為重，不欲顯其鋒芒，如方外之人隱居避世，以求逍遙自適。此種矛盾的心態，與其家世背景、人生經歷不無關係。

　　劉秉忠先祖世仕遼、金，為書香門第，劉秉忠自幼深受薰陶，因此致力於學，望能有朝得君行道。年十七，家貧，故為邢臺節度使府令史，以養其親，但刀筆吏終非劉秉忠之志，遂投筆邀居山林，後經虛照禪師渡化，披剃為僧。由於劉秉忠天文地理、律曆遁甲無不精通，故深受當時仍在和林潛邸的忽必烈所倚重。表面上看來，君臣間彼此契合，劉秉忠應有得君行道、經世濟民的機會；但實際上，忽必烈看重的是他卜筮數術的才能，信任的是他「小心慎密，不避艱險，言無隱情」的個性，敬重的是他方外僧人的身分，故直到至元元年，始令其還俗，拜太保之位。在名不正言不順的二十幾年裡，劉秉忠為國薦舉人才、隨軍遠征滇鄂、奉命相宅築城，不因其有志難伸而抑鬱終日，這與他散淡超脫的性情有關。不同於一般士人汲汲營營，在劉秉忠眼裡，功名權力只不過是能夠得君行道的通行證，官場間的交際應酬能免則免，功就抽身、逍遙閒淡方是其畢生志願。因此，儘管劉秉忠後來位極人臣，

但從其詩詞往來可知，劉秉忠真正能敞開胸懷、與之深交者，多屬方外隱士、鄉里故人。

重建世間秩序的儒士理念，超脫塵俗煩憂的隱逸思想，使得劉秉忠不斷地在仕與隱間擺蕩，而這種猶豫矛盾的情感常於其詞作中出現。

三、內容風格方面

《藏春樂府》內容及其藝術風格，歸納如下：

（一）內容可分為：詠物、詠史、酬贈、詠懷。

1. 詠 物

依所吟詠的對象，可分為四種：梨花、梅花、海棠、桃花，全以花為題，是其主要特色。然而，劉秉忠之詠花詞卻不著穠麗語，或託花詠懷，或借花自況，所敘寫皆是本色之語、真情之詞，與其他在摹寫花形、用事比擬的部分下工夫的詠花詞迥異。劉秉忠詠花詞中，又以詠梨花最值得注意。全金元詠花詞近二百闋，其中以梅花一百零一闋為大宗，而詠梨花者只得十闋，劉秉忠就佔了二闋。以清新淡雅的文字，重塑其素雅高格的形象，字裡行間不時透露自己的處境，抒發自己絕世而獨立之寂寞，這是其他詠梨花詞中難以見到的，更足以證明劉秉忠對於梨花的關注，異於其他金元詞人。

2. 詠 史

大致可分為引述史事、評論是非的「敘事型」，及藉史抒懷、託古諷今的「抒懷型」。「敘事型」之詠史詞有二闋，分別詠頌魯仲連、諸葛亮，通篇雖以第三者的立場來評論，但此二人一再地出現在劉秉忠之詩詞中，足證作者想藉二人表明自己欲「拯危當世，覺民斯道」，視「富貴若浮雲」之心跡。「抒懷型」之詠史詞有十一闋，除了〈木蘭花慢〉（望乾坤浩蕩），藉漢鼎、唐基之功業，抒發自己欲「復上古淳風」之大志外，其餘詞作多以感慨為主要基調。如：藉屈原至死仍不受楚君信任，昔日燕昭王招攬賢才的黃金臺，如今已為荒草埋沒，說明古來英才多沉埋；藉漢代典刑、晉朝人物，最末終成歷史記憶，逐漸消失在人們的腦海，以興發「功名渾瑣瑣，今古兩悠悠」之慨嘆；藉陶淵明閒臥北窗，「樂琴書雅意」的隱居生活，來構築自己回歸山林的幻夢。因此，從劉秉忠之詠史詞不但可知其學識豐富，更可探知其內心世界。

3. 酬　贈

由於通篇用語措辭毫無戲謔、酬唱之口吻，因此可將之視爲一闋言志之作。金元北方文人普遍接受蘇軾以詩爲詞的詞學觀念，故而詞被廣泛運用在慶賀、弔唁、餞別、題贈，作爲文人間交際應酬的工具，但劉秉忠是個例外。其實，劉秉忠也有五十餘首專爲應和酬酢的作品，而詞只佔一闋，其餘的都是詩。由此可知，劉秉忠雖與其他金元詞人一樣，受到北宗詞風的影響，凡可入詩之題材皆可入詞，以詞詠懷言志，但劉秉忠卻堅持詞不可淪爲羔雁應制之具，因此用於酬贈者少。儘管詩詞一理，但詩可爲者，並不表示詞亦可爲之，足見劉秉忠對詞體的堅持。

4. 詠　懷

乃《藏春樂府》最主要的內容，多半敘述自己有志難伸、羈旅思鄉、別離懷友，而這些情感是環環相扣的。奮力追求功名，滿心希望有朝能功成身退；時日既久，有志難伸，加上無法適應官場生態，遂興起隱逸遁世之念、思鄉懷友之情；然最末又因拯危扶傾之心願未了，割捨不下而作罷。這些心理轉折不斷地在劉秉忠詠懷詞中出現，不僅透露作者有志難伸、羈旅思鄉、別離懷友的惆悵，還展現出劉秉忠對於弘道理想的堅持。劉秉忠之詠懷詞，或藉景抒懷，或直陳胸臆，手法不同，但所要表達的都是真摯自然之情志，既渾成又富變化，不僅可以從中窺見劉秉忠心裡複雜轉折之情緒，也可見其不薄詞爲小道，致力爲詞的用心。

（二）《藏春樂府》之藝術風格

1. 陶寫情性，蕭散閑淡

劉秉忠詞作多陶寫情性。又因爲劉秉忠長年受到佛學的薰陶，及邵雍「以道觀道，以性觀性，以心觀心，以身觀身，以物觀物」的學術影響，使得劉秉忠雖身陷塵俗紛擾，仍嚮往隨緣自適，無拘無執，「物與我，兩相忘」的精神自由，所以他的八十二闋詞都以淡泊功名富貴，嚮往蕭閑自適爲主旨，盼望自己能從或仕或隱的矛盾情緒中超脫，所表現的風格是不存愛惡、不希名譽、不滯於物的蕭散閑淡。

2. 造句用語，含蓄蘊藉

元代是「曲」興盛的時期，詞難免也會受到曲的影響，導致意境輕淺、不夠含蓄的弊病。但綜觀劉秉忠的造句用語卻多委婉曲折、含蓄蘊藉。並擅

用虛實對比的情境、隱晦象徵的字詞，沒有直接而強烈的情緒鋪陳，婉曲地道出作者蟄伏於內心的深刻情志。

3. 善用典故，抒發懷抱

劉秉忠善於援引史書、方志、筆記、雜著、稗官野史、民間傳說等，以簡鍊的文字，幽微地抒發情性心志，或為勸勉，或為慨嘆，或為激勵，或為悲切，或抒己志，或詠花卉，使得內容精鍊多變。

四、形式特色方面

《藏春樂府》詞調、詞律、韻部特色如下：

（一）詞　調

1. 選調多用小令

金元詞人多喜以長調慢詞抒情寫意、寄贈唱和，但劉秉忠卻以「小令」為主體，企圖在詞壇中闢一新天地。詞人複雜的思想情感難以用四、五十言道盡，再加上詞體應歌入樂功能的消失，詞之創作方式趨於詩化，按譜填詞、按律作詩實無區別，長調尚具有廣闊的表達空間，小令卻與律絕無異，故取小令填詞之詞人日寡，甚至多率易之作。在這種情形下，劉秉忠仍致力填寫小令，欲復唐五代、北宋之盛況，可見其用心。

2. 致力於新興詞調

劉秉忠選用詞調主要來自唐五代舊曲，卻跳脫代言體的性質，著眼於言志詠懷，這與北方盛行的蘇軾「以詩為詞」之風有關。除了唐宋舊曲外，劉秉忠對於新興詞調的努力是金元詞人中少有的。如〈明月晃重山〉雖然是合二舊曲而成，但卻僅見於《全金元詞》，七千多闋金元詞只得八闋，其中有四闋出於劉秉忠；〈三奠子〉首見於元好問《錦機集》，為金元新聲，眾人皆為六十七字體，惟劉秉忠所作為六十八字體，足見其不囿於譜律，這與「依約舊譜，仿其平仄，綴輯成章」的金元詞人相當不同。

3. 擇調多趨委婉

由於劉秉忠詞作內容多半吟詠其盼歸未成的慨嘆，甚少慷慨激昂之氣，故劉秉忠擇調多趨委婉，多用〈花木蘭慢〉、〈清平樂〉、〈臨江仙〉、〈點絳唇〉等詞牌，至於〈永遇樂〉、〈賀新郎〉、〈滿江紅〉等激越奔放之調則少選用，甚至根本不用。可算是北方詞人中少數會去注意詞調聲情問題的作者。

（二）詞　律

1. 同一詞調不作二體

劉秉忠填作較多之詞調，如〈點絳唇〉、〈鷓鴣天〉、〈臨江仙〉、〈太常引〉〈小重山〉、〈江城子〉等之詞律分析顯示，劉秉忠同一詞調之詞作通常據一體例填寫，未有出現二體之現象。此種情形可能與劉秉忠本身對詞調體例的堅持有關。

2. 沿用舊調者多，因舊創新者少

由劉秉忠填詞的情形，可以發現北方也與南方一樣，在詞樂日亡的狀況下，詞人填詞不僅嚴守前人之句讀、用韻、字數，也開始注意四聲平仄，以求協律。而劉秉忠未按前人體例、嚴守填詞法度的詞體有四：〈風流子〉、〈永遇樂〉、〈太常引〉、〈三奠子〉，多屬於體製較長的詞調，其情感之抒發與鋪陳比起小令來得複雜，為了追隨創作者主體的情性，擺脫詞律之拘束是一定的結果。劉秉忠因舊調添減字，另成一新體者雖不多，但從此處可以明白作者致力於詞律之際，仍不忽略情志的抒發，以避免過度以律害意，以法制情之情形況發生。

3. 少有添字

添字的功能與襯字相當，在元詞之曲化的趨勢下，詞作常使用襯字。然劉秉忠詞中只有兩闋出現添字，其餘皆據舊譜填寫，可見其堅守詞、曲創作分野，未和當時文人起舞。

（三）韻　部

1. 作詞並非依韻書逐字推敲，乃情之所致，隨性歌詠。

2. 劉秉忠兩闋〈謁金門〉依序押相同的八個韻：「薄、惡、卻、落、閣、酌、握、託」為自次韻之詞作，乃金元詞中少見。劉秉忠自作次韻詞，或為醉酒戲謔之作，藉以撫慰自己思鄉憂煩的情緒，但從這裡也可看出劉秉忠用韻之精熟。

3. 用韻呈現清新振屬，又不失婉轉幽咽之風格，與王鵬運評劉秉忠詞「雄廓而不失之傖楚，醞藉而不流於側媚」相合。不同的韻字具有不同的表情達意的效果，可見劉秉忠擇韻是相當用心的。

五、山谷詩論之承繼方面

劉秉忠詩詞理論承繼黃庭堅的部分，及其詞作之實踐情形，總結如下：

（一）理論之繼承

在文章句法方面，劉秉忠繼承黃庭堅講究「無一字無來處」、「點鐵成金」、「奪胎換骨」之技巧，認爲「字句定推敲，詩章須新變」。劉秉忠強調鍊字、鑄句，是作詩爲文的根本，指出一篇詩文若是「言非精當」，便無法眞切、準確地抒發懷抱，更認爲不論是唐詩新聲、篇章風流，並非時人自作語，而是以前人之詩篇文章爲基礎，而變生出來的，但化用前人作品並不是單純抄襲，生吞活剝，而是要將其字句悟入，爲己所用。劉秉忠〈夏日遣懷〉中便明確指出，惟有學古而創新，才能使詩文散發新輝，囫圇吞棗，不求變通，一逕地「學步」、「效顰」，只會使詩文變成消遣的閒技倆。

在創作內容方面，則繼承黃庭堅「理得辭順」、「遇境而生」之理論，強調「文章貴辭達，托物成騷雅」。好的創作之所以流傳千古，是因爲文字自然而然地從胸臆流出，並不是毫無目的地鍊字鑄句，作新奇語，故劉秉忠主張「文章貴辭達」，因理而生，爲情而發，不須無風起浪，特地騁其奇才。又論文言志、詠懷抒情乃因心而生，因此劉秉忠也強調自然地從胸臆抒發之作，才屬上乘。然而，直抒胸臆並非直露無隱，因此巧妙地藉由外在事物烘托內心之情志，製造美感，是詩詞所必要的。

（二）詞作之實踐

1. 使用口語方言

黃庭堅之詩論主張「以俗爲雅」，打破了雅、俗的界線，將許多俗語、口語入詩，使描述生動自然。而此種使用方言口語，使詩文通俗白話的情形，在劉秉忠詞作中也常見到。

2. 善用故事典例

黃庭堅主張作詩爲文必須能將經史子集之故實順手拈來，填詞也不例外。劉秉忠填詞深受其風之影響，致詞作中亦多故實。劉秉忠四闋〈木蘭花慢〉就有三闋使用故事典例。

3. 化用前人詩句

黃庭堅主張「以故爲新」，在創作之時，若能取前人現成詩句、語詞或立題命意，加以鎔鑄，化爲己有，便可以在語言形式上創造另一番新奇的效果。此論於《藏春樂府》更加彰顯，有十分之九以上之詞作鎔鑄化用唐人詩句，其中又以杜甫、白居易爲最，此與劉秉忠以才學爲詞、以口語入詞之風格相

關，更與黃庭堅推崇杜甫、以俗爲雅的觀念相符。

4. 抒發個人情志

　　不同於其他金元詞人將詞當作吟詠花月、唱和祝壽的工具，劉秉忠《藏春樂府》八十二闋詞，所描寫的，盡是自己內心之情志，無論是緣物起興、見景生情、藉史詠懷，都是遇境而生、自然而發，以抒發情志爲主，與黃庭堅作詩爲文力求緣情而生的原則相符。

　　詞作的價值不在於成爲一家之說，對後世影響甚鉅，而是它能夠代表著歷史上某位文人努力的足跡，印證了當時的詞學氛圍。劉秉忠《藏春樂府》承繼著北宗疏曠之詞風、山谷詩論之手法，沒有麗句雅辭，沒有慷慨悲歌，沒有深刻哲理，只是一點一滴眞實地記錄下自己內心翻騰的情緒。透過詞作，我們可以窺知作者未載於史料的一面。如《元史》言世祖時問劉秉忠以治天下之大經、養民之良法，使得朝廷舊臣、山林遺逸之士，咸見錄用，後又拜他爲太保，制朝儀、頒章服、定官制，可謂君臣契合。若非其詞作內容多思鄉盼歸，斷無法得知劉秉忠內心的矛盾；若不是詞作偶然流露對魯連、諸葛之欽慕，展現混一後賦之豪氣，定不能了解一直默默隨侍世祖之「書記」，心中對於得君行道之渴望；若非詞作多超脫語，怎知劉秉忠能於仕與隱的痛苦抉擇中另覓出口，蕭閒如故？當然，透過詞作也可以知道劉秉忠對詞學之用心。他以爲詩詞一理，將詞視爲抒發情志之途徑，卻仍堅持詞不可流於戲謔應制，成爲羔雁之具；又認爲詞作須自然辭順，口語方言亦可入詞，但詞意表達卻以含蓄蘊藉爲要，決不流於直露粗礦；又以多闋小令抒發離情鄉愁，卻不囿於篇幅短小，章法多變渾成。這些堅持在詞之形式逐漸徒詩化，用字逐漸俗曲化的金元之際，雖然無法力挽頹勢，但劉秉忠默默致力於詩、詞、曲體裁之區分，不薄詞爲小道，的確是不可抹殺的事實。因此，筆者期盼藉由本論文的研究，給予詞學史上永遠只得隻字片語的劉秉忠及其《藏春樂府》，更公正的評價。

參考文獻

（依出版時間排序）

一、詩詞文集

（一）《藏春樂府》

1. 劉秉忠《劉太傅藏春集》，收錄於新文豐出版公司編輯部編《元人文集珍本叢刊一》，臺北：新文豐出版公司，1985 年。

2. 劉秉忠《藏春詩集》，收錄於《北京圖書館古籍珍本叢刊》，北京：書目文獻出版社，1988 年。

3. 劉秉忠《藏春樂府》，收錄於王鵬運輯《四印齋所刻詞》，上海：上海古籍出版社，1989 年。

4. 李昕太、張家華、張濤《藏春集點注》，石家庄：花山文藝出版社，1993年。

5. 劉秉忠《藏春集》，收錄於紀昀編《文津閣四庫全書》第三九八冊，〈集部·別集類〉，北京：商務印書館，2005 年。

（二）別　集

1. 趙孟頫《松雪齋集》，台北：學生書局，1970 年。

2. 袁桷《清容居士集》，臺北：新文豐出版社，1984 年。

3. 龔斌校箋《陶淵明集校箋》，上海：上海古籍出版社，1996 年。

4. 陶宗儀《南村輟耕錄》，北京：中華書局，1997 年。

5. 蘇軾《柳先生集附錄》，收錄於紀昀編《文津閣四庫全書》第三六〇冊，〈集部·別集類〉，北京：商務印書館，2005 年。

6. 邵雍《擊壤集》，收錄於紀昀編《文津閣四庫全書》第三六八冊，〈集部·別集類〉，北京：商務印書館，2005 年。

7. 黃庭堅《山谷別集》，收錄於《文津閣四庫全書》第三七二冊，〈集部‧別集類〉，北京：商務印書館，2005 年。

8. 黃庭堅《山谷集》，收錄於《文津閣四庫全書》第三七二冊，〈集部‧別集類〉，北京：商務印書館，2005 年。

9. 黃庭堅《山谷詞》，收錄於《文津閣四庫全書》第三七二冊，〈集部‧別集類〉，北京：商務印書館，2005 年。

10. 黃庭堅《山谷內集》，收錄於《文津閣四庫全書》第三七二冊，〈集部‧別集類〉，北京：商務印書館，2005 年。

11. 楊萬里《誠齋集》，收錄於紀昀編《文津閣四庫全書》第三八七冊，〈集部‧別集類〉，北京：商務印書館，2005 年。

12. 劉克莊《後村集》，收錄於紀昀編《文津閣四庫全書》第三九四冊，〈集部‧別集類〉，北京：商務印書館，2005 年。

13. 趙必瓛《覆瓿集》，收錄於紀昀編《文津閣四庫全書》第三九六冊，〈集部‧別集類〉，北京：商務印書館，2005 年。

14. 元好問《遺山文集》，收錄於紀昀編《文津閣四庫全書》第三九八冊，〈集部‧別集類〉，北京：商務印書館，2005 年。

15. 魏初《青崖集》，收錄於紀昀編《文津閣四庫全書》第四○○冊，〈集部‧別集類〉，北京：商務印書館，2005 年。

16. 劉將孫《養吾齋集》，收錄於紀昀編《文津閣四庫全書》第四○○冊，〈集部‧別集類〉，北京：商務印書館，2005 年。

17. 王惲《秋澗集》，收錄於紀昀編《文津閣四庫全書》第四○一冊，〈集部‧別集類〉，北京：商務印書館，2005 年。

18. 程文海《雪樓集》，收錄於紀昀編《文津閣四庫全書》第四○一冊，〈集部‧別集類〉，北京：商務印書館，2005 年。

19. 虞集《道園學古錄》，收錄於紀昀編《文津閣四庫全書》第四○三冊，〈集部‧別集類〉，北京：商務印書館，2005 年。

20. 蘇天爵《滋溪文稿》，收錄於紀昀編《文津閣四庫全書》第四○五冊，〈集部‧別集類〉，北京：商務印書館，2005 年。

（三）總　集

1. 清聖祖編撰《全唐詩》，北京：中華書局，1960 年。

2. 蕭統編《六臣注文選》，臺北：廣文書局，1964 年。

3. 廬陵鳳林書院輯《名儒草堂詩餘》，收錄於王雲五《叢書集成簡編》，臺北：臺灣商務印書館，1966 年。

4. 康熙皇帝敕撰《佩文齋詠物詩選》，臺北：廣文書局，1970 年。

5. 趙崇祚編；李一氓校；李冰若注《宋紹興本花間集附校注》，臺北：鼎文

書局，1974 年。

6. 唐圭璋編《全金元詞》，北京：中華書局，1979 年。

7. 郭茂倩《樂府詩集》，臺北：里仁書局，1984 年。

8. 張溥輯評；宋效永校點《三曹集》，長沙：岳麓書社，1992 年。

9. 嚴迪昌《金元明清詞精選》，江蘇：江蘇古籍出版社，1992 年。

10. 元好問《全金詩增補中州集》，上海：上海古籍出版社，1994 年。

11. 唐圭璋編《全宋詞》，北京：中華書局，1997 年。

12. 徐征編《全元曲》，石家莊：河北教育出版社，1998 年。

13. 曾昭岷、曹濟平、王兆鵬、劉尊明等編《全唐五代詞》，北京：中華書局，1999 年。

14. 方回《瀛奎律髓》，收錄於紀昀編《文津閣四庫全書》第四五六冊，〈集部·總集類〉，北京：商務印書館，2005 年。

15. 蘇天爵《元文類》，收錄於紀昀編《文津閣四庫全書》第四五七冊，〈集部·別集類〉，北京：商務印書館，2005 年。

二、詩詞評論

1. 魏慶之《詩人玉屑》，台北：世界書局，1960 年。

2. 朱彝尊《詞綜》，臺北：中華書局，1981 年。

3. 方東樹《昭昧詹言》，台北：漢京文化事業有限公司，1985 年。

4. 唐圭璋《詞話叢編》，北京：中華書局，1986 年。

5. 劉勰著；范文瀾注《文心雕龍》，香港：商務印書館，1995 年。

6. 余毅恆《詞筌》，台北：正中書局，1996 年。

7. 嚴羽《滄浪詩話》，收錄於陳定玉輯校《嚴羽集》，鄭州：中州古籍出版社，1997 年。

8. 吳文治編《宋詩話全編》，南京：江蘇古籍出版社，1998 年。

9. 周濟《介存齋論詞雜著》，北京：人民文學出版社，1998 年。

10. 吳喬《答萬季埜詩問》，收錄於王夫之《清詩話》，上海：上海古籍出版，1999 年。

11. 況周頤《蕙風詞話輯注》，南昌：江西人民出版社，2000 年。

12. 陳師道《後山詩話》，收錄於紀昀編《文津閣四庫全書》第四九四冊，〈集部·詩文評類〉，北京：商務印書館，2005 年。

三、詞律詞譜

1. 戈載《詞林正韻》臺北：文史哲出版社，1980 年。

2. 紀昀《御定詞譜總目提要》，收錄於《武英殿本四庫全書總目提要》第五

册，臺北：臺灣商務印書館，1983 年。

3. 王驥德《曲律》，收錄於《續修四庫全書》第一七五八册，上海：上海古籍出版社，2002 年。

4. 王奕清等編《御定詞譜》，收錄於《文津閣四庫全書》第五○○册，〈集部·詞曲類〉，北京：商務印書館，2005 年。

5. 潘慎編《中華詞律辭典》，長春：吉林人民出版社，2005 年。

6. 萬樹《詞律》收錄於《文津閣四庫全書》第五○○册，〈集部·詞曲類〉，北京：商務印書館，2005 年。

四、史傳通志

1. 黃彭年《畿輔通志》，臺北：華文書局，1968 年。

2. 李賢《大明一統志》，臺北：文海出版社，1965 年。

3. 劉昌《中州名賢文表》，臺北：臺灣商務，1973 年。

4. 袁冀《元太保藏春散人劉秉忠評述》，台北：台灣商務印書館，1974 年。

5. 屠寄《蒙兀兒史記》，臺北：鼎文書局，1977 年。

6. 司馬遷《史記》，臺北：臺灣商務印書館，1981 年。

7. 范曄《後漢書》，臺北：臺灣商務印書館，1981 年。

8. 劉昫《舊唐書》，臺北：臺灣商務印書館，1981 年。

9. 吳任臣《十國春秋》，北京：中華書局，1983 年。

10. 熊夢祥《析津志輯佚》，北京：北京古籍出版社，1983 年。

11. 蘇天爵《元朝名臣事略》，北京：中華書局，1985 年。

12. 釋念常《佛祖歷代通載》，北京：書目文獻出版社，1988 年。

13. 陳壽《三國志》，臺北：臺灣商務印書館，1988 年。

14. 房喬《晉書》，臺北：臺灣商務印書館，1988 年。

15. 李延壽《南史》，臺北：臺灣商務印書館，1988 年。

16. 歐陽修《新唐書》，臺北：臺灣商務印書館，1988 年。

17. 脫脫《宋史》，臺北：臺灣商務印書館，1988 年。

18. 張元濟《宋書》，臺北：臺灣商務印書館，1988 年。

19. 脫脫《金史》，臺北：臺灣商務印書館，1988 年。

20. 宋濂《元史》，臺北：臺灣商務印書館，1988 年。

21. 陳瑋《嘉靖武安縣志》，收錄於《天一閣藏明代方志選刊續編》，上海：上海書店，1990 年。

22. 闕名撰《元典章》，北京：中國書店，1990 年。

23. 嵇璜、曹仁虎《續通志》，杭州：浙江古籍，2000 年。

24. 朱軾《史傳三編》，收錄於紀昀編《文津閣四庫全書》第一五七冊，〈史部・傳記類〉，北京：商務印書館，2005 年。

25. 和珅《欽定大清一統志》，收錄於紀昀編《文津閣四庫全書》第一六四冊，〈史部・地理類〉，北京：商務印書館，2005 年。

26. 王軒《山西通志》，收錄於紀昀編《文津閣四庫全書》第一八四冊，〈史部・地理類〉，北京：商務印書館，2005 年。

27. 李迪編《甘肅通志》，收錄於紀昀編《文津閣四庫全書》第一八七冊，〈史部・地理類〉，北京：商務印書館，2005 年。

五、筆記雜錄

1. 李昉《太平廣記》，北京：中華書局，1961 年。

2. 吳寶芝《花木鳥獸集類》，臺北：商務印書館，1971 年。

3. 干寶《搜神記》，臺北：鼎文書局，1980 年。

4. 張華《博物志》，北京：中華書局，1985 年。

5. 陶潛《搜神後記》，北京：中華書局，1985 年。

6. 陳思《海棠譜》，收錄於《叢書集成新編》第四十四冊，臺北：新文豐出版社，1985 年。

7. 葛洪《神仙傳》，北京：中華書局，1991 年。

8. 劉向著；王叔岷校箋《列仙傳校箋》，臺北：中研院中國文哲研究所籌備處，1995 年。

9. 余嘉錫《世說新語箋疏》，台北：華正書局，2003 年。

10. 洪邁《容齋三筆》，收錄於紀昀編《文津閣四庫全書》第二八一冊，〈子部・雜家類〉，北京：商務印書館，2005 年。

11. 王應麟《困學紀聞》，收錄於紀昀編《文津閣四庫全書》第二八二冊，〈子部・雜家類〉，北京：商務印書館，2005 年。

12. 李昉《太平御覽》，收錄於紀昀編《文津閣四庫全書》第二九六冊，〈子部・類書類〉，北京：商務印書館，2005 年。

六、藏書目錄

1. 紀昀等人編《四庫全書總目》，臺北：藝文印書館，1979 年。

2. 國立故宮博物院編輯《國立故宮博物院善本舊籍總目》，臺北：故宮博物院，1983 年。

3. 傅增湘《藏園群書經眼錄》，北京：中華書局出版，1983 年。

4. 上海圖書館編《中國叢書綜錄》，上海：上海古籍出版社，1986 年。

5. 國立中央圖書館特藏組編輯《國立中央圖書館善本書目》，臺北：中央圖書館，1986 年。

6. 施廷鏞編《中國叢書綜錄》，上海：上海古籍出版社，1986 年。

7. 北京圖書館編《北京圖書館古籍善本書目》，北京：書目文獻出版社，1987
年。

8. 王德毅主編《叢書集成續編》第三、四、五冊〈總類・私家書目〉，臺北：
新文豐出版社，1989 年。

9. 國家圖書館特藏組編《國家圖書館善本書志初稿》，臺北：國家圖書館，
1996 年。

10. 繆荃孫《嘉業堂藏書志》，上海：復旦大學出版社，1997 年。

11. 中國古籍善本書目編輯委員會《中國古籍善本書目》，上海：上海古籍出
版社，1998 年。

12. 丁丙《善本書室藏書志》，收錄於錢泰吉《續修四庫全書》第九二七冊，〈史
部・目錄類〉，上海：上海古籍出版社，2002 年。

13. 翁連溪編校《中國古籍善本總目》，北京：線裝書局，2005 年。

七、相關專書

1. 鄭騫《景午叢編》，臺北：中華書局，1972 年。

2. 張子良《金元詞述評》，臺北：華正書局，1979 年。

3. 龔鵬程《江西詩社宗派研究》，台北：文史哲出版社，1983 年。

4. 張法《中國文化與悲劇意識》，北京：中國人民大學出版社，1989 年。

5. 吳熊和《唐宋詞通論》，杭州：浙江古籍出版，1989 年。

6. 唐長孺《山居存稿》，北京：中華書局，1989 年。

7. 繆鉞、葉嘉瑩《靈谿詞說》，台北：國文天地雜誌社，1989 年。

8. 李元洛《詩美學》，台北：三民書局，1990 年。

9. 鄧紹基《元代文學史》，北京：人民文學出版社，1991 年。

10. 李昌集《中國古代散曲史》，上海：華東師範大學，1991 年。

11. 王明蓀《元代的士人與政治》，臺北：臺灣學生書局，1992 年。

12. 傅璇琮《黃庭堅和江西詩派卷》，高雄：麗文文化出版，1993 年。

13. 蕭翠霞《南宋四大家詠花詩研究》，臺北：文津出版社，1994 年。

14. 徐信義《詞譜格律原論》，臺北：文史哲出版社，1995 年。

15. 王易《詞曲史》，北京，東方出版社，1996 年。

16. 王國維《宋元戲曲史》，北京：東方出版社，1996 年。

17. 顧易生《宋金元文學批評史》，上海：上海古籍出版社，1996 年。

18. 季明華《南宋詠史詩研究》，臺北：文津出版社，1997 年。

19. 蔣伯潛、蔣祖怡《詞曲》，上海：上海書店出版社，1997 年。

20. 吳晟《黃庭堅詩歌創作論》，南昌：江西人民出版社，1998年。

21. 趙維江《金元詞論稿》，北京：中國社會科學出版社，2000年。

22. 白政民《黃庭堅詩歌研究》，寧夏：人民出版社，2001年。

23. 徐子方《挑戰與抉擇：元代文人心態史》，石家莊：河北教育出版社，2001年。

24. 陶然《金元詞通論》，上海：上海古籍出版社，2001年。

25. 丁放《金元詞學研究》，北京：中國社會科學出版社，2002年。

26. 陳伯海等主編；蔣哲倫等著《中國詩學史》，廈門：鷺江出版社，2002年。

27. 錢志熙《黃庭堅詩學體系研究》，北京：北京大學出版社，2003年。

28. 余英時《朱熹的歷史世界》，北京：三聯書店，2004年。

29. 袁國藩《元代蒙古文化論叢》，，臺北：文史哲出版社，2004年。

30. 趙琦《金元之際的儒士與漢文化》，北京：人民出版社，2004年。

31. 傅璇琮編《黃庭堅和江西詩派資料彙編》，北京：中華書局，2004年。

32. 黃啟方《黃庭堅與江西詩派論集》，臺北：國家，2006年。

八、學位論文

1. 王源娥《黃庭堅詩論探微》，東吳大學中國文學研究所碩士，1983年。

2. 林錦婷《蘇軾與黃庭堅詩論異同之比較》，中央大學中國文學研究所碩士論文，1994年。

3. 吳幸樺《黃庭堅律詩的語言風格研究：以詞彙的運用現象為例》，成功大學中國文學研究所碩士論文，1996年。

4. 陳慷玲《山谷詞及其詞論研究》，東吳大學中國文學研究所碩士，1997年。

5. 蕭麗華《元詩之社會性與藝術性研究》，臺北：國家出版社，1998年。

6. 李宜涯《晚唐詠史詩研究》，中國文化大學中國文學研究所博士論文，2001年。

7. 許奎文《黃庭堅詞研究》，臺灣師範大學國文研究所碩士論文，2002年。

8. 尹紅霞《論劉秉忠的學術與文學》，河北師範大學中國古代文學碩士論文，2003年。

9. 廖鳳君《蘇軾與黃庭堅詩論及其比較》，東海大學中國文學研究所碩士論文，2004年。

10. 張輝誠《黃庭堅詩美學研究》，臺灣師範大學國文研究所碩士論文，2004年。

11. 李向軍《劉秉忠藏春詞研究》，暨南大學中國古代文學碩士論文，2005年。

12. 陳雋弘《黃庭堅論詩意見之研究》，高雄師範大學國文研究所碩士論文，

2005 年。

13. 鄭琇文於《金元詠梅詞研究》，成功大學中國文學研究所碩士論文，2005
    年。

14. 林湘華《江西詩派研究》，成功大學中國文學研究所博士論文，2006 年

九、期刊論文

1. 袁冀〈試擬元史張易傳略〉《大陸雜誌》，第 25 卷，第七期，1962 年。

2. 張清徽〈南宋詞家詠物論述〉收錄於《東吳文史學報》，第二號，1977 年。

3. 白鋼〈建一代成憲的太保劉秉忠〉，《文史知識》，第 3 期，1985 年。

4. 王崗〈元大都的設計者──劉秉忠〉，《文史知識》，第 5 期，1988 年。

5. 范玉琪〈元初名臣劉秉忠書丹《國朝重修鵲山神應王廟之碑》考釋〉，《文
   物春秋》，第 4 期，1994 年。

6. 趙永源〈關于劉秉忠《藏春集》及其佚詩〉，《文教資料》，第 3 期，1996
   年。

7. 雷煥芹、胡考尚〈元初名臣劉秉忠家族墓冢考〉，《邢臺師範高專學報》，
   第 4 期，1996 年。

8. 劉景毛〈劉秉忠的征雲南詩〉，《雲南教育學院學報》，第 6 期，1996 年。

9. 謝真元、轟心蓉〈論劉秉忠及其散曲〉，《重慶廣播電視大學學報》，第 4
   期，2002 年。

10. 謝真元、轟心蓉〈劉秉忠散曲的價值呈現〉，《忻州師範學院學報》，第 4
    期，2002 年。

11. 鐘振振〈元詞中的一篇歸去來兮辭──元人劉秉忠《洞仙歌》（倉陳五斗）
    詞賞析〉，《名作欣賞》，第 2 期，2003 年。

12. 趙君秋、黃赤〈功名利祿清淡如水──元代劉秉忠的權力觀〉，《繼續教育
    與人事》，第 8 期，2003 年。

13. 尹紅霞〈劉秉忠詩歌藝術論〉，《邢臺學院學報》，第 1 期，2005 年。

14. 李向軍〈《全金元詞·劉秉忠》校正補遺〉，《古籍整理研究學刊》，第 1 期，
    2005 年。

15. 查洪德〈劉秉忠文學文獻留存情況之考查〉，《文獻》，第 4 期，2005 年。

16. 陳水根〈宋末元初江西詞派的第一人──劉秉忠及其詞〉，《江西科技師範
    學院學報》，第 1 期，2006 年。

17. 楊子才〈終生清廉的元代元勛劉秉忠〉，《中國監察》，第 6 期，2006 年。

十、其 他

1. 國學整理社原輯《諸子集成》，北京：中華書局，1954 年。

2. 毛先舒《填詞名解》，收錄於查培繼輯《詞學全書》，台北，廣文書局，1971年。

3. 劉道醇《宋朝名畫評》，收錄於嚴一萍續編《美術叢書》第二十六冊，臺北：藝文書局，1975年。

4. 阮元《十三經注疏》，台北：藝文印書館，1976年。

5. 白雲觀長春眞人編《道藏》第十九冊，臺北：新文豐，1977年。

6. 左丘明《國語》，臺北：漢京文化事業有限公司，1983年。

7. 譚其驤《中國歷史地圖集》，上海：中國地圖出版社，1987年。

8. 河村孝照編《大藏新纂卍續藏經》第七十冊，臺北：白馬精舍印經會，1988年。

9. 劉安《淮南子》，上海：上海古籍出版社，1989年。

10. 中國道教協會編《道教大辭典》，北京：華夏出版發行，1994年。

11. 陳垣《道家金石略》，北京：文物出版社，1998年。

12. 崔富章編《楚辭集校集釋》，武漢：湖北教育出版發行，2002年。

13. 黃宗羲《易學象數論》，收錄於紀昀編《文津閣四庫全書》第十三冊，〈經部・易類〉，北京：商務印書館，2005年。

14. 徐興無注譯《新譯金剛經》，臺北：三民書局，2006年。

十一、多媒體電子資料庫

1. CNS11643 中文全字庫 http://www.cns11643.gov.tw/web/index.jsp

2. 中央研究院漢籍電子文獻 http://www.sinica.edu.tw/%7Etdbproj/handy1/

3. 中國期刊網全文資料庫 http://cnki.csis.com.tw/

4. 中國博碩士學位論文全文數據庫
   http://155.csis.com.tw/kns50/Navigator.aspx?ID=2

5. 中華民國期刊論文索引影像系統
   http://readopac.ncl.edu.tw/html/frame1.htm

6. 成功大學圖書館電子資料庫文淵閣四庫全書內聯網版
   http://skqs.lib.ncku.edu.tw/scripts/skinet.dll?OnLoginPage

7. 故宮「寒泉」古典文獻全文檢索資料庫 http://140.122.127.253/dragon/

8. 南京師範大學項目組研製全唐五代詞、全宋詞、全金元詞檢索與賞析
   http://202.119.108.211/Ci_ku/ci_web/title2.htm

9. 康熙字典網上版 http://www.kangxizidian.com/index2.php

10. 教育部《異體字字典》字形檢索 http://140.111.1.40/suo.htm

11. 搜文解字 http://words.sinica.edu.tw/

12. 國家圖書館全國博碩士論文資訊網 http://etds.ncl.edu.tw/theabs/index.jsp